맛있는스쿨  HSK 단과 강좌 할인 쿠폰

할인 코드 hsk_halfcoupon

HSK 단과 강좌 할인 쿠폰

50% 할인

할인 쿠폰 사용 안내
1. 맛있는스쿨(cyberjrc.com)에 접속하여 [회원가입] 후 로그인을 합니다.
2. 메뉴中[쿠폰] → 하단[쿠폰 등록하기]에 쿠폰번호 입력 → [등록]을 클릭 하면 쿠폰이 등록됩니다.
3. [HSK 단과 강좌] 수강 신청 후, [온라인 쿠폰 적용하기]를 클릭하여 등 록된 쿠폰을 사용하세요.
4. 결제 후, [나의 강의실]에서 수강합니다.

쿠폰 사용 시 유의 사항
1. 본 쿠폰은 맛있는스쿨 HSK 단과 강좌 결제 시에만 사용이 가능합니다. 파트별 구매는 불가합니다.
2. 본 쿠폰은 타 쿠폰과 중복 할인이 되지 않습니다.
3. 교재 환불 시 쿠폰 사용이 불가합니다.
4. 쿠폰 발급 후 10일 내로 사용이 가능합니다.
5. 본 쿠폰의 할인 코드는 1회만 사용이 가능합니다.

*쿠폰 사용 문의 : 카카오톡 채널 @맛있는스쿨

맛있는톡 할인 쿠폰

할인 코드 jrcphone2qsj

전화&화상 외국어 할인 쿠폰

10,000원

할인 쿠폰 사용 안내
1. 맛있는톡 전화&화상 중국어(phonejrc.com), 영어(eng.phonejrc.com) 에 접속하여 [회원가입] 후 로그인을 합니다.
2. 메뉴中[쿠폰] → 하단[쿠폰 등록하기]에 쿠폰번호 입력 → [등록]을 클릭 하면 쿠폰이 등록됩니다.
3. 전화&화상 외국어 수강 신청 시 [온라인 쿠폰 적용하기]를 클릭하여 등 록된 쿠폰을 사용하세요.

쿠폰 사용 시 유의 사항
1. 본 쿠폰은 전화&화상 외국어 결제 시에만 사용이 가능합니다.
2. 본 쿠폰은 타 쿠폰과 중복 할인이 되지 않습니다.
3. 교재 환불 시 쿠폰 사용이 불가합니다.
4. 쿠폰 발급 후 60일 내로 사용이 가능합니다.
5. 본 쿠폰의 할인 코드는 1회만 사용이 가능합니다.

*쿠폰 사용 문의 : 카카오톡 채널 @맛있는스쿨

100만 독자의 선택
맛있는 중국어 HSK 시리즈

기본서

- ▶ **시작**에서 **합격**까지 **4주** 완성
- ▶ **모의고사 동영상** 무료 제공(6급 제외)
- ▶ **기본서+해설집+모의고사** All In One 구성
- ▶ 필수 **단어장** 별책 제공

| 맛있는 중국어 HSK 1~2급 첫걸음 | 맛있는 중국어 HSK 3급 | 맛있는 중국어 HSK 4급 | 맛있는 중국어 HSK 5급 | 맛있는 중국어 HSK 6급 |

모의고사

맛있는 중국어 HSK 1~2급 첫걸음 400제　맛있는 중국어 HSK 3급 400제　맛있는 중국어 HSK 4급 1000제　맛있는 중국어 HSK 5급 1000제　맛있는 중국어 HSK 6급 1000제

- ▶ 실전 HSK 막판 뒤집기!
- ▶ 상세하고 친절한 **해설집** PDF 파일 제공
- ▶ 학습 효과를 높이는 **듣기** MP3 파일 제공

단어장

맛있는 중국어 HSK 1~4급 단어장　맛있는 중국어 HSK 1~3급 단어장　맛있는 중국어 HSK 4급 단어장　맛있는 중국어 HSK 5급 단어장

- ▶ 주제별 분류로 **연상 학습** 가능
- ▶ HSK **출제 포인트**와 **기출 예문**이 한눈에!
- ▶ **단어 암기**부터 HSK **실전 문제 적용**까지 한 권에!
- ▶ 단어&예문 **암기 동영상** 제공

맛있는 중국어
新HSK

JRC 중국어연구소 기획 / 왕수인 저

맛있는 books

제1판 1쇄 발행	2017년 11월 20일
제2판 1쇄 인쇄	2024년 12월 20일
제2판 1쇄 발행	2025년 1월 5일

기획	JRC 중국어연구소
저자	왕수인
발행인	김효정
발행처	맛있는books
등록번호	제2006-000273호

주소	서울시 서초구 명달로 54 JRC빌딩 7층
전화	구입문의 02·567·3861 ┃ 02·567·3837
	내용문의 02·567·3860
팩스	02·567·2471
홈페이지	www.booksJRC.com

ISBN	979-11-6148-088-6 14720
	979-11-6148-085-5 (세트)
정가	26,500원

머리말

☆ 모든 자격증이 그러하겠지만 쉬는 시간에 학생들과 이야기를 나누다 보면 대부분은 HSK 공부를 단순히 자기 계발이나 취미로 하는 것이 아니라 필요에 의해서 하고 있다는 것을 알 수 있다. 취업이나 이직에 도움이 되기 때문에 시작했으니 재미로 하는 공부가 아니기에 즐기기 어려울 수밖에 없는 것이다. 노력하는 사람은 즐기는 사람을 이길 수 없다는 말이 있기는 하지만 필자는 그 말에 동의하지 않는다. 나는 인문학을 좋아하는 사람으로서 오랜 시간을 즐기며 공부했지만 열심히 전투적으로 하는 사람들과의 논쟁에서는 언제나 설득당해 왔다. 그러나 그다지 좋아하지 않던 어법 공부를 본의 아니게 상당히 열심히 한 결과(몇 달이긴 하지만 실제로 올드보이처럼 세상과 단절된 채 어법 공부만 했다), 이렇게 책까지 쓰게 되었으니 즐긴다고 무조건 노력한 사람을 이기는 것은 아닌 것 같다. 요즘은 열심히 해도 모든 것이 힘들다고들 하지만 열심히 하면 HSK 자격증 정도는 딸 수 있다. 심지어 고득점도 받을 수 있다. 그러니 여러분들도 중국어가 배우기 어려운 언어라고 겁먹지 말고 목표 달성을 위해 꾸준히 열심히 하기를 바란다.

☆ 요즘은 중국어를 공부하는 사람들이 많기 때문에 학교나 기업체에서는 합격 여부뿐만 아니라 점수가 어떻게 되는지까지 확인하는 추세다. 남들보다 조금 더 높은 점수를 받기 위해서는 조금 더 열심히 계획적으로 효율적으로 전투적으로 공부해야 한다. 『맛있는 중국어 新HSK 4급』은 최신 기출 문제는 물론, 쉬운 문제에서부터 어려운 문제까지 문제의 난이도를 골고루 분배하였고, 특히 점수가 판가름이 나는 쓰기 영역은 자세한 어법 설명과 더불어 초급 문장에서부터 고급 문장까지 단계별로 모범 답안을 정리해 두었기 때문에 학습자들이 고득점을 얻는 데 큰 도움이 되리라 확신한다. 또한 학습 플랜 역시 체계적으로 구성되어 있어 학습의 효율성을 갖추었다. 계획성과 효율성이라는 조건은 만들어 두었으니 이제 여러분들의 전투력만 추가하면 완성이다. 본 교재를 통해 HSK 취득은 물론, 실제 생활에서의 중국어 활용 능력까지 향상시킬 수 있을 것이다.

☆ 중국어 어법을 새롭게 인식할 수 있도록 지도해 주신 동국대학교 박석홍 교수님과 한용수 교수님께 감사의 말씀을 드리며, 책을 펴내면서 슬럼프에 빠질 때마다 따뜻한 격려로 큰 힘이 되어 주신 맛있는북스 최정임 차장님, 그리고 언제나 나를 응원해 주는 사랑하는 내 동생 수정이에게 감사의 마음을 전한다.

왕수인

차례

듣기

HSK, 이제
맛있는 중국어 新**HSK**로 즐기세요!

맛있는 중국어 新**HSK** 4급은 **기본서, 해설집, 모의고사, 단어장**으로 구성되어 있습니다.

한눈에 보이는 공략 간략하고 명쾌한 실전에 강한
기본서 **해설집** **모의고사** **필수단어 1200** 1~4급

1. 시작에서 합격까지 4주 완성

□ 체계적인 학습 플랜에 따라 핵심 공략 마스터
□ 기본서, 해설집, 모의고사 All In One 구성

2. 최신 경향을 200% 반영한 공략&문제

□ 출제 난이도를 반영한 적중률 높은 공략 및 문제 수록
□ 빈출 표현 및 필수 체크 포인트 제시, 간략한 설명과 도식화로 쉽게 이해할 수 있도록 구성

3. 반복적인 문제 풀이 훈련

핵심 공략 학습 ➤ 공략 트레이닝 ➤ 실전 트레이닝 ➤ 미니 테스트 ➤ 모의고사

4. 영역별 특성에 맞춘 특화된 트레이닝 코너

□ **듣기** | 듣기 실력 향상을 위한 받아쓰기 훈련
□ **독해** | 4급 필수 암기 BEST 단어 수록
□ **쓰기** | 빈출 기출 문장 및 고득점 문장 제시

4급 이렇게 학습하세요!

Step 1. 출제 비율 및 정답이 보이는 핵심 공략 파악

Step 2. 출제 경향 파악

Step 3. 기본 개념 및 핵심 공략 학습

✔ 중요 표현 및 단어에는 ✽ 표를 달아 놓았습니다.

✔ 빈출 공략에는 ✦ **필수체크** 표시를 해놓았습니다. 반드시! 외워 두세요.

✔ 듣기 공략의 모든 단어에는 「중국어-한국어」 녹음이 수록되어 있습니다.
   예문도 중국어로 녹음되어 있으니 녹음을 듣고 의미를 파악하며 듣기 실력을 키워 보세요.

✔ 중국어 문장 구조를 이해하기 쉽도록 도식화하여 정리했습니다.

Step 4. 공략별 문제 트레이닝

*영역별 특성에 맞게 설명 방식에 차별화를 두었습니다.

Step 5. 시간 적응 훈련을 위한 실전 트레이닝

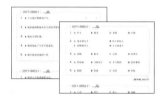

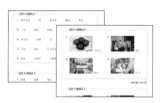

*제한 시간 내에 문제를 풀어 보는 연습을 해보세요.
*해설집에는 간결하고 명쾌한 설명이 제시되어 있습니다.

Step 6. 각 영역별 특성화 코너 학습

*듣기 실력을 향상시킬 수 있는 **받아쓰기 트레이닝**
*독해 영역에 필요한 **필수 암기 단어** 수록(*단어, 뜻, 결합 구조가 녹음되어 있습니다)
*쓰기 제1부분의 **빈출 기출 문장 분석**, 제2부분의 **고득점 문장** 수록

Step 7. 영역별 미니 테스트

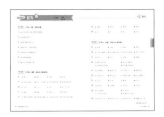  

*영역별로 공략을 학습한 후에 미니 테스트로 자신의 실력을 점검해 보세요.

Step 8. 마무리 최신 모의고사 3회 ▶무료 동영상 강의(2회분)

*실제 시험의 문제 형식과 동일하게 구성된 모의고사 3회가 수록되어 있습니다.
*맛있는북스 홈페이지(www.booksJRC.com)에서 무료로 제공됩니다.

MP3 파일 구성

♪MP3 파일 다운로드 www.booksJRC.com

기본서 듣기 영역의 공략 단어, 예문, 공략 트레이닝, 실전 트레이닝, 받아쓰기, 미니 테스트 등의 파일이 수록되어 있습니다.

해설집 듣기 영역의 실전 트레이닝, 미니 테스트의 문제별 개별 파일이 수록되어 있습니다.

모의고사 모의고사와 문제별 개별 파일이 수록되어 있습니다.
모의고사 1회의 파일명은 'Test1', 모의고사 2회의 파일명은 'Test2', 모의고사 3회의 파일명은 'Test3'입니다.
모의고사 1회의 문제별 파일명은 'Test1-01~50', 모의고사 2회의 문제별 파일명은 'Test2-01~50',
모의고사 3회의 문제별 파일명은 'Test3-01~50'입니다.

단어장 『4급 단어 1200』의 파일이 수록되어 있습니다.

新HSK 시험 가이드

1. 新HSK란?

新HSK(汉语水平考试 Hànyǔ Shuǐpíng Kǎoshì)는 제1언어가 중국어가 아닌 사람의 중국어 능력을 평가하기 위해 만들어진 중국 정부 유일의 국제 중국어 능력 표준화 고시로, 생활, 학습, 업무 등 실생활에서의 중국어 운용 능력을 중점적으로 평가합니다.

2. 용도

중국 대학(원) 입학·졸업식 평가 기준 / 한국 대학(원) 입학·졸업식 평가 기준 / 중국 정부 장학생 선발 기준
한국 특목고 입학 시 평가 기준 / 교양 중국어 학력 평가 기준 / 각급 업체 및 기관의 채용·승진을 위한 기준

3. 시험 구성

新HSK는 필기 시험과 회화 시험으로 나뉘며, 회화 시험은 녹음 형식으로 이루어집니다.

필기 시험	新HSK 6급	新HSK 5급	新HSK 4급	新HSK 3급	新HSK 2급	新HSK 1급
회화 시험	HSKK 고급		HSKK 중급		HSKK 초급	

4. 시험 방법

종이 시험지와 답안지를 사용하여 진행하는 **지필 시험**과 컴퓨터를 사용하여 진행하는 온라인 시험인 **IBT 시험**이 있으며, 응시자가 시험 방법을 선택하여 응시할 수 있습니다.

5. 원서 접수

1 인터넷 접수 : HSK한국사무국 홈페이지(www.hsk.or.kr)에서 접수

2 우편 접수 : 구비 서류를 동봉하여 HSK한국사무국으로 등기 발송
  + 구비 서류 : 응시원서(최근 6개월 이내에 촬영한 반명함판 사진 1장 부착) 및 별도 사진 1장, 응시비 입금 영수증

3 방문 접수 : 서울공자아카데미로 방문하여 접수
  + 접수 시간 : 평일 오전 9시 30분~12시, 오후 1시~5시 30분 / 토요일 오전 9시 30분~12시
  + 구비 서류 : 응시원서, 최근 6개월 이내에 촬영한 반명함판 사진 3장

6. 시험 당일 준비물

1 유효한 신분증 : 주민등록증, 운전면허증, 기간 만료 전의 여권, 군장교 신분증, 현역 사병 휴가증
  + 18세 미만(주민등록증 미발급자) : 기간 만료 전의 여권, 청소년증, HSK신분확인서(한국 내 소재 초·중·고등학생만 가능)
  + 주민등록증 분실 시 재발급 확인서는 인정하나, 학생증, 사원증, 의료보험증, 주민등록등본, 공무원증 등은 인정되지 않음

2 수험표, 2B 연필, 지우개

新HSK 4급 구성

1. 대상

新HSK 4급은 매주 2~4시간, 4학기(190~200시간) 정도 중국어를 학습하고, 1,200개의 상용 어휘와 관련 어법 지식에 숙달한 학습자를 대상으로 합니다.

2. 구성

新HSK 4급은 총 100문제로, 듣기 · 독해 · 쓰기 세 영역으로 구성되어 있습니다.

영역		문제 유형	문항 수		시험 시간
듣기(听力)	제1부분	단문을 듣고 제시된 문장의 옳고 그름 판단하기	10	45	약 30분
	제2부분	두 사람의 대화를 듣고 질문에 답하기	15		
	제3부분	4~5개 문장의 대화 또는 단문을 듣고 1~2개 질문에 답하기	20		
듣기 영역 답안지 작성					5분
독해(阅读)	제1부분	빈칸에 들어갈 알맞은 어휘 고르기	10	40	40분
	제2부분	제시된 3개의 문장을 순서대로 배열하기	10		
	제3부분	단문을 읽고 1~2개의 질문에 답하기	20		
쓰기(书写)	제1부분	주어진 어휘를 조합하여 문장 만들기	10	15	25분
	제2부분	제시된 그림을 보고 주어진 어휘로 문장 만들기	5		
합계			100		약 100분

*응시자 개인 정보 작성 시간(5분)을 포함하여 약 105분간 시험이 진행됩니다.
*듣기 영역의 답안지 작성은 듣기 시간 종료 후, 5분 안에 답안지에 표시해야 합니다.
*각 영역별 중간 휴식 시간이 없습니다.

3. 영역별 점수 및 성적 결과

- 新HSK 4급 성적표는 듣기 · 독해 · 쓰기 세 영역의 점수와 총점이 기재됩니다. 성적표는 **시험일로부터 45일 이후**에 발송됩니다.
- 각 영역별 **만점은 100점**이며, **총점은 300점 만점**입니다. 영역별 점수에 상관없이 총점 180점 이상이면 합격입니다.
- 인터넷 성적 조회는 시험일로부터 **1개월 후**에 중국고시센터 홈페이지(www.chinesetest.cn)에서 응시자 개별 성적을 조회할 수 있습니다.
- 新HSK 성적은 시험일로부터 **2년간** 유효합니다.

⭐ 듣기 (총 45문항, 약 30분)

제1부분(총 10문항)

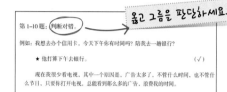

옳고 그름을 판단하세요.

第1-10題: 判断对错

例如: 我想去办个信用卡, 今天下午你有时间吗? 陪我去一趟银行行?

★ 他打算下午去银行。　　　　　　　　　　　(√)

现在我很少看电视, 其中一个原因是, 广告太多了, 不管什么时候, 也不管什么节目, 只要你打开电视, 总能看到那么多的广告, 浪费我的时间。

★ 他喜欢看电视广告。　　　　　　　　　　　(×)

한 단락의 문장을 듣고 제시된 문장과 녹음 내용이 일치하는지 판단하는 문제로, 녹음 내용은 한 번만 들려 줍니다. 일치하면 √, 일치하지 않으면 X에 마킹합니다.

제2부분(총 15문항)

알맞은 답을 고르세요.

第11-25題 请选出正确答案

例如: 女: 该加油了, 去机场的路上有加油站吗?
男: 有, 你放心吧。
问: 男的主要是什么意思?

A 去机场　　B 快到了　　C 油是满的　　D 有加油站 √

11. A 酒店客房很多　B 今天没有客房　C 酒店职员不亲切　D 男的对客房很满意

제3부분(총 20문항)

알맞은 답을 고르세요.

第26-45題 请选出正确答案

例如: 男: 把这个材料复印5份, 一会儿拿到会议室发给大家。
女: 好的。会议是下午三点吗?
男: 改了。三点半。推迟了半个小时。
女: 好。602会议室没变吧?
男: 对, 没变。
问: 会议几点开始?

A 两点　　B 3点　　C 3:30 √　　D 6点

두 사람의 비교적 긴 대화 또는 단문을 듣고 보기 ABCD 중에서 알맞은 답을 고르는 문제로, 녹음 내용은 한 번만 들려 줍니다.

⭐ 독해 (총 40문항, 40분)

제1부분(총 10문항)

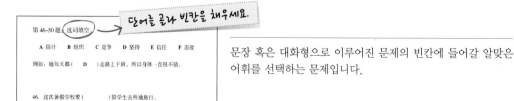

단어를 골라 빈칸을 채우세요.

第46-50題 选词填空

A 估计　　B 组织　　C 竞争　　D 坚持　　E 信任　　F 态度

例如: 她每天都(D)走路上下班, 所以身体一直很不错。

46. 这次暑假学校要( )留学生去外地旅行。

문장 혹은 대화형으로 이루어진 문제의 빈칸에 들어갈 알맞은 어휘를 선택하는 문제입니다.

제2부분(총 10문항)

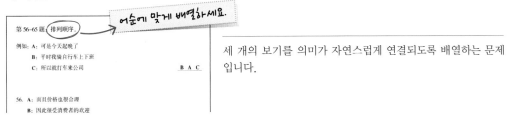

第56~65题: 排列顺序.

例如: A: 可是今天起晚了
      B: 平时我骑自行车上下班
      C: 所以就打车来公司

                                    B A C

56. A: 而且价格也很合理
    B: 因此很受消费者的欢迎

어순에 맞게 배열하세요.

세 개의 보기를 의미가 자연스럽게 연결되도록 배열하는 문제입니다.

제3부분(총 20문항)

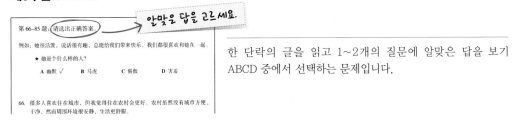

第66~85题: 请选出正确答案.

例如: 她很活泼, 说话很有趣, 总能给我们带来快乐, 我们都很喜欢和她在一起.
      ★ 她是个什么样的人?
      A 幽默 √   B 马虎   C 骄傲   D 害羞

66. 很多人喜欢住在城市, 但我觉得住在农村会更好. 农村虽然没有城市方便、干净, 然而周围环境很安静, 生活更舒服.

알맞은 답을 고르세요.

한 단락의 글을 읽고 1~2개의 질문에 알맞은 답을 보기 ABCD 중에서 선택하는 문제입니다.

★ 쓰기 (총 15문항, 25분)

제1부분(총 10문항)

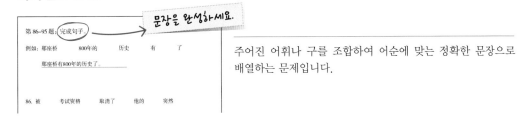

第86~95题: 完成句子.

例如: 那座桥   800年的   的   历史   有   了

      那座桥有800年的历史了.

86. 被   考试资格   取消了   他的   突然

문장을 완성하세요.

주어진 어휘나 구를 조합하여 어순에 맞는 정확한 문장으로 배열하는 문제입니다.

제2부분(총 5문항)

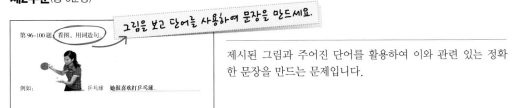

第96~100题: 看图, 用词造句.

例如: 乒乓球   她很喜欢打乒乓球.

그림을 보고 단어를 사용하여 문장을 만드세요.

제시된 그림과 주어진 단어를 활용하여 이와 관련 있는 정확한 문장을 만드는 문제입니다.

계획을 세우면 합격이 보인다!

30일 학습 플랜

1일	2일	3일	4일	5일
학 습 일 　　／	학 습 일 　　／	학 습 일 　　／	학 습 일 　　／	학 습 일 　　／
학습 여부 ☐☐	학습 여부 ☐☐	학습 여부 ☐☐	학습 여부 ☐☐	학습 여부 ☐☐
듣기 1 공략　　　　　 18~21p 실전 트레이닝 1　 22p 받아쓰기 1　　　 23p 독해 1 공략　　　　 88~95p 실전 트레이닝 1　 96p	듣기 1 실전 트레이닝 2　 22p 받아쓰기 2　　　 24p 독해 1 실전 트레이닝 2　 97p 쓰기 1 공략　　　 194~199p 실전 트레이닝 1　 200p	쓰기 1 실전 트레이닝 2　 200p 듣기 4 공략　　　　 40~43p 실전 트레이닝 1,2　 44p 받아쓰기 1,2　 45~46p	독해 5 공략　　　 136~142p 실전 트레이닝 1　 143p 쓰기 2 공략　　　 201~209p 실전 트레이닝 1　 210p	독해 5 실전 트레이닝 2　 144p 쓰기 2 실전 트레이닝 2　 210p 듣기 8 공략　　　　 70~73p 실전 트레이닝 1　 74p 받아쓰기 1　　　 75p

6일	7일	8일	9일	10일
학 습 일 　　／	학 습 일 　　／	학 습 일 　　／	학 습 일 　　／	학 습 일 　　／
학습 여부 ☐☐	학습 여부 ☐☐	학습 여부 ☐☐	학습 여부 ☐☐	학습 여부 ☐☐
듣기 8 실전 트레이닝 2　 74p 받아쓰기 2　　　 76p 독해 9 공략　　　 170~176p 실전 트레이닝 1　 177p	독해 9 실전 트레이닝 2,3 178~179p 쓰기 10 공략　　　 272~281p	듣기 2 공략　　　　 25~27p 실전 트레이닝 1　 28p 받아쓰기 1　　　 29p 쓰기 10 실전 트레이닝 1,2　 282p	듣기 2 실전 트레이닝 2　 28p 받아쓰기 2　　　 30p 독해 2 공략　　　 98~109p 실전 트레이닝 1,2 110~111p	쓰기 3 공략　　　 211~218p 실전 트레이닝 1　 219p 듣기 5 공략　　　　 47~51p 실전 트레이닝 1　 52p 받아쓰기 1　　　 53p

11일	12일	13일	14일	15일
학 습 일 　　／	학 습 일 　　／	학 습 일 　　／	학 습 일 　　／	학 습 일 　　／
학습 여부 ☐☐	학습 여부 ☐☐	학습 여부 ☐☐	학습 여부 ☐☐	학습 여부 ☐☐
쓰기 3 실전 트레이닝 2　 219p 듣기 5 실전 트레이닝 2　 52p 받아쓰기 2　　　 54p 독해 6 공략　　　 145~151p 실전 트레이닝 1　 152p	독해 6 실전 트레이닝 2　 153p 쓰기 4 공략　　　 220~224p 실전 트레이닝 1,2　 225p	쓰기 11 공략　　　 283~291p	쓰기 11 실전 트레이닝 1,2　 292p 듣기 9 공략　　　　 77~80p 실전 트레이닝 1　 81p 받아쓰기 1　　　 82p	듣기 9 실전 트레이닝 2　 81p 받아쓰기 2　　　 83p 독해 10 공략　　　 180~184p 실전 트레이닝 1　 185p

30일 학습 플랜

16일	17일	18일	19일	20일
학 습 일 /	학 습 일 /	학 습 일 /	학 습 일 /	학 습 일 /
학습 여부 ☐☐	학습 여부 ☐☐	학습 여부 ☐☐	학습 여부 ☐☐	학습 여부 ☐☐

16일	17일	18일	19일	20일
독해 10 실전 트레이닝 2,3 186~187p **쓰기 5** 공략 226~233p	**쓰기 5** 공략 233~238p 실전 트레이닝 1,2 239p	**쓰기 12** 공략 293~303p 실전 트레이닝 1,2 304p	**듣기 3** 공략 31~34p 실전 트레이닝 1,2 35p 받아쓰기 1,2 36~37p	**쓰기 6** 공략 240~246p 실전 트레이닝 1,2 247p **독해 3** 공략 112~120p 실전 트레이닝 1 121p

21일	22일	23일	24일	25일
학 습 일 /	학 습 일 /	학 습 일 /	학 습 일 /	학 습 일 /
학습 여부 ☐☐	학습 여부 ☐☐	학습 여부 ☐☐	학습 여부 ☐☐	학습 여부 ☐☐

21일	22일	23일	24일	25일
독해 3 실전 트레이닝 2 122p **쓰기 7** 공략 248~253p 실전 트레이닝 1,2 254p	**쓰기 13** 공략 305~311p 실전 트레이닝 1,2 312p	**듣기 6** 공략 55~58p 실전 트레이닝 1 59p 받아쓰기 1 60p **독해 7** 공략 154~159p 실전 트레이닝 1 160p	**듣기 6** 실전 트레이닝 2 59p 받아쓰기 2 61p **독해 7** 실전 트레이닝 2 161p **쓰기 8** 공략 255~260p 실전 트레이닝 1 261p	**쓰기 8** 실전 트레이닝 2 261p **듣기 7** 공략 62~64p 실전 트레이닝 1 65p 받아쓰기 1 66p

26일	27일	28일	29일	30일
학 습 일 /	학 습 일 /	학 습 일 /	학 습 일 /	학 습 일 /
학습 여부 ☐☐	학습 여부 ☐☐	학습 여부 ☐☐	학습 여부 ☐☐	학습 여부 ☐☐

26일	27일	28일	29일	30일

듣기 7
실전 트레이닝 2   65p
받아쓰기 2   67p
 	
독해 4
공략   123~131p
실전 트레이닝 1   132p
	독해 4
	실전 트레이닝 2 133p
	
	쓰기 9
	공략 262~268p
	실전 트레이닝 1 269p
		쓰기 9
		실전 트레이닝 2 269p
		
		독해 8
		공략 162~165p
		실전 트레이닝 1,2 166~167p
		
		+미니 테스트 84~85p
		                 188~191p
		                 313~314p
			모의고사 1회
			+
			동영상 강의 ▶
				모의고사 2회
				+
				동영상 강의 ▶
				
				모의고사 3회

듣기
听力

제1부분

최신 기출 문제 분석

출제 비율

난이도 ★★★★☆

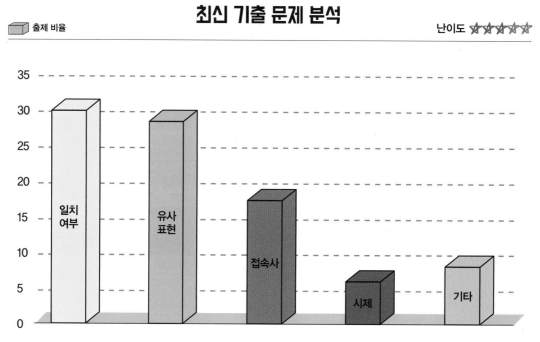

新HSK 4급 듣기 제1부분은 제시된 문장과 녹음의 내용이 일치하는지를 판단하는 문제이기 때문에 동의어나 유사 표현에 주의하여 학습해야 한다.

핵심1 **기본적인 어휘부터 파악하라!**

듣기는 아무리 열심히 반복해서 듣는다고 해도 기본적인 어휘를 숙지하지 못한 상태라면 헛된 수고를 하는 셈이다. "아는 만큼 들린다"는 말은 진리! 충분한 어휘량을 확보하는 것은 기본 중에 기본이라는 것을 명심하고 어휘 학습을 게을리하지 않는다.

핵심2 **보기 문장의 전체적인 맥락을 파악하라!**

어휘량 확보는 정확한 문제 풀이를 위한 기본적인 요소임이 분명하지만 어휘에만 집중하면 오히려 출제자의 함정에 빠질 수도 있으니 반드시 전체적인 문맥의 흐름을 간파해야 한다. 특히 보기의 내용이 긍정문인지 부정문인지를 확실하게 파악하고 녹음을 듣는 연습이 필요하다.

핵심3 **지문 파악 속도를 높여라!**

녹음이 들리기 전에 주어진 지문을 파악해야 정확한 정답을 판단하는 데 유리하다. 평상시 녹음을 많이 듣고 듣기 실력을 높이는 것이 가장 중요하긴 하지만 빠른 시간 내에 지문의 내용을 파악할 수 있는 독해력을 높이는 것 또한 간과해서는 안 된다.

핵심4 **시점 관련 어휘에 주의하라!**

시점이 표현된 문장은 특히 주의해서 들어야 한다. 이미 발생한 사건인지, 아직은 발생하지 않은 사건인지 시제를 정확하게 판단할 수 있어야 오답을 피할 수 있다.

핵심5 **고득점자들의 공통된 학습 비법은 철저한 복습과 분석이다!**

고득점으로 합격하는 학습자들을 관찰해 보면 복습 후에 문제를 분석하는 공통점이 있다. 기본적인 어휘를 숙지하고 실전 문제를 풀었다면 그것으로 마무리하는 것이 아니라 복습을 통해 기본 어휘 외에도 출제된 어휘들을 완벽히 마스터하고 틀린 문제는 왜 틀렸는지 정확한 원인을 분석한다. 이러한 과정을 거치는 학생들은 100% 고득점으로 합격한다.

1 일치 표현

★ **듣기 제1부분**은 기본적으로 **4급 기초 어휘의 의미**를 제대로 **파악**하고 있는지, **유사 표현**은 얼마나 **숙지**하고 있는지를 테스트한다. 따라서 어휘 학습을 중점적으로 하는 것이 바람직하다.

★ 특히 시제에 관련된 문제로 학습자들을 혼동시키는 경우가 많기 때문에 **시간**에 관련된 **어휘**와 **표현**들을 **숙지**해야 한다.

1 보기와 녹음이 일치하거나 유사한 문제

新HSK 4급 시험은 그렇게 호락호락하지 않다. 하지만 어휘만 잘 암기했다면 절대 틀리지 않을 보기와 녹음이 일치하는 문제도 출제된다. 이러한 기본적이고 쉬운 유형의 문제는 절대 놓쳐서는 안 된다.

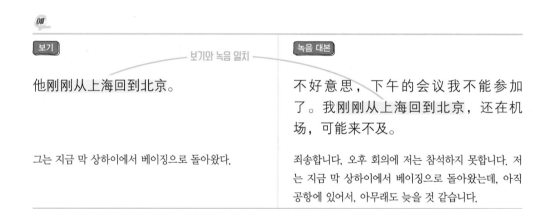

보기	녹음 대본
他刚刚从上海回到北京。	不好意思，下午的会议我不能参加了。我刚刚从上海回到北京，还在机场，可能来不及。
그는 지금 막 상하이에서 베이징으로 돌아왔다.	죄송합니다, 오후 회의에 저는 참석하지 못합니다. 저는 지금 막 상하이에서 베이징으로 돌아왔는데, 아직 공항에 있어서, 아무래도 늦을 것 같습니다.

보기와 녹음 일치

> ★ 一天喝一杯红酒对身体好。 ( )

해설 및 정답 **문제 분석▼** 녹음에서 有好处라는 표현은 '이점이 있다'는 의미로, 보기의 对身体好(몸에 좋다)라는 표현과 일치하는 내용임을 유추할 수 있다.

酒喝多了，肯定会影响健康。但一项研究发现一天喝一杯红酒对我们的身体有好处。	술을 많이 마시면 분명 건강에 영향을 미칠 것이다. 하지만 한 연구에서 하루에 와인 한 잔을 마시는 것은 우리 몸에 이점이 있다는 것이 발견되었다.
★ 一天喝一杯红酒对身体好。(√)	★ 하루에 와인을 한 잔 마시면 몸에 좋다. (√)

단어 ★影响 yǐngxiǎng 동 영향을 미치다 | ★健康 jiànkāng 형 건강하다 | 项 xiàng 양 항목, 가지 | 研究 yánjiū 명동 연구(하다) | 红酒 hóngjiǔ 명 와인 | ★好处 hǎochù 명 좋은 점, 이점

2 주어의 일치 여부를 묻는 문제

분명히 보기와 녹음이 일치하는 것을 확인하고 답을 체크했는데도 틀리는 경우가 있는데, 대체적으로 주어(동작자)를 간과하여 발생하는 오류이다. 녹음에서 들리는 주어와 보기의 주어가 일치하는지 정확하게 파악해야 한다.

예

보기 ⌒ 주어 불일치	녹음 대본
他的成绩很优秀。	我姐姐平时努力学习，所以成绩很优秀。
그의 성적은 매우 우수하다.	우리 누나는 평소 열심히 공부한다. 그래서 성적이 매우 우수하다.

★ 妈妈只吃一点儿肉也长胖。 （　　　　）

해설 및 정답 · **문제 분석▼** 보기와 녹음의 내용은 일치하지만 주어가 다른 문제 유형이다. 녹음에는 주어가 我儿子인데, 보기의 주어는 妈妈이므로 주어가 일치하지 않는다.

妈妈跟我说，我儿子怎么只吃一点儿肉就长胖。爸爸回答，大象也不吃肉只吃草。 ★ 妈妈只吃一点儿肉也长胖。（ ✕ ）	엄마가 나한테 내 아들은 왜 고기를 조금만 먹어도 살이 찌는 거냐고 말했다. 아빠는 코끼리도 고기를 먹지 않고 풀만 먹는다고 답했다. ★ 엄마는 고기를 조금만 먹어도 살이 찐다. （ ✕ ）

단어 肉 ròu 명 고기 | 长胖 zhǎngpàng 동 살이 찌다, 뚱뚱해지다 | ★回答 huídá 동 대답하다 | 大象 dàxiàng 명 코끼리 | 草 cǎo 명 풀

3 시간 관련 문제

시간 관련 문제는 동작이 이미 발생한 것인지, 아니면 이후에 발생할 것인지에 중점을 두고 듣는 것이 유리하다. 녹음이 들리기 전에 보기를 분석하여 과거 시제인지 미래 시제인지를 파악하고 녹음을 듣는 것이 관건이다.

보기	녹음 대본
— 불일치 —	
现在出发也能准时到。	会议十点开始，现在出发也来不及了。
지금 출발해도 정시에 도착할 수 있다.	회의는 10시에 시작하니, 지금 출발해도 늦다.

🗂️ 시간 관련 **어휘**   Track 03

부사			
☐☐ **及时** jíshí 즉시 ✹	☐☐ **马上** mǎshàng 바로, 곧 ✹
☐☐ **立刻** lìkè 당장	☐☐ **立即** lìjí 즉시
☐☐ **准时** zhǔnshí 정시에 ✹	☐☐ **按时** ànshí 제때 ✹
☐☐ **依然** yīrán 여전히	☐☐ **仍然** réngrán 여전히
☐☐ **一直** yìzhí 줄곧	☐☐ **结果** jiéguǒ 결과적으로, 결국 ✹
☐☐ **终于** zhōngyú 마침내	☐☐ **赶快** gǎnkuài 빨리

명사			
☐☐ **春天** chūntiān 봄	☐☐ **夏天** xiàtiān 여름
☐☐ **秋天** qiūtiān 가을	☐☐ **冬天** dōngtiān 겨울
☐☐ **从前** cóngqián 옛날	☐☐ **以前** yǐqián 이전 ✹
☐☐ **以后** yǐhòu 이후 ✹	☐☐ **过去** guòqù 과거
☐☐ **最后** zuìhòu 마지막 ✹	☐☐ **将来** jiānglái 미래

동사			
☐☐ **来得及** láidejí 늦지 않다	☐☐ **来不及** láibují 늦다 ✹
☐☐ **赶得上** gǎndeshàng 따라잡을 수 있다	☐☐ **赶不上** gǎnbushàng 따라잡을 수 없다

공략 트레이닝 3   Track 04

★ 他要看电影。   (   )

해설 및 정답 **문제 분석▼** 녹음 시작 부분의 前几天(며칠 전)은 과거를 의미하는 반면 보기에 제시된 要(~하려 하다)는 미래를 의미하므로 내용이 일치하지 않는다.

前几天我看了一部非常有意思的电影，到现在还很感动。这部电影让我知道了真正的幸福是什么。	며칠 전에 나는 아주 재미있는 영화를 한 편 보았는데, 지금까지도 감동이 이어지고 있다. 이 영화는 내게 진정한 행복이 무엇인지를 알려주었다.
★ 他要看电影。(✕)	★ 그는 영화를 보려 한다. (✕)

단어 有意思 yǒu yìsi 형 재미있다, 흥미 있다 │ ★感动 gǎndòng 동 감동하다, 감격하다 │ 真正 zhēnzhèng 형 진정한, 참된 │ ★幸福 xìngfú 명형 행복(하다)

문제 적응 훈련

★ 判断对错。

| 실전 트레이닝 1 | Track 05

1. ★ 今天他打算睡到下午。 ( )

2. ★ 他们能理解她为什么没有男朋友。 ( )

3. ★ 他在介绍长城。 ( )

4. ★ 最近他吃了不少不良食品。 ( )

5. ★ 他不想放弃他的工作。 ( )

정답 및 해설_ 해설집 4쪽

| 실전 트레이닝 2 | Track 06

1. ★ 很多人不知道减肥方法。 ( )

2. ★ 他知道与人交流的方法。 ( )

3. ★ 小李不喜欢洗衣服。 ( )

4. ★ 女儿没有几件衣服。 ( )

5. ★ 他不会打篮球。 ( )

정답 및 해설_ 해설집 6쪽

듣 기 실 력 트 레 이 닝
받아쓰기 ❶

☆ 녹음을 듣고 빈칸을 채우세요.

❶ 这几天工作非常忙，一天到晚_____很累，想好好儿休息一下，

_____这周末我能睡到下午。

❷ 她长得漂亮。_____也好，而且很会做菜。我们真的不能_____

她为什么还没有男朋友。

❸ 这就是有名的长城，从这里不但能看到美丽的_____，而且还可以感

受到古代人的_____才智，长城是我们中国人的骄傲。

❹ 最近我吃了很多不良食品，_____得了胃病。听说_____也对肠

胃不好，不知道以后要吃什么。

❺ 我已经工作十多年了，从来没休息过，最近觉得很累，真想_____这

份工作，想去外国_____。

정답 | ❶ 因此 / 希望 ❷ 性格 / 理解 ❸ 风景 / 聪明 ❹ 因此 / 牛奶 ❺ 辞去 / 留学

듣기 실력 트레이닝
받아쓰기 ②

☆ 녹음을 듣고 빈칸을 채우세요.

필수암기

❶ 没有人不知道_____方法，最好的方法当然是少吃多运动，光说不做

就是_____的重要原因。

필수암기

❷ 他好像没有社交_____，性格也很内向，不知道怎么跟别人_____

_____，几乎没有朋友，总是一个人。

❸ 和我住在一个_____的小李真讨厌，每天穿一样的衣服，_____

不洗，我快受不了了。

❹ 我女儿每天说自己没有衣服穿，但她_____里的衣服都没地方放了。

真是太_____了。

❺ 这次_____对我非常重要，我一定要_____学习，所以以后不能

陪你打篮球了。

정답 | ❶ 减肥 / 失败　❷ 经验 / 交流　❸ 宿舍 / 从来　❹ 衣柜 / 厉害　❺ 考试 / 认真

2 유사어

新HSK에는 이렇게 출제된다! ▼

★ **듣기 제1부분**은 녹음과 일치되는 어휘가 그대로 제시되는 경우의 문제만 출제되지 않는다.

★ **유사어**를 사용해 문제를 비틀어 출제하는 경우가 많기 때문에 **유사 표현**들을 반드시 숙지해야 한다.

보기	녹음 대본
他今天很高兴。	面试结果出来了，我通过了！今天真的很快乐。
그는 오늘 아주 기쁘다. ──── 유사 표현	면접 결과가 나왔어, 나 통과했어! 오늘은 정말 아주 신난다.

1 감정 관련 유사 표현 Track 09

希望 xīwàng 희망하다	愿意 yuànyì 원하다
想 xiǎng ~하고 싶다	
怀疑 huáiyí 의심하다	不信 bú xìn 믿지 않다
喜欢 xǐhuan 좋아하다	爱好 àihào 좋아하다
同意 tóngyì 동의하다 ✱	答应 dāying 수락하다
不同意 bù tóngyì 동의하지 않다	拒绝 jùjué 거절하다 ✱
反对 fǎnduì 반대하다	
注意 zhùyì 주의하다	重视 zhòngshì 중시하다
难过 nánguò 슬프다	伤心 shāngxīn 상심하다
快乐 kuàilè 신나다, 즐겁다	高兴 gāoxìng 기쁘다
愉快 yúkuài 유쾌하다 ✱	开心 kāixīn 즐겁다
麻烦 máfan 번거롭다 ✱	打扰 dǎrǎo 귀찮다, 방해하다
担心 dānxīn 걱정하다 ✱	怕 pà 염려하다

☐☐ 对不起 duìbuqǐ 미안하다	☐☐ 不好意思 bù hǎoyìsi 미안하다
☐☐ 抱歉 bàoqiàn 죄송하다	

공략 **트레이닝 1** Track 10

★ 他想当老师。 ( )

해설 및 정답 **문제 분석▼** 녹음에서 希望은 '~을 희망하다'라는 의미로 보기의 想(~을 하고 싶다)와 유사한 표현이므로 내용이 일치함을 알 수 있다.

我母亲是一名老师，我希望我长大后也能和她一样，当一名老师。但我学习成绩不太好，不知道能不能当上老师。	나의 어머니는 선생님이다. 나는 커서 그녀와 똑같이 선생님이 되고 싶다. 하지만 나의 학습 성적은 별로 좋지 않아서, 선생님이 될 수 있을지 모르겠다.
★ 他想当老师。(√)	★ 그는 선생님이 되고 싶다. (√)

단어 母亲 mǔqīn 명 어머니 | ★希望 xīwàng 통 희망하다, 바라다 | 长大 zhǎngdà 통 자라다 | 当 dāng 통 담당하다, ~이 되다 | ★成绩 chéngjì 명 성적

2 상태 관련 유사 표현 Track 11

☐☐ 好处 hǎochù 좋은 점 ✹	☐☐ 优点 yōudiǎn 장점 ✹
☐☐ 坏处 huàichù 나쁜 점	☐☐ 缺点 quēdiǎn 단점 ✹
☐☐ 很多 hěn duō 많다	☐☐ 不少 bù shǎo 적지 않다
☐☐ 许多 xǔduō 많다	☐☐ 大量 dàliàng 대량의
☐☐ 好 hǎo 좋다	☐☐ 不错 búcuò 괜찮다 ✹
☐☐ 方便 fāngbiàn 편리하다 ✹	☐☐ 舒服 shūfu 편안하다 ✹
☐☐ 免费 miǎnfèi 무료로 하다 ✹	☐☐ 赠送 zèngsòng 증정하다
☐☐ 容易 róngyì 쉽다	☐☐ 不难 bù nán 어렵지 않다
☐☐ 简单 jiǎndān 간단하다	
☐☐ 减少 jiǎnshǎo 감소하다 ✹	☐☐ 下降 xiàjiàng 떨어지다
☐☐ 仔细 zǐxì 자세하다 ✹	☐☐ 详细 xiángxì 상세하다
☐☐ 优秀 yōuxiù 우수하다 ✹	☐☐ 能干 nénggàn 유능하다

☐☐ **有能力** yǒu nénglì 능력이 있다	
☐☐ **适应** shìyìng 적응하다 ✱	☐☐ **习惯** xíguàn 익숙하다, 습관이 되다 ✱
☐☐ **想法** xiǎngfǎ 생각	☐☐ **看法** kànfǎ 견해 ✱
☐☐ **累** lèi 피곤하다	☐☐ **没有精神** méiyǒu jīngshen 기운이 없다
☐☐ **打算** dǎsuan 계획하다 ✱	☐☐ **计划** jìhuà 계획하다 ✱
☐☐ **准备** zhǔnbèi 준비하다 ✱	

공략 **트레이닝 2** Track 12

★ 他们俩关系很不错。　　　　　　　　　　　　　(　　　)

해설 및 정답 **문제 분석▼** 녹음 마지막 부분의 亲密(친밀하다)와 보기의 不错(좋다)는 같은 긍정적인 표현이므로 내용
이 일치함을 알 수 있다.

虽然工作上他们俩的意见很不一样，但他们俩的关系却一直很亲密。	비록 업무상 그들 둘의 의견은 매우 다르지만, 그들 둘의 관계는 줄곧 매우 친밀하다.
★ 他们俩关系很不错。(√)	★ 그들 둘의 관계는 매우 좋다. (√)

단어 ★意见 yìjiàn 몡 의견 | 一直 yìzhí 뷔 줄곧 | ★亲密 qīnmì 혱 친밀하다

듣기 **제1부분**

실전에
강한

제한 시간
5분

문제 적응 훈련

학습일 _____ / _____

맞은 개수 _____

★ 判断对错。

| 실전 트레이닝 1 | Track 13

1. ★ 今天是晴天。 (　　)

2. ★ 他买了很多不需要的东西。 (　　)

3. ★ 他丢了手机。 (　　)

4. ★ 网络让生活变得更方便。 (　　)

5. ★ 箱子里的东西很重。 (　　)

정답 및 해설_ 해설집 8쪽

| 실전 트레이닝 2 | Track 14

1. ★ 他今天起得很早。 (　　)

2. ★ 健康是最重要的。 (　　)

3. ★ 他觉得公司的大小不太重要。 (　　)

4. ★ 乒乓球来自中国。 (　　)

5. ★ 他节假日不想工作。 (　　)

정답 및 해설_ 해설집 10쪽

듣기 실력 트레이닝
받아쓰기 ❶

☆ 녹음을 듣고 빈칸을 채우세요.

❶ 今天又下雨，又＿＿＿＿＿＿，天气特别不好。而且气温也＿＿＿＿＿＿了。

今天的约会改到明天吧。

필수암기

❷ 打扫房间时，我发现有很多一次也没用过的东西，这些都是我买的。

＿＿＿了吧，太＿＿＿＿＿，留着吧，以后肯定也用不上。不知道怎么办

才好。

❸ 爸！我的手机＿＿＿＿到沙发后面了，来帮帮我＿＿＿＿一下沙发可以吗?

필수암기

❹ 现在网络的＿＿＿＿＿＿越来越普遍。有了网络，我们能在网上购物、查

＿＿＿＿＿＿，也可以玩儿游戏。生活比以前方便多了。

❺ 你不用＿＿＿＿＿＿，这个＿＿＿＿＿＿里都是衣服，不太重。而且我力气很

大，自己拿得动。

☆ 녹음을 듣고 빈칸을 채우세요.

❶ 昨天我一直＿＿＿＿＿到晚上十二点多才睡的。＿＿＿＿＿今天起晚了。

我醒来的时候，已经八点多了。

❷ 我以前以为钱比什么都＿＿＿＿＿。但现在发现自己错了。

没有＿＿＿＿＿，就什么都做不了。

❸ 找工作不可只＿＿＿＿＿公司的大小。我觉得不管公司大不大，有＿＿＿＿

＿＿＿＿机会就是一家好公司。

❹ 在中国乒乓球是最＿＿＿＿＿的体育运动。它是从英国发展起来的，二十

世纪才＿＿＿＿＿中国。

❺ 按照法律规定，如果节假日工作，公司要给职员两倍的＿＿＿＿＿。所以

节假日工作能＿＿＿＿很多钱，但我不愿意放弃休息。

3 연결 관계

新HSK에는 이렇게 출제된다! ▼

★ 듣기 제1부분은 **전환관계 접속사**인 **但是, 可是, 不过, 然而, 只是, 就是** 등 뒤에 정답이 숨어 있는 경우가 많다.

★ **점층관계**를 표현하는 **접속사**, **병렬관계**와 **나열형**의 문제가 많이 출제되고 있다.

예

보기	녹음 대본
─── 내용 불일치 ───	
他想剪头发。	最近流行短发，不过短发不适合我。
그는 머리를 자르고 싶어 한다.	요즘 짧은 머리가 유행이다. 그러나 짧은 머리는 나에게 어울리지 않는다.

1 '접속사' 뒤에 나오는 문장에 주의한다

① 전환관계   Track 🎧 17

虽然…但是… suīrán…dànshì… ✱	비록 ～이기는 하지만 ～하다
虽然现在没有很多钱，但是我很幸福。 비록 지금 돈이 많지는 않지만, 나는 매우 행복하다.	
尽管…然而… jǐnguǎn…rán'ér…	비록 ～이기는 하지만 ～하다
尽管我今天生病了，然而还是来上学了。 비록 나는 오늘 아프지만 그래도 학교에 왔다.	
但是 dànshì / 可是 kěshì / 不过 búguò / 然而 rán'ér	하지만, 그러나
我今天想去爬山，不过今天的天气特别不好。 나는 오늘 등산을 가고 싶었지만, 오늘 날씨가 너무 안 좋다.	
只是 zhǐshì / 就是 jiùshì	다만, 단지
只是有点儿感冒，不用那么担心。 단지 약간 감기 기운이 있으니, 그렇게 걱정할 필요 없다.	

단어 ★幸福 xìngfú 명형 행복(하다) | 生病 shēngbìng 동 아프다 | 上学 shàngxué 동 등교하다 | 天气 tiānqì 명 날씨 | ★特别 tèbié 부 특히 | ★感冒 gǎnmào 동 감기에 걸리다 | ★担心 dānxīn 동 걱정하다

② 점층관계　Track 18

不但/不仅…而且/并且… ✦ búdàn/bùjǐn…érqiě/bìngqiě…	~뿐만 아니라, 게다가 ~하다

她不但长得好看，而且性格也很好。 그녀는 예쁘게 생겼을 뿐만 아니라, 성격도 매우 좋다.

甚至 shènzhì	심지어

他一直哭，甚至饭也不吃。 그는 계속 울고, 심지어 밥도 안 먹는다.

📝 长 zhǎng 통 생기다 | 好看 hǎokàn 형 예쁘다 | ★性格 xìnggé 명 성격 | 一直 yìzhí 부 줄곧, 계속 | 哭 kū 통 울다

공략 트레이닝 1　Track 19

> ★ 他仍然不习惯中国生活。 （　　　）

해설 및 정답 　**문제 분석▼** 부정부사에 주의해야 하는 문제이다. 녹음의 适应(적응하다)와 보기의 习惯(익숙해지다)는 유사 어휘지만, 习惯 앞에 부정부사 不가 제시되어 있기 때문에 내용이 일치하지 않는다.

我来中国已经两年了。刚开始很多方面都很不习惯，但现在已经都适应了。	나는 중국에 온 지 벌써 2년이 되었다. 처음에는 여러 방면에 익숙하지 않았지만, 지금은 이미 다 적응했다.
★ 他仍然不习惯中国生活。(✕)	★ 그는 여전히 중국 생활에 익숙하지 않다. (✕)

📝 方面 fāngmiàn 명 방면 | ★习惯 xíguàn 통 익숙해지다, 습관이 되다 | ★适应 shìyìng 통 적응하다 | 仍然 réngrán 부 여전히

2️⃣ 병렬 및 나열을 나타내는 문장에 주의한다

📁 병렬 및 나열 관련 접속사　Track 20

(一)边…(一)边… (yì)biān…(yì)biān… ✦	~하면서 ~하다[동작의 동시 진행]

你不要边吃边说。 너 먹으면서 말하지 마.

又…又… yòu…yòu… / 既…又… jì…yòu… ✦	~이기도 하고 ~이기도 하다[동시적 상태]

我的笔记本电脑又大又重。 나의 노트북은 크고 무겁다.

一方面…另一方面…
yìfāngmiàn…lìng yìfāngmiàn…

한편으로는~ 다른 한편으로는~

我这次考得不太好，一方面是没认真，另一方面是考试那天身体不好。

나는 이번에 시험을 잘 못 봤다. 한편으로는 성실히 하지 않고, 다른 한편으로는 시험 당일 몸이 좋지 않았다.

比如 bǐrú / **例如** lìrú

예를 들면

我爱吃水果，例如葡萄、草莓、橘子等等。

나는 예를 들면 포도, 딸기, 귤 등의 과일을 좋아한다.

有的…有的… yǒude…yǒude…

어떤 것은~ 어떤 것은~

有的人说想去，有的人说不想去。

어떤 사람은 가고 싶다고 말하고, 어떤 사람은 가고 싶지 않다고 말한다.

除了…以外，还/也 chúle…yǐwài, hái/yě ✿

~이외에도, 또 ~

除了你以外，谁也不喜欢。 너 이외에, 누구도 좋아하지 않는다.

 笔记本电脑 bǐjìběn diànnǎo 명 노트북 | ★认真 rènzhēn 형 성실하다 | 考试 kǎoshì 명동 시험(을 치다) | 水果 shuǐguǒ 명 과일 | 葡萄 pútao 명 포도 | 草莓 cǎoméi 명 딸기 | 橘子 júzi 명 귤

 트레이닝 2 Track 21

★ 小明又不学习，又不吃饭。　　　　　　　　　（　　　　）

해설 및 정답　**문제 분석▼** 녹음의 不但不学习，而且还不吃饭(공부를 하지 않을 뿐만 아니라 밥도 안 먹는다)는 보기의 又不学习，又不吃饭(공부도 안 하고, 밥도 안 먹는다)와 접속사만 다를 뿐 내용은 일치한다.

小明是个不听话的孩子，他不但不学习，而且还不吃饭。小明的妈妈总是在担心他。	샤오밍은 말을 잘 듣지 않는 아이다. 그는 공부를 하지 않을 뿐만 아니라 밥도 안 먹는다. 샤오밍의 엄마는 항상 그를 걱정한다.
★ 小明又不学习，又不吃饭。(√)	★ 샤오밍은 공부도 안 하고, 밥도 안 먹는다. (√)

단어 听话 tīnghuà 동 말을 잘 듣다 | 孩子 háizi 명 아이 | 总是 zǒngshì 부 항상 | ★担心 dānxīn 동 걱정하다

先…然后… xiān…ránhòu…	우선 ~하고 나서 ~하다
我们先去银行，然后去买衣服吧。 우리 우선 은행에 갔다가 그러고 나서 옷을 사러 가자.	
如果…就… rúguǒ…jiù…	만약 ~라면 곧 ~하다
如果你参加比赛，我就支持你。 만약 네가 시합에 참가한다면, 나는 너를 응원할 것이다.	
因为…所以… yīnwèi…suǒyǐ…	(왜냐하면) ~이기 때문에, 그래서 ~하다
因为天气很热，所以我今天不想出去。 날씨가 덥기 때문에, 나는 오늘 나가고 싶지 않다.	
其实 qíshí	사실
其实我很喜欢打乒乓球。 사실 나는 탁구 치는 것을 좋아한다.	

단어 银行 yínháng 명 은행 | 衣服 yīfu 명 옷 | ★参加 cānjiā 동 참가하다 | ★比赛 bǐsài 명 시합 | ★支持 zhīchí 동 응원하다 | 天气 tiānqì 명 날씨 | 热 rè 형 덥다 | 出去 chūqu 동 나가다 | 喜欢 xǐhuan 동 좋아하다 | 打 dǎ 동 (공을) 치다 | 乒乓球 pīngpāngqiú 명 탁구

공략 **트레이닝 3** Track 23

★ 我们要改变丈夫或妻子的生活习惯。　　　　　　　(　　　)

해설 및 정답 **문제 분석▼** 所以不能试着改变丈夫或妻子的生活习惯(그래서 남편 혹은 아내의 생활 습관을 바꾸려고 해서는 안 된다)는 문장으로 보기와 상반되는 내용임을 알 수 있다.

结婚是适应对方。因为他们已经这样生活很长时间了，<u>所以不能试着改变丈夫或妻子的生活习惯</u>。	결혼은 상대방에게 적응하는 것이다. 그들은 이미 아주 긴 시간을 이렇게 생활해 왔기 때문에, 그래서 남편 혹은 아내의 생활 습관을 바꾸려고 해서는 안 된다.
★ 我们要改变丈夫或妻子的生活习惯。 (**✕**)	★ 우리는 남편 혹은 아내의 생활 습관을 바꿔야 한다. (**✕**)

단어 ★结婚 jiéhūn 동 결혼하다 | ★适应 shìyìng 동 적응하다 | 对方 duìfāng 명 상대방 | 已经 yǐjīng 부 이미 | ★生活 shēnghuó 명동 생활(하다) | 时间 shíjiān 명 시간 | 试 shì 동 시도하다 | ★改变 gǎibiàn 동 바꾸다 | 丈夫 zhàngfu 명 남편 | 妻子 qīzi 명 아내 | ★习惯 xíguàn 명 습관

실전에
강한

체한 시간
5분

문제 적응 훈련

학습일 ____/____

맞은 개수 _____

★ 判断对错。

| 실전 트레이닝 1 | Track 24

1. ★ 表格上需要填写地址。 ( )

2. ★ 夏天适合去上海旅游。 ( )

3. ★ 公园离公司不远。 ( )

4. ★ 四川菜普遍很咸。 ( )

5. ★ 他打算带孩子去动物园。 ( )

정답 및 해설_ 해설집 12쪽

| 실전 트레이닝 2 | Track 25

1. ★ 跟小王聊天儿让人很无聊。 ( )

2. ★ 他几乎每天都去踢足球。 ( )

3. ★ 他觉得幸福并不容易。 ( )

4. ★ 国家禁止酒后开车。 ( )

5. ★ 有车的人逐渐增多。 ( )

정답 및 해설_ 해설집 14쪽

☆ 녹음을 듣고 빈칸을 채우세요.

① 先生，请先在这张＿＿＿＿＿上填写您的名字和＿＿＿＿＿＿＿＿，然后

再交给人事部。

② 如果你想去上海＿＿＿＿＿，千万别＿＿＿＿在夏季。

上海夏天热得不得了。

③ 因为公司＿＿＿＿＿有一个大公园，所以我们公司职员午饭后常常在那儿

＿＿＿＿＿。

④ 四川好吃的菜很多，所以我妻子很喜欢去四川＿＿＿＿＿。但大部分都很

＿＿＿＿，我几乎都吃不了。

⑤ 春天来了，＿＿＿＿＿＿＿说明天天气会更暖和，所以我＿＿＿＿＿明

天带孩子去爬山。你要不要跟我们一起去？

듣 기 실 력 트 레 이 닝
받아쓰기 ❷

Track 27 ① ⑤

☆ 녹음을 듣고 빈칸을 채우세요.

필수암기

❶ 我们班的小王_____很活泼，而且很_____。跟他一起聊天儿很

_____。但是他下个月要_____这里了，我们都很舍不得。

❷ 我最近对足球很_____。每天下课后跟同学们一起去踢足球，觉得

很_____。

❸ 其实幸福很_____。它就时时刻刻_____在我们身边。我觉得能

做自己喜欢做的事，即使再_____，也会感到很幸福。

❹ 酒后开车非常_____，所以国家严格_____酒后开车。大家一定

要记住：开车千万别喝酒，喝酒千万别开车。

❺ 随着人们生活水平的_____，买车的人越来越多了。这带来了____

____的堵车问题。为了_____这个问题，政府_____人们多使

用公共交通工具。

/ 提高 / 严重

/ 解决 / 鼓励

정답 | ❶ 性格 / 幽默 / 愉快 / 离开 ❷ 感兴趣 / 有意思 ❸ 简单 / 陪伴 / 困难 ❹ 危险 / 禁止 ❺ 提高 / 严重

듣기 **3** 연결 관계 37

맛있는 중국어 新HSK 합격 프로젝트

듣기
听力

제**2·3**부분
대화형

최신 기출 문제 분석

출제 비율

난이도 ☆☆☆☆☆

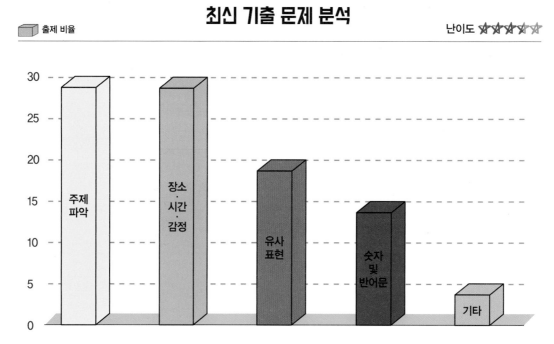

新HSK 4급 듣기 제2부분과 제3부분 전반부는 남녀의 대화 내용을 듣고 보기에서 알맞은 답을 고르는
문제로 대화 속 남녀의 입장을 헷갈리지 않도록 잘 구분하여 들어야 한다.

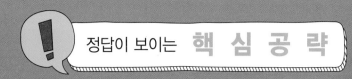
정답이 보이는 핵 심 공 략

핵심1 보기의 내용을 먼저 확인하라!

대화형 문제는 인물의 행동이나 말투, 감정 혹은 인물이 있는 장소 등을 묻는 문제가 주로 출제되고, 보기에 정답이 그대로 들리는 경우가 많기 때문에 반드시 보기를 먼저 확인한 후 녹음을 듣는 것이 유리하다.

핵심2 남녀의 입장을 구분하라!

단순히 녹음 내용에만 집중하면 남자에 관한 내용을 묻는 질문인지 여자에 관한 내용을 묻는 질문인지 헷갈리는 경우가 있다. 따라서 남녀의 질문 대상이 혼동되지 않도록 입장을 각각 구분하여 메모해 두는 연습을 해야 한다.

핵심3 반어문에 주의하라!

모르는 어휘가 없는데도 정확한 의미를 파악하기 힘든 문제들이 있다. 특히 이중부정이나 반어문 문장이 출제되면 더욱 헷갈릴 수밖에 없다. 따라서 평소 자주 출제되는 표현들을 정리하여 암기해 두어야 한다.

핵심4 긍정인지 부정인지에 집중하라!

대화 내용 중 화자의 의견이나 질문의 대답이 긍정적인 반응인지 부정적인 반응인지만 정확히 파악해도 질문과 관련된 주요 정보를 확인할 수 있는 경우의 문제도 출제되기 때문에 긍정과 부정의 구분에 신경 써야 한다.

4 감정·인물

★ 듣기 제2·3부분은 남녀의 대화 속에서 화자가 느끼는 **감정**이나 화자의 **말투**가 어떠한가를 묻는 **질문**이 빈번하게 출제되므로 관련 어휘들을 반드시 암기해야 한다.

시험에 자주 나오는 질문 형식-감정   Track 28

女的怎么了? 여자는 어떠한가?

女的是什么态度? 여자의 태도는 어떠한가?

男的觉得女的怎么样? 남자가 생각할 때 여자는 어떠한가?

对女的的话，男的觉得怎么样? 여자의 말을 남자는 어떻게 생각하는가?

★ **인물**에 대해 묻는 질문은 남녀의 **관계**나 **직업**, **호칭** 등을 묻는 질문이 가장 보편적이다.

시험에 자주 나오는 질문 형식-인물   Track 29

男的最可能是做什么的? 남자는 무엇을 하는 사람일 가능성이 큰가?

他们俩最可能是什么关系? 그들 둘은 무슨 관계일 가능성이 큰가?

男的今天去见谁? 남자는 오늘 누구를 만나러 가는가?

1 감정과 상태, 말투 관련 어휘   Track 30

긍정적	□□ 高兴 gāoxìng 기쁘다	□□ 快乐 kuàilè 즐겁다
	□□ 开心 kāixīn 신나다	□□ 愉快 yúkuài 유쾌하다 ✦
	□□ 兴奋 xīngfèn 흥분하다 ✦	□□ 激动 jīdòng 감격하다 ✦
	□□ 幸福 xìngfú 행복하다	□□ 满意 mǎnyì 만족하다 ✦
	□□ 得意 déyì 의기양양하다	□□ 热情 rèqíng 친절하다
	□□ 活泼 huópo 활발하다 ✦	□□ 吃惊 chījīng 놀라다
	□□ 开朗 kāilǎng 명랑하다	□□ 尊重 zūnzhòng 존중하다
	□□ 重视 zhòngshì 중시하다	□□ 鼓励 gǔlì 격려하다 ✦
	□□ 表扬 biǎoyáng 칭찬하다	□□ 称赞 chēngzàn 칭찬하다
	□□ 安慰 ānwèi 위로하다	□□ 放心 fàngxīn 안심하다
	□□ 感动 gǎndòng 감동하다	□□ 支持 zhīchí 지지하다

	生气 shēngqì 화나다		不满 bùmǎn 불만이다
	失望 shīwàng 실망하다 ★		难过 nánguò 슬프다
	难受 nánshòu 괴롭다		痛苦 tòngkǔ 고통스럽다
부정적	可惜 kěxī 아쉽다 ★		看不起 kànbuqǐ 깔보다
	轻视 qīngshì 무시하다		嘲笑 cháoxiào 비웃다
	批评 pīpíng 비판하다, 꾸짖다		抱怨 bàoyuàn 원망하다
	担心 dānxīn 걱정하다 ★		着急 zháojí 조급해하다 ★
	不安 bù'ān 불안하다		紧张 jǐnzhāng 긴장하다 ★
제안·충고	劝 quàn 권하다		提醒 tíxǐng 일깨우다 ★
	建议 jiànyì 건의하다 ★		禁止 jìnzhǐ 금지하다 ★
	警告 jǐnggào 경고하다		命令 mìnglìng 명령하다

공략 트레이닝 1 Track 31

A 很高兴　　　　B 很着急　　　　C 很紧张　　　　D 没力气

해설 및 정답 　문제 분석▼ 녹음 내용인 没力气(힘이 없다)가 보기에 그대로 제시되어 있다.

女：你今天怎么这么没有力气？	여: 너 오늘 왜 이렇게 힘이 없어?
男：不知道为什么，昨晚一直睡不着。	남: 왜인지 모르겠어, 어젯밤에 계속 잠을 못 잤어.
问：男的看上去怎么样？	질문: 남자는 보기에 어떠한가?
A 很高兴	A 기쁘다
B 很着急	B 조급하다
C 很紧张	C 긴장하다
D 没力气	**D 힘이 없다**

단어 力气 lìqi 몡 힘 | ★着急 zháojí 동 조급해하다 | ★紧张 jǐnzhāng 톙 긴장하다

2 **인물의 관계 및 호칭 관련 어휘** Track 32

가족	□□ 爷爷 yéye 할아버지	□□ 奶奶 nǎinai 할머니
	□□ 夫妻 fūqī 부부 ✤	□□ 父母 fùmǔ 부모 ✤
	□□ 父亲 fùqīn 아버지	□□ 母亲 mǔqīn 어머니
	□□ 爸爸 bàba 아빠	□□ 妈妈 māma 엄마
	□□ 哥哥 gēge 형, 오빠	□□ 姐姐 jiějie 누나, 언니
	□□ 弟弟 dìdi 남동생	□□ 妹妹 mèimei 여동생
	□□ 儿子 érzi 아들	□□ 女儿 nǚér 딸
	□□ 孙子 sūnzi 손자	□□ 孙女 sūnnǚ 손녀
	□□ 子女 zǐnǚ 자녀	□□ 兄弟姐妹 xiōngdì jiěmèi 형제자매
회사	□□ 经理 jīnglǐ 사장, 매니저	□□ 部长 bùzhǎng 부장, 팀장
	□□ 主任 zhǔrèn 주임	□□ 科长 kēzhǎng 과장
	□□ 上司 shàngsi 상사	□□ 同事 tóngshì 회사 동료
학교	□□ 教授 jiàoshòu 교수 ✤	□□ 校长 xiàozhǎng 교장, 총장
	□□ 老师 lǎoshī 선생님	□□ 师生 shīshēng 사제, 스승과 제자
	□□ 班长 bānzhǎng 반장	□□ 同学 tóngxué 학우
직업	□□ 家长 jiāzhǎng 학부형	□□ 老师 lǎoshī 선생님
	□□ 教授 jiàoshòu 교수 ✤	□□ 校长 xiàozhǎng 교장, 총장
	□□ 老板 lǎobǎn 사장	□□ 职员 zhíyuán 직원
	□□ 售货员 shòuhuòyuán 판매원 ✤	□□ 服务员 fúwùyuán 종업원 ✤
	□□ 医生 yīshēng 의사 ✤	□□ 护士 hùshi 간호사
	□□ 警察 jǐngchá 경찰	□□ 秘书 mìshū 비서
	□□ 演员 yǎnyuán 배우	□□ 导演 dǎoyǎn 감독
	□□ 律师 lǜshī 변호사	□□ 导游 dǎoyóu 여행 가이드 ✤
	□□ 专家 zhuānjiā 전문가	□□ 空姐 kōngjiě 스튜어디스
	□□ 记者 jìzhě 기자 ✤	□□ 列车员 lièchēyuán 역무원
남자	□□ 先生 xiānsheng 선생님(Mr.)	□□ 师傅 shīfu 아저씨(존칭)
	□□ 叔叔 shūshu 삼촌, 아저씨	□□ 小伙子 xiǎohuǒzi 청년, 총각
여자	□□ 小姐 xiǎojiě 아가씨	□□ 阿姨 āyí 이모, 아주머니
	□□ 太太 tàitai 부인	□□ 女士 nǚshì 여사님, 숙녀분

트레이닝 2   Track 33

A 同事	B 同学	C 夫妻	D 师生

해설 및 정답 **문제 분석▼** 녹음에서 孩子(아이)에 대한 이야기를 나누고 있으므로, 두 사람은 夫妻(부부) 사이임을 유추할 수 있다.

男：什么这么香啊？你在做什么呢？

女：孩子今天得了一百分，所以想给他做些好吃的!

问：他们是什么关系？

A 同事
B 同学
C 夫妻
D 师生

남: 뭐가 이렇게 냄새가 좋아? 뭐 만들고 있어?

여: 아이가 오늘 백점을 받았어, 그래서 맛있는 것 좀 해주고 싶어서!

질문: 그들은 무슨 관계인가?

A 동료
B 학우
C 부부
D 스승과 제자

단어 香 xiāng 형 향기롭다 ㅣ 孩子 háizi 명 아이 ㅣ 得 dé 동 얻다 ㅣ 一百分 yìbǎi fēn 백점 ㅣ 好吃 hǎochī 형 맛있다 ㅣ ★同事 tóngshì 명 동료 ㅣ ★夫妻 fūqī 명 부부 ㅣ 师生 shīshēng 명 스승과 제자

듣기 제2·3부분

실전에
강한

제한 시간 6분

문제 적응 훈련

학습일 _____ / _____

맞은 개수 _____

★ 请选出正确答案。

실전 트레이닝 1 | Track 34

1. **A** 护士　　　　**B** 秘书　　　　**C** 老师　　　　**D** 空姐

2. **A** 母亲和儿子　　　　　　　**B** 医生和病人
   C 老师和学生　　　　　　　**D** 丈夫和妻子

3. **A** 老师　　　　**B** 秘书　　　　**C** 记者　　　　**D** 售货员

4. **A** 要加油　　　　**B** 飞机坏了　　　　**C** 天气原因　　　　**D** 没有乘客

5. **A** 同情　　　　**B** 羡慕　　　　**C** 支持　　　　**D** 怀疑

정답 및 해설_ 해설집 16쪽

실전 트레이닝 2 | Track 35

1. **A** 上司　　　　**B** 学生　　　　**C** 新人　　　　**D** 老板

2. **A** 怀疑　　　　**B** 失望　　　　**C** 难过　　　　**D** 鼓励

3. **A** 教授　　　　**B** 职员　　　　**C** 医生　　　　**D** 学生

4. **A** 老板和职员　　　　　　　**B** 丈夫和妻子
   C 大夫和病人　　　　　　　**D** 老师和学生

5. **A** 开心　　　　**B** 鼓励　　　　**C** 吃惊　　　　**D** 痛苦

정답 및 해설_ 해설집 18쪽

듣 기　실 력　트 레 이 닝
받아쓰기 1

Track 36①-⑤

☆ 녹음을 듣고 빈칸을 채우세요.

❶ 男：请问，现在可以去_____吗?

　　女：不好意思，飞机马上要_____了。请系好_____。

❷ 女：那时你是班里最不听话的学生了，我还记得你做的那些_____。

　　男：是小时候的_____了，请您忘掉!

❸ 男：这_____太小了，有没有大一点儿的?

　　女：这边巧克力色的比较大，而且现在买可以_____。

❹ 女：因为风太大，飞往北京的航班推迟_____了。

　　男：不就是我们的航班吗? 要_____到什么时候?

❺ 男：我明天去一家公司参加面试，听说_____很激烈。

　　女：不用紧张，你这么_____，肯定没问题。

듣기 실력 트레이닝
받아쓰기 ②

☆ 녹음을 듣고 빈칸을 채우세요.

① 男: 那个_____高高的小伙子是谁?

　　女: 公司新来的_____, 听说是刚大学毕业的。

② 女: 你怎么每次打扫的时候就不_____?

　　男: 难道你不_____我的话吗?

③ 男: 我明天参加学校_____的招聘会, 你要不要一起去?

　　女: 明天几点_____?

④ 女: _____, 你现在在家吗?

　　男: 是的, 你还在_____吗? 怎么还不回来?

⑤ 男: 但是我的_____还是不太好。

　　女: 不用着急, 慢慢_____马上会有进步的。

5 장소·시간

新HSK에는 이렇게 출제된다! ▼

★ 듣기 제2·3부분은 **장소를 묻는 문제**가 자주 출제되므로 관련 어휘들을 반드시 숙지해야 한다.

시험에 자주 나오는 질문 형식–장소 Track 38

他们最可能去哪儿? 그들은 어디에 갈 가능성이 가장 큰가?

男的现在在哪儿? 남자는 지금 어디에 있는가?

他们打算在哪儿见面? 그들은 어디에서 만날 계획인가?

他们可能在什么地方? 그들은 아마도 어디에 있는가?

★ **시간**이나 **숫자**를 묻는 질문은 단순한 시간을 묻는 문제와 더불어 **계절**이나 **명절** 등을 묻는 문제도 출제된다. 시간을 묻는 문제는 비교적 난이도가 높지 않지만, 간혹 계산이 필요한 숫자 관련 문제도 출제되기 때문에 끝까지 집중해야 한다.

시험에 자주 나오는 질문 형식–시간 Track 39

现在是什么季节? 지금은 무슨 계절인가?

笔记本电脑是什么时候买的? 노트북은 언제 산 것인가?

到机场还要多长时间? 공항에 도착하려면 얼마나 더 걸리는가?

1 장소 관련 어휘 Track 40

公司 gōngsī 회사	上班 shàngbān 출근하다	下班 xiàbān 퇴근하다
	加班 jiābān 야근하다	报告 bàogào 보고하다
	会议室 huìyìshì 회의실	办公室 bàngōngshì 사무실
	复印 fùyìn 복사하다 ✸	打印 dǎyìn 인쇄하다 ✸
学校 xuéxiào 학교	上课 shàngkè 수업하다	下课 xiàkè 수업이 끝나다
	暑假 shǔjià 여름방학	寒假 hánjià 겨울방학
	教室 jiàoshì 교실	宿舍 sùshè 기숙사
	校园 xiàoyuán 교정	专业 zhuānyè 전공
	论文 lùnwén 논문 ✸	学期 xuéqī 학기
	考试 kǎoshì 시험(을 치다) ✸	读研究生 dú yánjiūshēng 대학원 과정을 밟다

餐厅 cāntīng 식당	□□ 饭馆 fànguǎn 식당		□□ 食堂 shítáng 구내식당
	□□ 点菜 diǎncài 음식을 주문하다		□□ 菜单 càidān 메뉴
	□□ 服务员 fúwùyuán 종업원 ✹		□□ 味道 wèidao 맛 ✹
	□□ 酸 suān 시다		□□ 甜 tián 달다
	□□ 苦 kǔ 쓰다		□□ 辣 là 맵다
	□□ 咸 xián 짜다 ✹		□□ 清淡 qīngdàn 싱겁다
	□□ 筷子 kuàizi 젓가락		□□ 勺子 sháozi 숟가락
	□□ 杯子 bēizi 컵		□□ 盘子 pánzi (큰) 접시
	□□ 饭碗 fànwǎn 밥그릇		□□ 买单 mǎidān 계산하다
	□□ 结账 jiézhàng 결제하다		□□ 请客 qǐngkè 한턱내다
医院 yīyuàn 병원	□□ 大夫 dàifu 의사 ✹		□□ 医生 yīshēng 의사
	□□ 动手术 dòng shǒushù 수술하다		□□ 打针 dǎzhēn 주사를 맞다 ✹
	□□ 出院 chūyuàn 퇴원하다		□□ 住院 zhùyuàn 입원하다
	□□ 挂号 guàhào 접수하다		□□ 开药 kāi yào 약을 처방하다
	□□ 检查 jiǎnchá 검사하다		□□ 看病 kànbìng 진찰하다
商店 shāngdiàn 상점	□□ 售货员 shòuhuòyuán 판매원 ✹		□□ 打折 dǎzhé 할인하다 ✹
	□□ 付款 fùkuǎn 돈을 지불하다		□□ 付钱 fùqián 돈을 지불하다
	□□ 现金 xiànjīn 현금		□□ 信用卡 xìnyòngkǎ 신용카드 ✹
	□□ 刷卡 shuākǎ 카드를 긁다 ✹		□□ 免费 miǎnfèi 무료이다 ✹
银行 yínháng 은행	□□ 取钱 qǔqián 인출하다		□□ 换钱 huànqián 환전하다 ✹
	□□ 存钱 cúnqián 저금하다		□□ 账号 zhànghào 계좌번호
	□□ 利息 lìxī 이자		□□ 密码 mìmǎ 비밀번호
	□□ 存折 cúnzhé 통장		□□ 信用卡 xìnyòngkǎ 신용카드 ✹
酒店 jiǔdiàn 호텔	□□ 预订 yùdìng 예약하다 ✹		□□ 签名 qiānmíng 서명하다
	□□ 身份证 shēnfènzhèng 신분증		□□ 房卡 fángkǎ 룸 카드 키
	□□ 单人间 dānrénjiān 싱글룸		□□ 双人间 shuāngrénjiān 트윈룸
	□□ 商务间 shāngwùjiān 비즈니스룸		□□ 豪华间 háohuájiān 디럭스룸
机场 jīchǎng 공항	□□ 飞机 fēijī 비행기		□□ 护照 hùzhào 여권 ✹
	□□ 签证 qiānzhèng 비자 ✹		□□ 空姐 kōngjiě 스튜어디스
	□□ 机票 jīpiào 비행기표		□□ 航班 hángbān 항공편 ✹
	□□ 登机 dēngjī 탑승하다		□□ 起飞 qǐfēi 이륙하다 ✹
	□□ 降落 jiàngluò 착륙하다		□□ 推迟 tuīchí 미루다, 연기하다 ✹
	□□ 系安全带 jì ānquándài 안전벨트를 매다		□□ 航空公司 hángkōng gōngsī 항공사

邮局 yóujú 우체국	□□ **寄信** jì xìn 편지를 부치다	□□ **取包裹** qǔ bāoguǒ 소포를 찾다
	□□ **地址** dìzhǐ 주소 ✹	□□ **邮票** yóupiào 우표
	□□ **邮政编码** yóuzhèng biānmǎ 우편번호	□□ **邮包** yóubāo 소포
理发店 lǐfàdiàn 미용실	□□ **理发** lǐfà 이발하다 ✹	□□ **剪头发** jiǎn tóufa 머리카락을 자르다
	□□ **烫头发** tàng tóufa 파마하다	□□ **洗头发** xǐ tóufa 샴푸하다
	□□ **染头发** rǎn tóufa 염색하다	□□ **吹头发** chuī tóufa 드라이를 하다
火车站 huǒchēzhàn 기차역	□□ **售票员** shòupiàoyuán 매표원	□□ **列车员** lièchēyuán 역무원
	□□ **乘客** chéngkè 승객 ✹	□□ **列车** lièchē 열차 ✹
	□□ **赶火车** gǎn huǒchē 기차 시간에 대다	□□ **车次** chēcì 열차 번호
	□□ **硬卧** yìngwò 일반 침대칸	□□ **软卧** ruǎnwò 일등 침대칸
	□□ **硬座** yìngzuò 일반석	□□ **软座** ruǎnzuò 일등석
家 jiā 집	□□ **房间** fángjiān 방	□□ **客厅** kètīng 거실 ✹
	□□ **卧室** wòshì 침실 ✹	□□ **厨房** chúfáng 주방 ✹
	□□ **阳台** yángtái 베란다	□□ **书房** shūfáng 서재
	□□ **洗手间** xǐshǒujiān 화장실	□□ **地下室** dìxiàshì 지하실

공략 트레이닝 1   Track 41

A 家里	B 公司	C 餐厅	D 面包店

해설 및 정답 **문제 분석▼** 녹음 내용의 办公室(사무실)은 회사 관련 어휘이므로 公司(회사)가 정답이다.

女：你现在在哪儿？大概什么时候到家？

男：我还在办公室，今天可能要加班。

女：那晚饭呢？

男：一会儿出去买点儿面包吃就可以。

问：男的现在在哪儿？

A 家里	**B 公司**
C 餐厅	D 面包店

여: 당신 지금 어디야? 대략 언제쯤 집에 도착해?

남: 나 아직 사무실이야, 오늘 아마도 야근해야 할 것 같아.

여: 그럼 저녁밥은?

남: 이따 나가서 빵 좀 사다가 먹으면 돼.

질문: 남자는 지금 어디에 있는가?

A 집	**B 회사**
C 식당	D 빵집

★**大概** dàgài 및 대략 | **到** dào 동 도착하다 | **还** hái 및 아직 | **办公室** bàngōngshì 명 사무실 | ★**加班** jiābān 동 야근하다 | **晚饭** wǎnfàn 명 저녁밥 | **一会儿** yíhuìr 명 잠깐, 잠시 | **面包** miànbāo 명 빵 | ★**餐厅** cāntīng 명 식당 | **面包店** miànbāodiàn 명 빵집

듣기 **5** 장소·시간 49

계절	☐☐ 春天 chūntiān 봄	☐☐ 春季 chūnjì 봄철
	☐☐ 夏天 xiàtiān 여름	☐☐ 夏季 xiàjì 여름철
	☐☐ 秋天 qiūtiān 가을	☐☐ 秋季 qiūjì 가을철
	☐☐ 冬天 dōngtiān 겨울	☐☐ 冬季 dōngjì 겨울철
명절	☐☐ 元旦 Yuándàn 신정	☐☐ 春节 Chūnjié 설날[음력 1월 1일] ✱
	☐☐ 中秋节 Zhōngqiūjié 추석 ✱	☐☐ 端午节 Duānwǔjié 단오[음력 5월 5일] ✱
	☐☐ 国庆节 Guóqìngjié 국경절[10월 1일]	☐☐ 劳动节 Láodòngjié 노동절[5월 1일]
	☐☐ 除夕 Chúxī 섣달그믐	☐☐ 教师节 Jiàoshījié 스승의 날[9월 10일]
	☐☐ 儿童节 Értóngjié 어린이날[6월 1일]	☐☐ 妇女节 Fùnǚjié 여성의 날[3월 8일]
	☐☐ 父亲节 Fùqīnjié 아버지의 날[6월 셋째 주 일요일]	☐☐ 母亲节 Mǔqīnjié 어머니의 날[5월 둘째 주 일요일]
	☐☐ 圣诞节 Shèngdànjié 성탄절	☐☐ 情人节 Qíngrénjié 밸런타인데이
시간	☐☐ 秒 miǎo 초	☐☐ 分 fēn 분
	☐☐ 点 diǎn 시	☐☐ 一刻 yíkè 15분
	☐☐ 半 bàn 반, 30분	☐☐ 一个小时 yí ge xiǎoshí 한 시간
	☐☐ 刚才 gāngcái 방금, 막	☐☐ 一会儿 yíhuìr 잠깐, 잠시
	☐☐ 不久 bùjiǔ 얼마되지 않아	☐☐ 凌晨 língchén 새벽
	☐☐ 早晨 zǎochen 이른 아침	☐☐ 早上 zǎoshang 아침
	☐☐ 上午 shàngwǔ 오전	☐☐ 中午 zhōngwǔ 정오
	☐☐ 下午 xiàwǔ 오후	☐☐ 白天 báitiān 낮
	☐☐ 晚上 wǎnshang 밤	☐☐ 半天 bàntiān 반나절
	☐☐ 整天 zhěngtiān 온종일	☐☐ 前几天 qián jǐ tiān 며칠 전
	☐☐ 过几天 guò jǐ tiān 며칠 후	☐☐ 这几天 zhè jǐ tiān 요 며칠
	☐☐ 星期 xīngqī 주, 요일	☐☐ 周 zhōu 주, 요일
	☐☐ 礼拜 lǐbài 주, 요일	☐☐ 周末 zhōumò 주말
	☐☐ 上旬 shàngxún 상순	☐☐ 中旬 zhōngxún 중순
	☐☐ 下旬 xiàxún 하순	☐☐ 每年 měi nián 매년
	☐☐ 年初 niánchū 연초	☐☐ 年底 niándǐ 연말
	☐☐ 提前 tíqián 앞당기다 ✱	☐☐ 推迟 tuīchí 미루다, 연기하다 ✱
나이	☐☐ 三岁 sān suì 세 살	☐☐ 三十五岁 sānshíwǔ suì 35세
신장	☐☐ 一米七五 yì mǐ qī-wǔ 1미터 75	☐☐ 一米八 yì mǐ bā 1미터 80

중량	☐☐ 公斤 gōngjīn 킬로그램	☐☐ 斤 jīn 근
	☐☐ 克 kè 그램	☐☐ 吨 dūn 톤
길이	☐ 公里 gōnglǐ 킬로미터	☐ 米 mǐ 미터
배수	☐☐ 两倍 liǎng bèi 두 배	☐☐ 三倍 sān bèi 세 배
분수	☐ 三分之一 sān fēnzhī yī 3분의 1	☐☐ 三分之二 sān fēnzhī èr 3분의 2
소수점	☐ 三点五 sān diǎn wǔ 3.5	☐ 八十八点五 bāshíbā diǎn wǔ 88.5
퍼센트	☐ 百分之五十 bǎi fēnzhī wǔshí 50%	☐ 八成 bā chéng 8할
가격	☐☐ 块 kuài / 元 yuán 위안[화폐 단위]	☐☐ 毛 máo / 角 jiǎo 마오[화폐 단위]
	☐☐ 打七折 dǎ qī zhé 30% 세일	☐☐ 买一送一 mǎi yī sòng yī 원 플러스 원

 트레이닝 2   Track 43

A 想照顾小狗
B 下周去云南
C 不太喜欢小狗
D 喜欢邻居家的小狗

해설 및 정답 **문제 분석▼** 여자가 下周…去云南(다음 주에…윈난에 간다)라고 했으므로 핵심 어휘가 그대로 제시된 보기를 선택하면 된다.

女：下周你们俩去云南旅游。谁来照顾小狗啊？
男：我们请邻居帮忙。
女：你们的邻居真好，还帮你们照顾小狗。
男：他们家的小孩儿特别喜欢狗，所以很愿意帮我们照顾小狗。

问：关于男的，可以知道什么？

A 想照顾小狗
B 下周去云南
C 不太喜欢小狗
D 喜欢邻居家的小狗

여: 다음 주면 너희 둘이 윈난으로 여행 가네. 강아지는 누가 돌봐?
남: 우리는 이웃집에 도움을 청했어.
여: 너네 이웃은 정말 좋다. 강아지 돌보는 것까지 도와주고.
남: 그 집 아이가 강아지를 무척 좋아해. 그래서 기꺼이 강아지를 돌봐 준다고 하더라.

질문: 남자에 관해서 알 수 있는 것은?

A 강아지를 돌보고 싶어 한다
B 다음 주에 윈난에 간다
C 강아지를 별로 좋아하지 않는다
D 이웃집 강아지를 좋아한다

단어 下周 xiàzhōu 명 다음 주 | 俩 liǎ 수량 두 개, 두 사람 | ★旅游 lǚyóu 동 여행하다 | ★照顾 zhàogù 동 돌보다 | 小狗 xiǎogǒu 명 강아지 | 请 qǐng 동 청하다 | ★邻居 línjū 명 이웃 | ★帮忙 bāngmáng 동 돕다 | ★特别 tèbié 부 특별히 | 喜欢 xǐhuan 동 좋아하다 | 愿意 yuànyì 조동 원하다

실전에 강한
체한 시간 6분
듣기 제2·3부분 | 대화형

문제 적응 훈련

학습일 ____ /____
맞은 개수 ____

★ 请选出正确答案。

| 실전 트레이닝 1 | Track 44

1. **A** 办公室   **B** 大使馆   **C** 会议室   **D** 博物馆

2. **A** 早上   **B** 中午   **C** 晚上   **D** 七点

3. **A** 不习惯外地生活   **B** 总是觉得很孤单

     C 没有离开过家乡   **D** 现在在外地生活

4. **A** 迟到了   **B** 走路来

     C 还没出发   **D** 等了一个多小时

5. **A** 一点   **B** 一点半   **C** 一点十分   **D** 一点二十分

정답 및 해설_ 해설집 21쪽

| 실전 트레이닝 2 | Track 45

1. **A** 没找到   **B** 房间里   **C** 桌子上   **D** 男的手里

2. **A** 150元   **B** 200元   **C** 250元   **D** 300元

3. **A** 卧室   **B** 房间   **C** 客厅   **D** 厨房

4. **A** 超市   **B** 车站   **C** 公司   **D** 餐厅

5. **A** 不算高   **B** 比姚明高

     C 已经很高了   **D** 像姚明一样高

정답 및 해설_ 해설집 23쪽

듣기 실력 트레이닝
받아쓰기 ①

Track 46 ① ⑤

☆ 녹음을 듣고 빈칸을 채우세요.

❶ 男：办公室的_____坏了，不能打印，怎么办?

　　女：如果你_____，可以到会议室去打印。

❷ 女：现在都几点了！你怎么还在看电视? 不_____吗?

　　男：妈，这个节目马上会_____的。

❸ 男：你_____家乡，一个人在外地生活，是不是很孤单?

　　女：刚开始觉得很孤单，但现在已经_____了。

❹ 女：我已经_____了一个多小时了，你怎么还不来?

　　男：真对不起，我还在路上。没想到这个时间堵车堵得这么_____。

❺ 男：张秘书，明天的_____一点开始还是一点半开始?

　　女：一点半。不过要_____十分钟到场。

정답 | ❶ 电脑 / 着急 ❷ 睡 / 结束 ❸ 离开 / 适应 ❹ 等 / 久 ❺ 会议 / 提前

듣기 **5** 장소·시간 53

듣 기 실 력 트 레 이 닝
받아쓰기 ❷

☆ 녹음을 듣고 빈칸을 채우세요.

❶ 男: 你有没有看见我的_____?

   女: 没有，不在_____里吗?

❷ 女: 150块钱，这么好看的给200块也买不到。

   男: 看来你今天_____好，我给你买吧! 当作你的生日_____。

❸ 男: 这么好看的_____应该挂在客厅里。

   女: 你想挂在_____就挂在_____吧。

필수암기

❹ 女: 你声音再大点儿，这里太吵，我听不_____。

   男: 你_____在哪儿呢?

❺ 男: 我要是_____姚明那样_____多好啊!

   女: 你不是一米八吗? _____这还不算高吗?

6 행동

新HSK에는 이렇게 출제된다! ▼

★ 대화형 문제에서 **화자**의 **행동**을 묻는 질문 역시 **자주 출제**된다. 행동 관련 어휘를 정리하여 숙지하고 화자가 행동을 하기 전인지, 하고 있는 것인지, 할 것인지, **행동의 시제** 역시 **주의**해야 한다.

시험에 자주 나오는 질문 형식 Track 48

女的在做什么? 여자는 무엇을 하고 있는가?
女的让男的做什么? 여자는 남자에게 무엇을 하라고 시키는가?
他们在商量什么事情? 그들은 무엇을 상의하고 있는가?

1 행동 관련 어휘(1) Track 49

업무			
	去公司 qù gōngsī 회사에 가다		在办公室 zài bàngōngshì 사무실에 있다
	上班 shàngbān 출근하다		下班 xiàbān 퇴근하다
	加班 jiābān 야근하다 ✱		会议 huìyì 회의하다 ✱
	开会 kāihuì 회의를 열다		打印 dǎyìn 인쇄하다 ✱
	复印 fùyìn 복사하다 ✱		发传真 fā chuánzhēn 팩스를 보내다
	发电子邮件 fā diànzǐ yóujiàn 이메일을 보내다		写文件 xiě wénjiàn 문서를 쓰다
	面试 miànshì 면접(을 보다) ✱		录用 lùyòng 채용하다
	就业 jiùyè 취업하다		收工资 shōu gōngzī 급여를 받다
	出差 chūchāi 출장 가다		陪客户 péi kèhù 고객과 동반하다
	报告 bàogào 보고하다		参加招聘会 cānjiā zhāopìnhuì 채용 박람회에 참가하다 ✱
	合作 hézuò 협력하다		翻译 fānyì 번역하다
학습	考试 kǎoshì 시험(을 치다) ✱		写论文 xiě lùnwén 논문을 쓰다 ✱
	复习 fùxí 복습하다		预习 yùxí 예습하다
	上学 shàngxué 학교에 가다		放学 fàngxué 학교를 파하다
	上课 shàngkè 수업하다		下课 xiàkè 수업이 끝나다
	放假 fàngjià 방학하다		放暑假 fàng shǔjià 여름방학을 하다

☐☐ **放寒假** fàng hánjià 겨울방학을 하다		☐☐ **留学** liúxué 유학하다	
☐☐ **选择专业** xuǎnzé zhuānyè 전공을 선택하다		☐☐ **申请奖学金** shēnqǐng jiǎngxuéjīn 장학금을 신청하다	
☐☐ **去补习班** qù bǔxíbān 학원에 가다		☐☐ **写作业** xiě zuòyè 숙제를 하다	
결혼	☐☐ **结婚** jiéhūn 결혼하다 ✦	☐☐ **离婚** líhūn 이혼하다	
	☐☐ **谈恋爱** tán liàn'ài 연애하다	☐☐ **吵架** chǎojià 다투다	
	☐☐ **分手** fēnshǒu 헤어지다	☐☐ **找对象** zhǎo duìxiàng 배우자를 찾다	
	☐☐ **相亲** xiāngqīn 맞선 보다	☐☐ **参加婚礼** cānjiā hūnlǐ 결혼식에 참석하다 ✦	
교통	☐☐ **开车** kāichē 운전하다	☐☐ **打车** dǎchē 택시를 타다	
	☐☐ **堵车** dǔchē 차가 막히다	☐☐ **订票** dìng piào 표를 예약하다	
	☐☐ **系安全带** jì ānquándài 안전벨트를 매다	☐☐ **晚点** wǎndiǎn 연착하다	
	☐☐ **起飞** qǐfēi 이륙하다 ✦	☐☐ **降落** jiàngluò 착륙하다	

공략 트레이닝 1 Track 50

> A 比较条件   B 参加面试   C 学习外语   D 参加会议

해설 및 정답 **문제 분석▼** 여자가 지난주 면접 결과에 대해 묻고 있으므로 보기 중 参加面试(면접에 참가하다)가 정답이다.

女：你上星期参加的面试结果出来了吗？	여: 너 지난주에 참가한 면접 결과 나왔니?
男：还没出来，不过已经没有希望了，条件比我好的太多了。	남: 아직 안 나왔어. 근데 이미 희망이 없어. 조건이 나보다 좋은 사람이 너무 많아.
问：男的上星期做什么了？	질문: 남자는 지난주에 무엇을 했는가?
A 比较条件	A 조건을 비교하다
B 参加面试	**B 면접에 참가하다**
C 学习外语	C 외국어를 공부하다
D 参加会议	D 회의에 참가하다

단어 参加 cānjiā 图 참가하다, 참석하다 | 面试 miànshì 圐 면접 | 结果 jiéguǒ 圐 결과 | 还 hái 囯 아직 | 出来 chūlai 图 나오다 | 希望 xīwàng 圐 희망 | 条件 tiáojiàn 圐 조건 | 比较 bǐjiào 图 비교하다 | 外语 wàiyǔ 圐 외국어 | 会议 huìyì 圐 회의

2 행동 관련 어휘(2) Track 51

소비	逛街 guàngjiē 쇼핑하다 ✈	请客 qǐngkè 한턱내다
	去商店 qù shāngdiàn 상점에 가다	去商场 qù shāngchǎng 쇼핑센터에 가다
	在餐厅 zài cāntīng 식당에 있다	付钱 fù qián 돈을 내다
	付现金 fù xiànjīn 현금을 내다	刷卡 shuākǎ 카드를 긁다 ✈
	打折 dǎzhé 할인하다 ✈	看菜单 kàn càidān 메뉴를 보다
	点菜 diǎncài 음식을 주문하다	结账 jiézhàng 결제하다
가사	打扫 dǎsǎo 청소하다 ✈	整理 zhěnglǐ 정리하다 ✈
	收拾 shōushi 정돈하다 ✈	擦 cā 닦다 ✈
	洗碗 xǐ wǎn 설거지하다	洗衣服 xǐ yīfu 빨래하다
질병	去医院 qù yīyuàn 병원에 가다	看病 kànbìng 진찰하다, 진료를 받다
	吃药 chī yào 약을 먹다	开药 kāi yào 약을 처방하다
	打针 dǎzhēn 주사를 맞다 ✈	救病人 jiù bìngrén 환자를 구하다
	找大夫 zhǎo dàifu 의사를 찾다	找医生 zhǎo yīshēng 의사를 찾다
	生病 shēngbìng 병이 나다	感冒 gǎnmào 감기에 걸리다
	发烧 fāshāo 열이 나다	头痛 tóutòng 머리가 아프다
	拉肚子 lā dùzi 설사하다	动手术 dòng shǒushù 수술을 하다
	出院 chūyuàn 퇴원하다	住院 zhùyuàn 입원하다
	身体不舒服 shēntǐ bù shūfu 몸이 안 좋다	擦破了皮 cāpòle pí 피부가 긁혀 벗겨지다
기타	上网 shàngwǎng 인터넷을 하다 ✈	爬山 páshān 등산하다
	游泳 yóuyǒng 수영하다	唱歌 chànggē 노래하다
	跳舞 tiàowǔ 춤을 추다	照相 zhàoxiàng 사진을 찍다
	玩儿游戏 wánr yóuxì 게임하다	旅游 lǚyóu 여행하다 ✈
	报健身房 bào jiànshēnfáng 헬스클럽에 등록하다	锻炼身体 duànliàn shēntǐ 신체를 단련하다
	运动 yùndòng 운동하다 ✈	跑步 pǎobù 달리다
	参加比赛 cānjiā bǐsài 시합에 참가하다 ✈	踢足球 tī zúqiú 축구를 하다
	打篮球 dǎ lánqiú 농구를 하다	打网球 dǎ wǎngqiú 테니스를 치다
	打乒乓球 dǎ pīngpāngqiú 탁구를 치다	打棒球 dǎ bàngqiú 야구를 하다

듣기 제2·3부분 대화형

A 女的去云南了 B 女的去旅游了
C 女的去爬山了 D 女的喜欢爬山

 해설 및 정답 **문제 분석▼** 여자가 不是旅游(여행이 아니다)라고 말했으므로 보기에서 여자가 여행을 갔다는 것은 정확한 정보가 아니다.

男：听说你上个月去云南旅游了，怎么样？好玩儿吗？

女：好玩儿！<u>不过我是去云南爬山的。不是旅游。</u>

男：为了爬山，从这儿跑到云南？

女：我是登山队的队长，想爬各地的名山是当然的了。

问：根据对话，下列哪项不正确？

A 女的去云南了
B 女的去旅游了
C 女的去爬山了
D 女的喜欢爬山

남: 듣자니 너 지난달에 윈난에 여행 갔었다면서? 어땠어? 재미있었어?

여: 재미있었어! 그런데 나는 윈난에 등산하러 간 거지, 여행 간 게 아니야.

남: 등산하기 위해서, 여기에서 윈난까지 간 거라고?

여: 난 등반대의 대장이잖아, 각지의 명산을 오르고 싶은 건 당연한 거지.

질문: 대화를 근거로 다음 중 정확하지 않은 것은?

A 여자는 윈난에 갔다
B 여자는 여행을 갔다
C 여자는 등산하러 갔다
D 여자는 등산을 좋아한다

단어 ★旅游 lǚyóu 통 여행하다 | ★好玩儿 hǎowánr 형 재미있다 | ★爬山 páshān 통 등산하다 | 登山队 dēngshānduì 명 등반대 | 队长 duìzhǎng 명 대장 | 各地 gèdì 명 각지 | 当然 dāngrán 형 당연하다

듣기 제2·3부분 **대화형**

문제 적응 훈련

실전에
강한

제한 시간
6분

학습일 ___/___

맞은 개수 _____

듣기 제2·3부분 대화형

★ 请选出正确答案。

| 실전 트레이닝 1 | Track 53

1. **A** 散步   **B** 看书   **C** 逛街   **D** 运动

2. **A** 丢了   **B** 响了   **C** 换了   **D** 坏了

3. **A** 要去运动   **B** 工作很忙   **C** 不感兴趣   **D** 去踢足球

4. **A** 女的喜欢爬山   **B** 今天空气不好
   C 山上风景很美   **D** 打算常常爬山

5. **A** 飞机   **B** 汽车   **C** 火车   **D** 地铁

정답 및 해설_ 해설집 26쪽

| 실전 트레이닝 2 | Track 54

1. **A** 受伤了   **B** 没擦窗户   **C** 要去医院   **D** 常常生病

2. **A** 只要好的   **B** 便宜就行   **C** 喜欢好货   **D** 不知道好不好

3. **A** 睡觉   **B** 读书   **C** 复习   **D** 写材料

4. **A** 开车   **B** 走过去   **C** 坐地铁   **D** 坐公交车

5. **A** 怎么过年   **B** 买什么礼物
   C 儿子的爱好   **D** 去动物园看小羊

정답 및 해설_ 해설집 28쪽

듣기 **6** 행동   59

Track 55 ① ⑤

☆ 녹음을 듣고 빈칸을 채우세요.

① 男: 听说＿＿＿＿＿的图书馆科学书种类非常＿＿＿＿＿。

　　女: 那周末我们带孩子去那里吧。

② 女: 你的＿＿＿＿＿号码改了吗? 怎么说这个号码是空号?

　　男: 我前几天买了新手机, ＿＿＿＿＿改了号码。

③ 男: 昨天晚上的那场足球比赛是不是很＿＿＿＿＿?

　　女: 我昨天加班了, 到家比赛已经＿＿＿＿＿了。

④ 女: 今天玩儿得怎么样? 爬山有意思吗?

　　男: 爬山很累, 不过山上的＿＿＿＿＿真是太美了, 空气也很＿＿＿＿＿。

⑤ 男: 这次＿＿＿＿＿我们坐飞机去吧, 坐一个小时就到!

　　女: 但是坐飞机不浪漫, 我们还是＿＿＿＿＿＿去吧。

정답 | **①** 附近 / 丰富 **②** 手机 / 顺便 **③** 精彩 / 结束 **④** 风景 / 新鲜 **⑤** 旅游 / 坐火车

Track 56 ① ⑤

듣기 실력 트레이닝
받아쓰기 ②

☆ 녹음을 듣고 빈칸을 채우세요.

① 女：刚才_____玻璃窗的时候不小心擦破了点儿皮。

男：你也真是的！怎么这么_____。要不要去医院？

② 女：什么这么多呀？你_____买了几件衣服？

男：今天太高兴了！商场的衣服打五折，买这么多衣服才_____了八百块。

③ 男：读_____真是不容易呀！

女：不用_____，我还不累，你先去睡吧。

④ 女：你每天怎么上班？开车去吗？还是坐_____？

男：上班时间_____，所以我坐地铁上班。

⑤ 男：他是_____羊的，给他买只小羊怎么样？

女：好吧，我_____他肯定会喜欢的。

정답 | **①** 擦 / 粗心 **②** 到底 / 花费 **③** 博士生 / 帮忙 **④** 公交车 / 太紧 **⑤** 属 / 相信

7 반어문과 이중부정

新HSK에는 이렇게 출제된다! ▼

★ 듣기 영역은 독해 영역처럼 여러 번 확인할 수 없다 보니 듣기 연습을 하다 보면 **반어문**이나 **이중부정** 문장을 단순하게 부정문으로 받아들이는 학습자를 많이 볼 수 있다. 함정에 빠지지 않기 위해서는 다양한 반어문의 형식과 이중부정 표현을 정리하여 숙지해야 한다.

[반어문]

你不是吃饭了吗? 너 밥 먹지 않았니?

◐ 他吃饭了。 그는 밥을 먹었다.

[이중부정]

我们班没有人不喜欢他。 우리 반에서 그를 좋아하지 않는 사람은 없다.

◐ 大家都喜欢他。 모두 그를 좋아한다.

1 반어문 형식 Track 57

谁 누가 ~하겠어요?	谁知道他在想什么? 그가 무슨 생각을 하는지 누가 알겠어? (→ 모른다)
哪儿 / 怎么 어떻게 ~하겠어요?	我哪儿/怎么知道那件事? 내가 그 일을 어떻게 알아? (→ 모른다)
술어+什么? ~하긴 뭐가 ~하나요?	好什么? 좋긴 뭐가 좋아? (→ 좋지 않다)
有什么…(的)? 무슨 ~가 있겠어요?	买那么多有什么用? 그렇게 많이 산다고 무슨 소용이 있겠어? (→ 소용없다)
什么时候 언제 ~하겠어요?	我什么时候说过? 내가 언제 말했었어? (→ 말하지 않았다)
不是…吗? ✱ ~한 거 아닌가요?	你不是说要去学校吗? 怎么还在这儿? 너 학교에 간다고 하지 않았니? 왜 아직 여기 있어? (→ 학교에 간다고 말했다)
没…吗? ~하지 않았나요?	我没跟你说吗? 내가 너한테 말하지 않았니? (→ 말했다)

能不…吗? ~하지 않을 수 있나요?	你说要来，我能不去吗? 네가 와야 한다고 말하는데, 내가 가지 않을 수 있니? (→ 안 간다고 할 수 없다)
难道…吗? ✦ 설마 ~하겠어요?	难道你不觉得好吗? 설마 너는 좋다고 생각하지 않는 거니? (→ 좋다)
何必…(呢)? ~할 필요가 있나요?	何必那么生气? 그렇게 화낼 필요가 있니? (→ 화낼 필요 없다)

단어 难道 nándào 분 설마 ~하겠는가 | 何必 hébì 분 ~할 필요 없다

공략 **트레이닝 1**   Track 58

> A 去出差   B 去公司   C 去上海   D 去北京

해설 및 정답 **문제 분석▼** '不是…吗?'는 반어문으로 내일 출장 간다는 것을 강조한다.

男：你不是明天出差吗? 怎么还不准备?

女：没什么要准备的，明天早上直接去机场就行。

问：女的明天做什么?

A 去出差
B 去公司
C 去上海
D 去北京

남: 너 내일 출장 가지 않니? 왜 아직도 준비하지 않아?

여: 준비할 게 뭐 없어, 내일 아침에 바로 공항으로 가면 돼.

질문: 여자는 내일 무엇을 하는가?

A 출장 간다
B 회사에 간다
C 상하이에 간다
D 베이징에 간다

단어 ★出差 chūchāi 동 출장 가다 | ★准备 zhǔnbèi 동 준비하다 | 直接 zhíjiē 분 바로, 직접 | 机场 jīchǎng 명 공항

不会不··· ~일 리 없다	他不会不知道。 그가 모를 리 없다. (→ 알고 있다)
不能不··· ~하지 않을 수 없다	我不能不去。 나는 가지 않을 수 없다. (→ 가야 한다)
不···不··· ~가 아니지 않다	这不是不可以的。 이것은 안 되는 것이 아니다. (→ 되는 것이다)
没(有)···不··· ~하지 않는 ~가 없다	没有人不知道。 모르는 사람이 없다. (→ 다 알고 있다)
没(有)···没(有)··· ~하지 않은 ~가 없다	没有人没去过。 안 가본 사람이 없다. (→ 다 가봤다)
非···不可 ~하지 않으면 안 된다	我非去不可。 나는 가지 않으면 안 된다. (→ 반드시 가야 한다)

공략 트레이닝 2 Track 60

A 不喜欢女的   B 没有女的很有意思
C 工作忙也不要加班   D 女的一定要参加聚会

해설 및 정답 문제 분석▼ '非···不可'는 이중부정 형식으로 一定要(반드시 ~해야 한다)와 의미가 일치한다.

男：明天的聚会你能参加吗？

女：还不知道，最近工作比较忙，明天有
可能加班。

男：不行，没有你没意思。明天聚会你
非来不可。

女：哈哈! 没想到你这么喜欢我。

问：男的是什么意思？

A 不喜欢女的
B 没有女的很有意思
C 工作忙也不要加班
D 女的一定要参加聚会

남: 내일 모임에 참석할 수 있니?

여: 아직 모르겠어. 요즘 일이 비교적 바빠. 내일 야근
할 수도 있어.

남: 안 돼! 너 없으면 재미없어. 내일 모임에 너는 오지
않으면 안 돼.

여: 하하! 네가 나를 이렇게 좋아하는 줄 생각도 못했
네.

질문: 남자의 말뜻은?

A 여자를 좋아하지 않는다
B 여자가 없으면 매우 재미있다
C 일이 바빠도 야근하지 마라
D 여자는 반드시 모임에 참석해야 한다

단어 聚会 jùhuì 명 모임 | ★参加 cānjiā 통 참가하다, 참석하다 | ★加班 jiābān 통 야근하다 | 非···不可 fēi···bùkě
~하지 않으면 안 된다 | 哈哈 hāhā 의정 하하[웃음소리] | 没想到 méi xiǎngdào 생각지 못하다

제한 시간 6분

실전에 강한

문제 적응 훈련

★ 请选出正确答案。

| 실전 트레이닝 1 | Track 61

1. A 图书馆　　B 电视台　　C 体育馆　　D 奶奶家

2. A 天气不好　B 突然头疼　C 不想见面　D 外边很冷

3. A 公司　　　B 邮局　　　C 机场　　　D 医院

4. A 走路　　　B 坐地铁　　C 坐火车　　D 坐公交车

5. A 想换手机　　　　　B 再想用五年

   C 买了新手机　　　　D 想买五个手机

정답 및 해설_ 해설집 31쪽

| 실전 트레이닝 2 | Track 62

1. A 喜欢自己就行　　　B 一定要长得帅

   C 和自己有共同爱好　D 个子一定要高高的

2. A 不喝　　　B 豆奶　　　C 牛奶　　　D 鸡蛋汤

3. A 头发很长　B 染头发了　C 不认识男的　D 没有以前好看

4. A 要换眼镜　B 长得像妈妈　C 妹妹不好看　D 很喜欢妹妹

5. A 喜欢喝咖啡　B 每天喝三杯　C 喝咖啡没影响　D 喝多才能睡着

정답 및 해설_ 해설집 33쪽

듣기 실력 트레이닝
받아쓰기 1

Track 63 ① ⑤

☆ 녹음을 듣고 빈칸을 채우세요.

필수단기

① 男: 你看到_____了吗? 学校组织留学生去外地旅行。

   女: 你声音太大了! 你没看见大家都在_____地学习吗?

② 女: 你不是去_____了吗? 怎么又回来了?

   男: 外边_____下雨, 我们本来今天要去爬山的, 所以不得不取消了。

③ 男: 王经理, 我最近有点儿不舒服, 明天不能不去_____一下。

   请一天假可以吗?

   女: 当然可以, 你最近_____真的不太好。

④ 女: 从这儿到_____远吗? 我们坐车去怎么样?

   男: 坐_____车? 这个时间肯定会堵车的, 而且不远,

   还是慢慢走过去吧。

⑤ 男: 我非买新手机不可, 已经_____了五年了。

   女: 你的手机_____该_____了, 不好用吧?

정답 | ❶ 通知 / 安静 ❷ 动物园 / 突然 ❸ 检查 / 脸色 ❹ 动物园 / 什么 ❺ 用 / 换新手 / 换

듣 기 실 력 트 레 이 닝
받아쓰기 ❷

☆ 녹음을 듣고 빈칸을 채우세요.

필수암기

❶ 男: 很多女孩子都_____找一个长得帅的男朋友，你呢？

女: 长得帅不帅没太大关系，_____是我得爱他。

❷ 女: 对不起，豆奶刚卖完了，要不给您来一杯_____怎么样？

男: 没有就不用了，我一喝牛奶就_____疼。

❸ 男: 这张_____里真的有你吗？我怎么找不到你呢？

女: 王老师后面的那个长_____的不就是我吗？

❹ 女: 她是你妹妹吧？你们俩长得真____！

男: 不会吧！她长得那么_____，怎么会像我？

❺ 男: 别再喝_____了，你已经喝了三杯。晚上会睡不着的。

女: 不用_____，我再喝三杯也能睡着。

정답 | ❶ 必须 / 关键   ❷ 牛奶 / 肚子   ❸ 照片 / 头发   ④ 像 / 难看   ❺ 咖啡 / 担心

듣기
听力

제**3**부분
단문형

최신 기출 문제 분석

출제 비율

난이도 ★★★★☆

```
30 ┤ ┌──┐ ┌──┐
25 ┤ │일치│ │주제│
   │ │표현│ │찾기│
20 ┤ │  │ │  │ ┌──┐
   │ │  │ │  │ │기본│
15 ┤ │  │ │  │ │정보│ ┌──┐
   │ │  │ │  │ │  │ │맥락│
10 ┤ │  │ │  │ │  │ │파악│
   │ │  │ │  │ │  │ │  │
 5 ┤ │  │ │  │ │  │ │  │ ┌──┐
   │ │  │ │  │ │  │ │  │ │기타│
 0 ┴─┴──┴─┴──┴─┴──┴─┴──┴─┴──┴
```

新HSK 4급 듣기 제3부분 후반부는 비교적 긴 지문을 듣고 보기에서 알맞은 답은 고르는 문제로 한 지문에 두 개의 문제가 출제되기 때문에 보기를 보면서 녹음과 일치하거나 유사한 항목이 있는지 확인하며 들어야 한다.

핵심1 보기 파악이 핵심이다!

제3부분 후반부에는 들어야 할 지문이 길어질 뿐 아니라 동시에 두 개의 질문을 하기 때문에 학습자의 입장에서는 체감 난이도가 별 다섯 개일 수도 있다. 하지만 알고 보면 후반부 문제들이 오히려 단순한 요령만으로 정답 확률을 높일 수 있는 부분이기도 한다. 대화형 문제에 비해서 함정이 적기 때문에 보기만 잘 파악하고 있다가 들리는 그대로의 보기를 선택만 해도 틀리지 않을 문제들이 다수 출제되기 때문에 기본 중에 기본인 보기 파악에 신경 써야 한다.

핵심2 서론과 결론에 집중하라!

긴 지문의 주제는 서론 부분이나 결론 부분에 주로 제시된다. 따라서 문장의 처음과 끝을 더욱 집중하여 들어야 한다. 지문이 길어지면 앞에서 들었던 내용이 생각나지 않을 수도 있기 때문에 녹음을 들으면서 핵심 어휘를 메모하는 습관을 기르는 것도 좋은 방법이다.

핵심3 주어, 사건, 배경, 감정 등 구체적인 맥락을 파악하라!

핵심 어휘를 파악하기 어려운 문제들이 출제되는 경우도 있다. 이러한 문제는 세부적인 맥락을 파악할 수 있어야 한다. 녹음의 주어와 보기의 주어가 일치하는지를 구분할 수 있는 능력과 구체적인 사건과, 배경, 감정 등이 보기와 일치하는지를 파악할 수 있는 능력을 길러야 한다.

핵심4 메모하는 습관을 길러라!

해당 보기를 파악한 후에는 녹음에서 언급되는 핵심 어휘들과 일치하거나 유사한 내용에 간단한 표시를 해두고 녹음을 들으면서 보기의 옳고 그름이나 구분이 필요한 관련 내용들은 빠르게 메모하는 습관을 기르면 4급뿐만 아니라 5급과 6급에서도 정답을 유추하는 데 큰 도움이 될 수 있다.

8 주제 파악

新HSK에는 이렇게 출제된다! ▾

★ 듣기 제3부분 단문 유형은 **작가**의 **의도**나 **생각**을 묻는 문제가 주로 출제된다.

★ **문장의 주제**는 일반적으로 **서론**이나 **결론** 부분에 위치해 있다. 그러나 중간에 핵심 어휘들이 등장하기 때문에 처음부터 끝까지 집중력이 요구된다.

시험에 자주 나오는 질문 형식   Track 65

这段话主要谈什么? 이 문단이 주요하게 이야기하는 것은?

作者认为"爱"和"喜欢"有什么区别? 작가는 '사랑하다'와 '좋아하다'의 차이가 무엇이라 여기는가?

"不可缺少"是什么意思? '불가결하다'는 무슨 뜻인가?

班长为什么没带笔? 반장은 왜 펜을 가져오지 않았는가?

1 서론에서 주제를 이끄는 표현   Track 66

…是什么? ~란 무엇인가?	幸福是什么? 행복이란 무엇인가?
什么叫…呢? 무엇을 ~라고 하는가?	什么叫成功呢? 무엇을 성공이라고 하는가?
觉得 / 认为 ~라고 여기다(생각하다)	我觉得互相理解是最好的方法。 나는 서로 이해하는 것이 가장 좋은 방법이라고 생각한다.
对…来说 ~에게 있어서	对我来说, 幸福并不难。 나에게 있어서, 행복은 결코 어렵지 않다.
一般来说 일반적으로 말하면	一般来说, 好东西价钱比较高。 일반적으로 말하면, 좋은 물건은 가격이 비교적 높다.
很多人经常说 많은 사람들이 ~라고 자주 말한다	很多人经常说喝可乐对身体不好。 많은 사람들이 콜라를 마시면 몸에 좋지 않다고 자주 말한다.
研究表明 연구에서 표명된 바로는	研究表明, 喝咖啡有助于人体健康。 연구에서 표명된 바로는, 커피를 마시면 인체 건강에 도움이 된다고 한다.

단어 幸福 xìngfú 명·형 행복(하다) | ★成功 chénggōng 명·동 성공(하다) | ★互相 hùxiāng 부 서로 | ★理解 lǐjiě 동 이해하다 | ★方法 fāngfǎ 명 방법 | 一般来说 yìbān lái shuō 일반적으로 말하면 | 价钱 jiàqian 명 가격

★研究 yánjiū 圖 연구하다 ┃ 表明 biǎomíng 圖 표명하다 ┃ 有助于 yǒuzhùyú ~에 도움이 되다

공략 트레이닝 1 Track 67

1. A 吃食物　　　　B 吃水果　　　　C 吃药片　　　　D 吃维生素

2. A 没有时间吃饭时　　　　　　　B 没有很多水果时
　　C 食物种类丰富时　　　　　　　D 食物种类太少时

[1-2]

第1题到2题是根据下面一段话：

　　科学家们认为，¹应该吃丰富的食物来获得充分的营养，特别是多吃新鲜的水果，这样可以获得天然维生素，既安全又健康。²只有在食物的种类太少的情况下，才需要吃维生素药片。

1~2번 문제는 다음 내용에 근거한다.

　　과학자들은 ¹풍부한 음식을 섭취하여 충분한 영양소를 얻어야 한다고 여긴다. 특히 신선한 과일을 많이 먹으면 천연 비타민을 얻을 수 있으며, 안전하고 건강하다. ²단지 음식의 종류가 너무 적은 상황에서만 비타민제를 먹을 필요가 있다.

단어 科学家 kēxuéjiā 圆 과학자 ┃ ★丰富 fēngfù 圈 풍부하다 ┃ 食物 shíwù 圆 음식물 ┃ ★获得 huòdé 圖 얻다 ┃ 充分 chōngfèn 圈 충분하다 ┃ ★营养 yíngyǎng 圆 영양 ┃ ★新鲜 xīnxiān 圈 신선하다 ┃ 天然 tiānrán 圈 천연의 ┃ 维生素 wéishēngsù 圆 비타민 ┃ ★安全 ānquán 圈 안전하다 ┃ 健康 jiànkāng 圈 건강하다 ┃ 种类 zhǒnglèi 圆 종류 ┃ ★情况 qíngkuàng 圆 상황 ┃ ★需要 xūyào 圖 필요하다 ┃ 药片 yàopiàn 圆 알약

[1] 해설 및 정답 　**문제 분석▼** 怎么(어떻게)로 질문하는 경우, 要 혹은 应该(~해야 한다) 뒤에 정답이 숨어 있다.

我们怎么能获得充分的营养？

A 吃食物　　　B 吃水果
C 吃药片　　　　D 吃维生素

우리는 어떻게 충분한 영양소를 얻을 수 있는가?

A 음식을 먹는다　　B 과일을 먹는다
C 약을 먹는다　　　　D 비타민을 먹는다

[2] 해설 및 정답 　**문제 분석▼** 什么时候(언제)인지를 묻는 질문 유형이다. 녹음 내용에서 '…情况下(~한 상황에서)' 뒤에 정답이 숨어 있을 가능성이 매우 크다.

根据这段话，什么时候要吃药片？

A 没有时间吃饭时
B 没有很多水果时
C 食物种类丰富时
D 食物种类太少时

이 문단에 근거하면, 언제 약을 먹어야 하는가?

A 밥 먹을 시간이 없을 때
B 과일이 많지 않을 때
C 음식의 종류가 풍부할 때
D 음식의 종류가 너무 적을 때

결론에서 주제를 이끄는 표현 Track 68

其实 qíshí 사실	其实，人生并不简单。 사실, 인생은 결코 간단하지 않다.
总之 zǒngzhī 결론적으로	总之，我们要保护环境。 결론적으로, 우리는 환경을 보호해야 한다.
总而言之 zǒng ér yán zhī 요컨대	总而言之，还是一次难忘的旅游。 요컨대, 역시 잊기 힘든 여행이었다.
因而 yīn'ér / **因此** yīncǐ 따라서	因此大家都喜欢他了。 따라서 모두 그를 좋아하게 되었다.
结果 jiéguǒ 결국	结果他们结婚了。 결국 그들은 결혼했다.
最后 zuìhòu 마지막에, 최후에	最后他们分手了。 마지막에 그들은 헤어졌다.
关键是 guānjiàn shì 관건은 ~이다	关键是我没有坚持。 관건은 내가 꾸준히 하지 않았다는 것이다.
要记住 yào jìzhù ~을 기억해야 한다	要记住健康的重要性。 건강의 중요성을 기억해야 한다.
希望 xīwàng ~하기를 바라다	希望明天会更好。 내일은 더 잘되기를 바란다.
千万不要 qiānwàn búyào 절대 ~해서는 안 된다	千万不要放弃。 절대 포기해서는 안 된다.

🔲 人生 rénshēng 명 인생 | ★简单 jiǎndān 형 간단하다 | ★保护 bǎohù 동 보호하다 | ★环境 huánjìng 명 환경 | ★旅游 lǚyóu 동 여행하다 | 结婚 jiéhūn 동 결혼하다 | 分手 fēnshǒu 동 헤어지다 | ★坚持 jiānchí 동 견지하다, 고수하다 | ★健康 jiànkāng 명 건강 | 重要性 zhòngyàoxìng 명 중요성 | ★放弃 fàngqì 동 포기하다

3.　A 满足　　　　B 健康　　　　C 生活　　　　D 幸福

4.　A 简单　　　　B 复杂　　　　C 轻松　　　　D 愉快

[3-4]

第3题到4题是根据下面一段话:

　　³幸福是什么？ 这是一个没有答案的问题。关键在于你的生活态度。对于能读懂生活的人，幸福就在自己的身边。他们内心常觉得满足。健康地活着、与自己喜欢的人轻松地聊天、在公司工作，对他们来说，这都是一种幸福。大家要记住！⁴幸福其实很简单。

3~4번 문제는 다음 내용에 근거한다.

　　³행복이란 무엇인가? 이것은 하나의 답이 없는 문제다. 관건은 당신의 생활 태도에 달려 있다. 삶을 이해할 줄 아는 사람에게 행복은 바로 자신의 곁에 있다. 그들은 마음속으로 자주 만족을 느낀다. 건강하게 살아 있다는 것, 자신이 좋아하는 사람과 여유롭게 이야기한다는 것, 회사에서 일한다는 것. 그들에게 있어서 이 모든 것들이 일종의 행복이다. 모두 기억해야 한다. ⁴행복은 사실 매우 간단하다.

단어 幸福 xìngfú 몡 행복 | 答案 dá'àn 몡 답 | ★问题 wèntí 몡 문제 | ★关键 guānjiàn 몡 관건 | 在于 zàiyú 됭 ~에 있다, ~에 달려 있다 | 生活 shēnghuó 몡 생활 | ★态度 tàidu 몡 태도 | 身边 shēnbiān 몡 곁 | 内心 nèixīn 몡 마음속 | ★满足 mǎnzú 혱 만족하다 | 健康 jiànkāng 혱 건강하다 | 轻松 qīngsōng 혱 수월하다, 가볍다 됭 느슨하게 하다 | ★聊天 liáotiān 됭 잡담하다 | 公司 gōngsī 몡 회사 | 记住 jìzhu 됭 확실히 기억해 두다 | ★其实 qíshí 튀 사실 | 简单 jiǎndān 혱 간단하다

[3] 해설 및 정답　　문제 분석▼ ‘…是什么?’라는 표현을 사용하여 서론 부분에서 주제를 제시하고 있다.

这段话主要谈什么?	이 문단이 주요하게 이야기하는 것은?
A 满足　　　　B 健康	A 만족　　　　B 건강
C 生活　　　　**D 幸福**	C 생활　　　　**D 행복**

[4] 해설 및 정답　　문제 분석▼ 결론을 이끄는 표현인 其实(사실)를 사용하여 행복은 매우 간단하다는 핵심을 설명하고 있다.

根据这段话，幸福是怎样的?	이 문단에 근거하면, 행복은 어떠한 것인가?
A 简单　　　　B 复杂	**A 간단하다**　　　　B 복잡하다
C 轻松　　　　D 愉快	C 여유롭다　　　　D 유쾌하다

실전에 강한

문제 적응 훈련

★ 请选出正确答案。

실전 트레이닝 1 | Track 70

1. A 脚很疼　　　　B 跑得比较快　　　C 要参加比赛　　　D 运动鞋舒服

2. A 森林　　　　　B 网上　　　　　　C 公园　　　　　　D 动物园

3. A 办公环境　　　B 人际关系　　　　C 环境保护　　　　D 气候变化

4. A 衣服　　　　　B 桌子　　　　　　C 材料　　　　　　D 房间

5. A 一起做家务　　　　　　　　　B 受父母影响
   C 有一样的爱好　　　　　　　　D 吃相同的饭菜

6. A 身体健康的　　　　　　　　　B 有很多钱的
   C 性格开朗的　　　　　　　　　D 长得较像的

정답 및 해설_ 해설집 36쪽

실전 트레이닝 2 | Track 71

1. A 不能说坏话　B 穿着要整齐　　C 不可以紧张　　D 说话要安静

2. A 性格不好的　B 没有礼貌的　　C 不知满足的　　D 要求很高的

3. A 目标很高　　B 对生活不满　　C 不知道生活　　D 态度很积极

4. A 生活很困难　B 生活很有趣　　C 生活没有希望　D 生活没有意义

정답 및 해설_ 해설집 39쪽

듣기 실력 트레이닝
받아쓰기 ①

☆ 녹음을 듣고 빈칸을 채우세요.

① 两个人在森林里_____了一只大老虎，_____一个人很快从包里拿出一双运动鞋换上，另外那个人非常_____地说："你在干什么呢？你换了鞋也跑不过老虎啊。"第一个人_____地说："我只要跑得比你快就行。"

② 你的办公环境会_____你的心情，如果环境干净_____，你每天都会感到_____愉快，所以如果你的办公桌很_____，就为你的好心情，先整理一下你的桌子吧。

③ 一般来说，很多_____都长得很像。因为他们_____生活在一起，每天吃相同的饭菜，这会让他们长得越来越像。而且很多人会对和自己长得像的人_____好感，因此很可能_____跟自己比较像的人_____。

☆ 녹음을 듣고 빈칸을 채우세요.

① 你去＿＿＿＿面试时，如果公司经理问"你为什么＿＿＿＿以前的公司"时，你千万不能回答"那里工作太累，＿＿＿＿低"，否则你会被认为不知＿＿＿＿的人。比较好的回答是"这里的工作更＿＿＿＿我，有更好的前途"。

② 这个＿＿＿＿上有很多人都对自己的生活不＿＿＿＿，但其中大部分人都不知道自己喜欢的人生＿＿＿＿是怎样的，因此他们没有生活的＿＿＿＿，＿＿＿＿生活在一个没有意义的世界上。

9 핵심 문장 찾기

新HSK에는 이렇게 출제된다! ▼

★ 듣기 **제3부분 단문** 유형의 문제에는 **핵심**이 되는 **표현**을 찾는 데 도움을 주는 **접속사**들이 있다. 따라서 접속사의 의미를 정확하게 숙지하고 단문을 이해하는 데 문제가 없도록 연습해 두어야 한다.

시험에 자주 나오는 질문 형식 Track 74 🎧

根据这段话，我们可以知道什么? 이 문단에 근거하여, 우리가 알 수 있는 것은?

根据这段话，会花钱的人怎么样? 이 문단을 근거로, 돈을 소비할 줄 아는 사람은 어떠한가?

根据这段话，我们应该先做什么? 이 문단을 근거로, 우리는 먼저 무엇을 해야 하는가?

---

1 핵심을 이끄는 접속사(1)

① 가설관계 Track 75 🎧

如果…就… rúguǒ…jiù… 만약 ~라면	如果明天下雨，你们就别去了。 만약 내일 비가 온다면, 너희들은 가지 마라.
即使…也… jíshǐ…yě… 설령 ~일지라도	即使会失败，我也要努力。 설령 실패할지라도 나는 노력할 것이다.

🗨 別 bié 閉 ~하지 마라 | 失败 shībài 阁 실패하다 | 努力 nǔlì 阁 노력하다

② 조건관계 Track 76 🎧

只要…就… zhǐyào…jiù… ~하기만 하면 ~하다	只要努力学习，就一定能得到好成绩。 열심히 공부하기만 한다면, 분명 좋은 성적을 얻을 수 있다.
只有…才… zhǐyǒu…cái… ~해야만 비로소 ~하다	只有这样做，才能解决。 이렇게 해야만, 해결할 수 있다.
不管…都/也… bùguǎn…dōu/yě… ~에 상관없이 ~하다	不管是什么，我都没关系。 무엇이든 상관없이, 나는 다 괜찮다.

🗨 努力 nǔlì 阁 노력하다 | 得到 dédào 阁 얻다 | 成绩 chéngjì 阁 성적 | 解决 jiějué 阁 해결하다

1. A 去健身房　　　B 见女朋友　　　C 看看报纸　　　D 找到钱包
2. A 他想散步　　　B 他游泳了　　　C 他很高兴　　　D 他迟到了

[1-2]

第1题到2题是根据下面一段话：

　　今天是星期六，我不上班。虽然很想休息，¹但不管怎么样，今天一定要见我的女朋友。我本来打算八点去健身房运动，十点回家洗澡、吃饭、看看报纸，²下午一点和女朋友去公园散步。可是我要出发的时候，发现钱包不见了。于是我就到处找，找了半天才找到我的钱包。²当我找到钱包时，我才发现已经一点多了。

1~2번 문제는 다음 내용에 근거한다.

　　오늘은 토요일이라서, 나는 출근을 하지 않는다. 비록 너무 쉬고 싶지만 ¹어찌됐든 상관없이, 오늘은 반드시 나의 여자친구를 만나야 한다. 나는 원래 8시에 헬스클럽에 가서 운동을 하고, 10시에 집으로 돌아와 샤워를 하고, 밥을 먹고, 신문을 좀 보고, ²오후 1시에 여자친구와 공원에 산책하러 갈 계획이었다. 하지만 내가 출발하려고 할 때, 지갑이 없어졌다는 것을 발견했다. 그래서 나는 곳곳을 다 뒤졌고, 반나절을 찾고서야 내 지갑을 찾았다. ²내가 지갑을 찾았을 때, 그제서야 나는 이미 1시가 넘었다는 것을 알아차렸다.

단어 ★上班 shàngbān ⑧ 출근하다 | 本来 běnlái ⑨ 원래 | ★打算 dǎsuan ⑧ ~할 예정이다, 계획하다 | 健身房 jiànshēnfáng ⑲ 헬스클럽 | ★运动 yùndòng ⑧ 운동하다 | 洗澡 xǐzǎo ⑧ 샤워하다 | 报纸 bàozhǐ ⑲ 신문 | 公园 gōngyuán ⑲ 공원 | ★散步 sànbù ⑧ 산책하다 | 出发 chūfā ⑧ 출발하다 | ★发现 fāxiàn ⑧ 발견하다, 알아차리다 | 到处 dàochù ⑲ 도처, 곳곳

[1] (해설 및 정답)　**문제 분석▼** 접속사 但(하지만) 뒤에 제시된 不管怎么样은 '어찌됐든 상관없이'라는 의미로, 뒤에는 해야 하는 일(一定要)이 제시된다.

他今天一定要做什么?	그는 오늘 반드시 무엇을 해야 하는가?
A 去健身房　　**B 见女朋友** C 看看报纸　　D 找到钱包	A 헬스클럽에 간다　　**B 여자친구를 만난다** C 신문을 좀 본다　　D 지갑을 찾아낸다

[2] **문제 분석▼** 핵심 내용인 결론을 묻는 질문으로 정답은 마지막 문장에 숨어 있다. 중간에 여자 친구와의 약속 시간이 1시임이 제시됐고, 결론 부분에서 이미 1시가 넘었다고 했으므로 그가 약속 시간에 늦었음을 알 수 있다.

根据这段话，我们可以知道什么？	이 문단에 근거하여, 우리가 알 수 있는 것은?
A 他想散步	A 그는 산책을 하고 싶다
B 他游泳了	B 그는 수영을 했다
C 他很高兴	C 그는 매우 즐겁다
D 他迟到了	**D 그는 지각했다**

2 핵심을 이끄는 접속사(2)

① 선택관계   Track 78

不是A，就是B búshì A, jiùshì B A 아니면 B다	我喜欢的人，不是他，就是你。 내가 좋아하는 사람은 그 아니면 너다.
不是A，而是B búshì A, érshì B A가 아니라 B다	我不是喜欢他，而是喜欢你。 나는 그를 좋아하는 것이 아니라 너를 좋아한다.

 喜欢 xǐhuan 图 좋아하다

② 목적관계   Track 79

为(了)… wèi(le)… ~을 위해서	为了见你一面，我等了三个小时。 너를 한 번 보기 위해, 나는 세 시간을 기다렸다.
…，是为了… …, shì wèile… ~을 위해서	我去外国旅游，是为了开阔视野。 내가 외국 여행을 가는 것은 시야를 넓히기 위해서다.

 外国 wàiguó 명 외국 | ★旅游 lǚyóu 동 여행하다 | 开阔 kāikuò 동 넓히다 | 视野 shìyě 명 시야

3.　A 运动　　　　　B 减肥　　　　　C 吃药　　　　　D 希望

4.　A 运动减肥　　　B 吃药减肥　　　C 不要减肥　　　D 努力减肥

[3-4]

第3题到4题是根据下面一段话：

　　³我觉得减肥最好的方法还是运动。运动减肥才是健康的。但是最近很多人喜欢吃减肥药或者不吃饭来减肥。这样可能很快就会瘦下来，但身体会有很大的伤害。⁴因此为了健康，我希望大家运动减肥。

3~4번 문제는 다음 내용에 근거한다.

　　³내 생각에 다이어트의 가장 좋은 방법은 역시 운동이다. 운동으로 다이어트를 해야만 건강하다. 하지만 요즘에는 너무 많은 사람들이 다이어트 약을 먹거나 밥을 먹지 않고 살을 뺀다. 이렇게 하면 아주 빨리 마를 수는 있겠지만, 몸에 해가 매우 클 수 있다. ⁴따라서 건강을 위해, 나는 모두가 운동으로 다이어트를 했으면 좋겠다.

단어 ★减肥 jiǎnféi 통 다이어트 하다 | ★方法 fāngfǎ 명 방법 | ★运动 yùndòng 통 운동하다 | ★健康 jiànkāng 형 건강하다 | 瘦 shòu 형 마르다 | 伤害 shānghài 통 해치다, 손상시키다 | ★希望 xīwàng 통 희망하다, 바라다

[3] 해설 및 정답　**문제 분석▼** 서론 부분에서부터 주제인 다이어트에 대해 언급하고 있다.

这段话主要说什么？	이 문단이 주요하게 이야기하는 것은?
A 运动　　　　**B 减肥** C 吃药　　　　D 希望	A 운동　　　　**B 다이어트** C 약 먹기　　　D 희망

[4] 해설 및 정답　**문제 분석▼** 화자의 견해는 일반적으로 서론이나 결론 부분에 위치하는데, 이미 서론에 주제가 제시되었기 때문에 화자의 견해는 결론에 있을 확률이 높다. 또한 运动减肥(운동으로 다이어트 하다)라는 녹음 내용이 보기에 그대로 제시되어 있다.

说话人让大家怎么做？	화자는 모두에게 어떻게 하라고 하는가?
A 运动减肥 B 吃药减肥 C 不要减肥 D 努力减肥	**A 운동으로 다이어트를 해라** B 약 먹고 다이어트를 해라 C 다이어트를 하지 마라 D 열심히 다이어트를 해라

단어 让 ràng 통 ~하게 하다 | 不要 búyào 조동 ~하지 마라

실전에 강한

제한 시간 7분

듣기 **제3부분** 단문형

문제 적응 훈련

학습일 ____/____

맞은 개수 _____

★ 请选出正确答案。

실전 트레이닝 1 | Track 81

1. A 各种产品　　B 如何购物　　C 网上购物　　D 比较产品

2. A 网上购物很方便　　　　　　B 网上购物很安全
   C 网上购物很流行　　　　　　D 网上购物很简单

3. A 轻松　　B 及时　　C 有趣　　D 详细

4. A 新鲜　　B 准确　　C 正式　　D 热点

5. A 友好　　B 诚实　　C 开朗　　D 幽默

6. A 别人的缺点　　　　　　　　B 语言的特点
   C 说话可以反映性格　　　　　D 表达看法的重要性

정답 및 해설_ 해설집 42쪽

실전 트레이닝 2 | Track 82

1. A 还在睡觉　　B 正在看报纸　　C 正在吃早饭　　D 躺着看电视

2. A 没去公司　　B 今天放假　　C 喜欢运动　　D 在办公室

3. A 不会外语　　B 学习速度慢　　C 不知道生活　　D 大家看法不同

4. A 怎样教育孩子　　　　　　　　B 孩子出国留学
   C 适应国外生活　　　　　　　　D 怎样照顾自己

정답 및 해설_ 해설집 45쪽

듣기 실력 트레이닝
받아쓰기 1

Track 83①⑤

☆ 녹음을 듣고 빈칸을 채우세요.

① 最近在网上可以买到所有的_____，我们可以买衣服，买鞋，买包，还可以买电脑、_____等，买东西越来越_____了。但在网上买东西，我们只能看图片来_____，看不出这东西的好坏，因此买_____的东西时，还是去商店买比较好。

② 新闻报道就是对最近发生的_____的报道，它有三大_____，首先要_____，必须是最新_____，其次要_____，必须是实际情况，最后必须要有热点，必须是大家关心的问题，只有这样，新闻才有_____。

③ 语言是人们表达_____、交流感情的_____。看他怎么说话，也可以比较准确地知道他是个什么样的人。有的人心里怎么想，嘴上就怎么说，即使是对别人的缺点，也会直接说出来，这样的人给人感觉很_____。有的人看到别人的缺点，却不会直接说出来，通过别的方法来_____，这样的人让人觉得很_____。

정답 | ① 东西 / 以后 / 方便 / 判断 / 重要   ② 事情 / 特点 / 真实 / 消息 / 准确 / 价值   ③ 思想 / 工具 / 直率

표达 / 圆滑

듣 기 실 력 트 레 이 닝

받아쓰기 ❷

Track 84 ① ⑤

☆ 녹음을 듣고 빈칸을 채우세요.

❶ 经理的妻子_____好早饭，然后拿来报纸放在桌子上后就出门了，三个

小时后，她回来_____自己的丈夫还在桌子前边看着报纸。她就问：

"今天你_____吗？不去公司吗？"丈夫就跳起来说："你怎么不早说

呢？我还以为我现在在_____呢。"

필수암기

❷ 目前许多父母认为孩子出国留学越早越好，因为孩子的学习_____比

成年人强，学习_____也比较快。所以有些孩子很小就被送到国外留

学，但又有一些人有不同的_____。他们觉得孩子_____太小，

可能不懂_____自己，因此不能_____国外的生活。

정답 | ❶ 做好 / 发现 / 休息 / 上班呢 ❷ 能力 / 速度 / 意见 / 年龄 / 照顾 / 适应

듣기 **9** 핵심 문장 찾기   83

듣기 제3부분

第一部分 ★ 第1-7题：判断对错。

1. ★ 父母对孩子的最大要求是健康。 （　　　）

2. ★ 他减肥成功了。 （　　　）

3. ★ 他们俩过得很开心。 （　　　）

4. ★ 做计划一定要很仔细。 （　　　）

5. ★ 他还没读完那篇论文。 （　　　）

6. ★ 鸡蛋汤没放盐。 （　　　）

7. ★ 北方的气候更干燥。 （　　　）

第二部分 ★ 第8-14题：请选出正确答案。

8. **A** 客厅 **B** 厨房 **C** 卧室 **D** 饭馆

9. **A** 女的去面试了 **B** 等了一个星期 **C** 明天通知结果 **D** 面试结果出来了

10. **A** 八点 **B** 一点 **C** 五点 **D** 每天不一样

11. **A** 休息 **B** 看病 **C** 做手术 **D** 看爸爸

12. **A** 男的喜欢暑假 **B** 男的想去旅游 **C** 女的担心男的 **D** 女的不想去旅游

13. **A** 很辣   **B** 很甜   **C** 很咸   **D** 好吃

14. **A** 药   **B** 车   **C** 花   **D** 房子

第三部分   ★ 第15–24题：请选出正确答案。

15. **A** 吃惊   **B** 兴奋   **C** 鼓励   **D** 难受

16. **A** 去练习画画儿   **B** 没有别的安排   **C** 参加生日晚会   **D** 举行生日晚会

17. **A** 医生   **B** 学生   **C** 老师   **D** 律师

18. **A** 哪儿也不想去   **B** 想去公园散步
     C 明天想去美术馆   **D** 明天想去看电影

19. **A** 不要爬山   **B** 别带小李   **C** 不用生气   **D** 别开玩笑

20. **A** 没吃东西   **B** 努力运动   **C** 身体不舒服   **D** 吃了减肥药

21. **A** 中文   **B** 法律   **C** 教育   **D** 经济

22. **A** 换专业   **B** 当律师   **C** 考大学   **D** 学艺术

23. **A** 不会做饭   **B** 不会汉语
     C 不喜欢中国菜   **D** 性格有点儿害羞

24. **A** 他不会写汉字   **B** 他态度不太好   **C** 他会说汉语了   **D** 他像以前一样

정답 및 해설_ 해설집 48쪽

독해

阅读

제1부분

최신 기출 문제 분석

출제 비율

난이도 ★★★☆☆

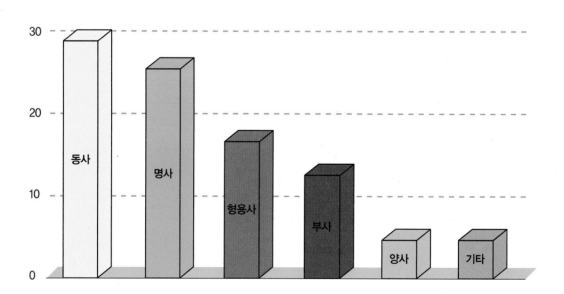

新HSK 4급 독해 제1부분은 문장을 구성하는 기본 품사들이 주로 출제되기 때문에 동사, 명사, 형용사 등의 품사별 위치와 특징을 숙지하는 것이 중요하다.

정답이 보이는 **핵 심 공 략**

핵심1 **단어의 품사도 함께 암기한다**

독해 제1부분은 우리가 기본적으로 학습하고 사용하는 3대 품사(동사, 명사, 형용사)가 주로 출제되기 때문에 품사별 역할을 파악하고 있는 것이 큰 도움이 된다. 단순히 품사의 위치만 파악하는 것이 아니라 특징까지 잘 숙지하고 있어야 함정에 빠지지 않을 수 있으니 단어를 암기할 때는 품사도 함께 알아두자.

핵심2 **빈칸에 들어갈 수 있는 품사를 파악한다**

중국어는 어순이 비교적 간단하다. 따라서 단어의 품사를 알면 위치를 파악하기 아주 수월해진다. 평소 어순 공부를 게을리하지 않았다면 빈칸 앞뒤의 어휘만 관찰해도 빈칸에 들어갈 수 있는 품사가 무엇인지 쉽게 파악할 수 있다. 특히 부사어의 위치는 헷갈리기 매우 쉽기 때문에 정도부사와 같이 특징이 있는 부사들은 따로 정리하여 암기해 두는 것이 좋다.

핵심3 **어휘의 분위기의 도움을 받는다**

간혹 모르는 어휘가 없는데도 해석이 매끄럽게 되지 않는 경우가 있다. 예를 들면 共同语言을 대체로 '공통된 언어'라고 해석하는데, 중국어에서의 共同语言은 '공통의 화제'를 가리킨다. 이와 같이 어휘의 의미들을 완벽하게 파악하지 못하면 제대로 된 해석이 불가능해진다. 이러한 경우에는 어휘가 가지고 있는 분위기의 도움을 받을 수 있다. 没有共同语言을 정확하게 해석하진 못해도 共同이 가지고 있는 '공통'이라는 의미의 분위기로 '함께', '같이' 할 수 있는 무언가가 없다는 문장임을 유추할 수는 있다.

핵심4 **동사의 출제 빈도가 가장 높다**

중국어를 학습하는 사람이라면 중국어의 기본 어순이 '주어+술어+목적어'라는 것은 이미 알고 있을 것이다. 동사는 술어 역할을 담당하며, 앞뒤로 다양한 문장 성분을 거느리는 품사이기 때문에 위치와 용법을 완전하게 숙지해야 한다.

핵심5 **독해의 관건은 어휘다**

어휘를 몰라도 요령으로 풀 수 있는 문제들은 분명 존재하지만 어휘량이 부족하면 좋은 점수를 받기는 불가능하다. 4급 필수 어휘는 1200개로 너무 많다고 생각될 수 있지만 하루에 30개씩만 외워도 40일이면 전부 암기할 수 있는 양이다. 단어에 너무 큰 부담을 갖지 말고 차근차근 외워 나가다 보면 어느새 1200단어가 머릿속에 들어와 있을 것이다.

① 명사 어휘 고르기

新HSK에는 이렇게 출제된다! ▼

★ **독해 제1부분**은 빈칸에 알맞은 단어를 선택하는 문제로, **중국어의 기본 어순**과 **어휘**만 잘 숙지하고 있다면 크게 어렵지 않다. 하지만 어휘 암기가 완벽하지 못할 경우 제1부분은 독해 영역 중 가장 어려운 문제로 탈바꿈하게 된다.

★ 주로 **동사**와 **명사**가 많이 **출제**되기 때문에 어휘의 품사와 함께 공부한다면 좀 더 수월하게 정답을 찾아낼 수 있다.

기본적인 명사 자리

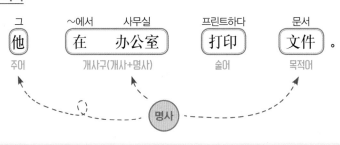

1 명사의 위치

명사는 기본적으로 주어와 목적어 역할을 담당하며, 관형어와 개사 뒤에 놓여 부사어 역할을 하기도 한다. 일반명사뿐만 아니라 대명사의 종류와 용법도 함께 파악해 두자.

1. 주어 및 목적어 자리

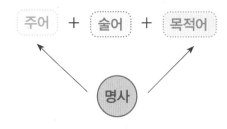

比赛很精彩。 경기가 매우 멋지다.
要按时吃药。 제때 약을 먹어야 한다.
衣服是礼物。 옷은 선물이다.

★按时 ànshí 뤼 제때 | 礼物 lǐwù 몡 선물

2. 관형어 자리

周围环境不太安全。 주위 환경이 그다지 안전하지 않다.
这就是工具的作用。 이것이 바로 도구의 작용이다.

周围 zhōuwéi 몡 주위 | ★安全 ānquán 혱 안전하다 | 工具 gōngjù 몡 도구

3. 개사구 자리

개사 + 명사

游泳对身体很好。 수영은 몸에 아주 좋다.
他在办公室打印文件。 그는 사무실에서 문서를 프린트한다.

★打印 dǎyìn 통 인쇄하다, 프린트하다

> A 个子　　B 性格　　C 结果　　D 手机　　E 比赛　　F 生活
>
> 我以为张先生的（　　　）没有你高。

해설 및 정답 **문제 분석▼** 的 뒤에는 일반적으로 명사가 위치하며, 술어가 高(크다)인 것으로 보아 키에 관한 지문임을 알 수 있다.

A 个子　　B 性格　　C 结果 D 手机　　E 比赛　　F 生活	A 키　　　　B 성격　　　C 결과 D 휴대폰　　E 경기　　　F 생활
我以为张先生的(**A 个子**)没有你高。	나는 장 선생의 (**A 키**)가 너만큼 크지 않은 줄 알았다.

단어 个子 gèzi 囤 키 ┃ ★性格 xìnggé 囤 성격 ┃ ★结果 jiéguǒ 囤 결과 ┃ 手机 shǒujī 囤 휴대폰 ┃ ★比赛 bǐsài 囤 경기, 시합 ┃ 生活 shēnghuó 囤 생활 ┃ 以为 yǐwéi 통 ~인 줄 알다

2 대명사의 위치와 특징

대명사는 사람이나 사물을 대신해서 부르는 말로 명사만큼 쓰임새가 다양하다. 대명사의 종류와 위치를 잘 파악해 두면 시험에서뿐만 아니라 실제 회화에서도 유용하기 때문에 실제적인 활용도가 매우 높다.

1. 대명사의 종류

<table>
<tr><td rowspan="11">인칭
대명사</td><td>□□ 我 wǒ 나</td><td>□□ 自己 zìjǐ 자신</td></tr>
<tr><td>□□ 你 nǐ 너</td><td>□□ 您 nín 당신</td></tr>
<tr><td>□□ 他 tā 그</td><td>□□ 她 tā 그녀</td></tr>
<tr><td>□□ 它 tā 그것</td><td></td></tr>
<tr><td>□□ 我们 wǒmen 우리</td><td>□□ 咱们 zánmen 우리</td></tr>
<tr><td>□□ 你们 nǐmen 너희</td><td>□□ 他们 tāmen 그들</td></tr>
<tr><td>□□ 大家 dàjiā 모두</td><td>□□ 人家 rénjiā 남</td></tr>
<tr><td>□□ 彼此 bǐcǐ 서로</td><td>□□ 各自 gèzì 각자</td></tr>
<tr><td>□□ 他人 tārén 타인</td><td>□□ 别人 biéren 다른 사람</td></tr>
</table>

	□□ 这 zhè 이	□□ 这个 zhège 이것
지시 대명사	□□ 这些 zhèxiē 이것들	□□ 这么 zhème 이렇게
	□□ 这样 zhèyàng 이러한	□□ 这儿 zhèr 여기
	□□ 那 nà 그, 저	□□ 那个 nàge 그것, 저것
	□□ 那些 nàxiē 그것들, 저것들	□□ 那么 nàme 그렇게, 저렇게
	□□ 那样 nàyàng 그러한, 저러한	□□ 那儿 nàr 거기, 저기
의문 대명사	□□ 什么 shénme 무엇, 무슨	□□ 什么时候 shénme shíhou 언제
	□□ 谁 shéi 누구	□□ 如何 rúhé 어떻게
	□□ 怎么 zěnme 어떻게	□□ 怎么样 zěnmeyàng 어떠하다
	□□ 哪 nǎ 어느	□□ 哪儿 nǎr 어디
	□□ 几 jǐ 몇	□□ 多少 duōshao 얼마, 몇

2. 대명사의 위치

주어 및 목적어	怎样才能让他满意? 어떻게 해야 그를 만족시킬 수 있지? 不能随便评价他人。 타인을 함부로 평가해서는 안 된다.
관형어	我们的生活越来越好。 우리의 생활은 점점 좋아진다. 谢谢大家的支持。 여러분의 지지에 감사 드립니다.
부사어	她那么漂亮吗? 그녀가 그렇게 예쁜가요? 你怎么来学校? 당신은 어떻게 학교에 왔나요?
보어	他汉语说得怎么样? 그는 중국어 실력이 어떤가요?

단어 ★满意 mǎnyì 형 만족스럽다 | ★随便 suíbiàn 부 함부로 | 评价 píngjià 동 평가하다 | 生活 shēnghuó 명
생활 | ★支持 zhīchí 동 지지하다

3. 의문대명사의 용법

강조구문

의문대명사 뒤에 都나 也가 오면 '~든지, ~라도'의 의미를 갖는 강조구문이 된다.

我哪儿也不想去。 나는 어디든 가고 싶지 않다.

她穿什么都好看。 그녀는 무엇을 입어도 예쁘다.

谁都可以来参加。 누구든지 참가할 수 있다.

단어 ★参加 cānjiā 동 참가하다

반어문

의문대명사는 일반적으로 의문문을 만드는 데 사용되지만, 한국어와 마찬가지로 반어문을 만드는 데도 사용될 수 있다.

你什么时候说过? 네가 언제 말한 적이 있니? (→ 말한 적이 없다)

谁会不喜欢他? 누가 그를 안 좋아할 수 있겠니? (→ 모두 그를 좋아한다)

我怎么知道他去哪儿了? 그 사람이 어디로 갔는지 내가 어떻게 아니? (→ 나는 모른다)

단어 喜欢 xǐhuan 동 좋아하다 | 知道 zhīdào 동 알다

조건 결과문

의문대명사가 앞 문장과 뒤 문장에 동시에 사용되고 중간에 就로 연결되어 있다면 '~하면 곧 ~하다'의 의미를 갖는 조건 결과문이 된다.

你想去哪儿，我们就去哪儿。 네가 가고 싶은 곳으로 우리는 가겠다.

什么好吃就吃什么。 맛있는 것을 먹자.

你什么时候想去就什么时候去吧。 네가 가고 싶을 때 가자.

추상적 대상

의문대명사를 활용하여 추상적인 대상을 나타낼 수 있다.

我想吃点儿什么东西。 나는 무엇인가를 좀 먹고 싶다.

我听谁说过这件事。 나는 누군가 이 일을 말한 것을 들었다.

我好像在哪儿见过。 나는 어디에선가 만난 적이 있는 것 같다.

단어 东西 dōngxi 명 (불특정) 음식 | 好像 hǎoxiàng 부 마치 ~와 같다

> A 如何　　B 那么　　C 谁　　　D 什么　　E 这些　　F 那儿
>
> 我的手机不见了，你（　　　）也没有吗?

해설 및 정답　**문제 분석▼**　의미상 장소를 묻는 문제임을 알 수 있다. 중국어는 인칭대명사 뒤에 这儿 혹은 那儿을 붙여 장소를 표현한다.

A 如何	B 那么	C 谁	A 어떻게	B 그렇게	C 누구
D 什么	E 这些	F 那儿	D 무엇	E 이것들	F 거기

我的手机不见了，你（ **F 那儿** ）也没有吗?	내 휴대폰이 없어졌어, 너 있는 （ **F 거기** ）에도 없니?

단어　如何 rúhé 때 어떻게 ｜ 手机 shǒujī 명 휴대폰 ｜ 不见 bú jiàn 보이지 않다, 찾을 수 없다

🖋 녹음을 들으며 단어를 써보세요.

☐☐ 1	看法 ✱	kànfǎ	견해, 의견, 생각	别人的看法	타인의 견해
☐☐ 2	感情	gǎnqíng	감정	感情深刻	감정이 깊다
☐☐ 3	感觉	gǎnjué	감각, 느낌	感觉奇怪	느낌이 이상하다
☐☐ 4	价格 ✱	jiàgé	가격	价格很贵	가격이 비싸다
☐☐ 5	距离	jùlí	거리, 간격	距离不远	거리가 멀지 않다
☐☐ 6	缺点 ✱	quēdiǎn	결함, 결점, 단점	指出缺点	결점을 지적하다
☐☐ 7	工具 ✱	gōngjù	기구, 도구, 수단	交流工具	교류 수단
☐☐ 8	空气	kōngqì	공기	空气新鲜	공기가 신선하다
☐☐ 9	工资 ✱	gōngzī	급여, 노임, 임금	工资待遇	급여 대우
☐☐ 10	科学	kēxué	과학	科学发展	과학이 발전하다
☐☐ 11	交通	jiāotōng	교통	交通方便	교통이 편리하다
☐☐ 12	技术	jìshù	기술	科学技术	과학 기술
☐☐ 13	基础	jīchǔ	기초, 토대	学习基础	학습 기초
☐☐ 14	年龄	niánlíng	연령, 나이	退休年龄	정년
☐☐ 15	能力 ✱	nénglì	능력	提升能力	능력을 높이다
☐☐ 16	肚子	dùzi	배	肚子饿	배가 고프다
☐☐ 17	力气	lìqi	힘	力气很大	힘이 세다
☐☐ 18	理想 ✱	lǐxiǎng	이상, 꿈	实现理想	이상을 실현하다
☐☐ 19	标准	biāozhǔn	기준	符合标准	기준에 부합하다
☐☐ 20	毛巾	máojīn	타월, 수건	毛巾厂家	수건 제조업자
☐☐ 21	目的 ✱	mùdì	목적	达到目的	목적에 도달하다
☐☐ 22	文章	wénzhāng	문장, 글	漂亮的文章	멋진 글
☐☐ 23	味道 ✱	wèidao	맛	味道不错	맛이 좋다
☐☐ 24	民族	mínzú	민족	少数民族	소수민족

		25	密码	mìmǎ	암호, 비밀번호	设置密码 비밀번호를 설정하다
		26	方面	fāngmiàn	방면, 쪽, 분야	艺术方面 예술 방면
		27	方法 ✱	fāngfǎ	방법	研究方法 방법을 연구하다
		28	方向	fāngxiàng	방향	迷失方向 방향을 잃다
		29	范围	fànwéi	범위	范围广泛 범위가 넓다
		30	法律	fǎlǜ	법률	遵守法律 법을 준수하다
		31	社会	shèhuì	사회	社会秩序 사회 질서
		32	生命	shēngmìng	생명	宝贵的生命 귀중한 생명
		33	性格 ✱	xìnggé	성격	性格活泼 성격이 활발하다
		34	收入 ✱	shōurù	수입	稳定的收入 안정적인 수입
		35	水平	shuǐpíng	수준, 능력	汉语水平 중국어 수준
		36	信心	xìnxīn	자신, 확신	失去信心 자신감을 잃다
		37	心情	xīnqíng	생각, 감정, 심정	心情愉快 기분이 좋다
		38	广告	guǎnggào	광고	广告宣传 광고 홍보
		39	友谊	yǒuyì	우정	深厚的友谊 두터운 우정
		40	原因	yuányīn	원인	原因不明 원인 불명
		41	意见 ✱	yìjiàn	의견, 견해	征求意见 의견을 구하다
		42	印象 ✱	yìnxiàng	인상	印象深刻 인상이 깊다
		43	日记	rìjì	일기	写日记 일기를 쓰다
		44	任务	rènwu	임무	完成任务 임무를 완성하다
		45	入口	rùkǒu	입구	车站入口 정거장 입구
		46	作者	zuòzhě	작자, 작가	著名作者 유명 작가
		47	材料 ✱	cáiliào	재료, 자료	收集材料 자료를 수집하다
		48	情况 ✱	qíngkuàng	상황, 정황	危险情况 위험한 상황
		49	座位 ✱	zuòwèi	좌석, 자리	让座位 자리를 양보하다
		50	主意	zhǔyi	아이디어, 생각	好主意 좋은 아이디어

실전에 강한
제한 시간 6분

문제 적응 훈련

학습일 ___ / ___

맞은 개수 ___

★ 选词填空。

┤ **실전 트레이닝 1** ├────────────────

A 广告　　B 周围　　C 完全　　D 坚持　　E 收拾　　F 看起来

例如：她每天都（ **D** ）走路上下班，所以身体一直很不错。

1. 这些苹果（　　　）不怎么新鲜了，还是扔了吧。

2. 我家（　　　）不太安静，所以要去图书馆复习。

3. 爸爸的体检结果跟我想的（　　　　）不一样，真没想到爸爸的身体
会这么不好。

4. 这家的商品卖得特别好，（　　　　）效果真的很厉害。

5. 姐姐把房间（　　　　）得干干净净的。

정답 및 해설_ 해설집 59쪽

★ 选词填空。

실전 트레이닝 2

| A 工具 | B 照顾 | C 温度 | D 一切 | E 推迟 | F 估计 |

例如: **A**: 今天真冷啊，好像白天最高(　**C**　)才2℃。

　　　B: 刚才电视里说明天更冷。

1. **A**: 听说比赛时间又要调整。

　　B: 不会吧! 比赛时间又（　　　）了? 改到什么时候了?

2. **A**: 别累坏了，要好好（　　　）自己。

　　B: 妈，你别担心了，我已经二十岁了。

3. **A**: 他怎么了? 今天怎么那么高兴?

　　B: 我（　　　）他这次考试考得很好。

4. **A**: 语言是交流的（　　　），只练阅读是不够的，要多听多说。

　　B: 你说得对，那才是有用的学习方法。

5. **A**: 明天就要出国留学了，（　　　）都准备好了吗?

　　B: 大概都准备好了，不用担心。

정답 및 해설_ 해설집 61쪽

2 동사 어휘 고르기

★ 독해 제1부분에서 **가장 자주 출제**되는 유형이 바로 **동사 관련** 문제이다. 따라서 **동사**의 **위치**와 **역할**을 정확하게 **파악**해야 하는 것은 물론이고, 자주 출제되는 주요 동사들은 따로 정리하여 암기해야 한다.

★ **이합동사와 쌍빈동사의 용법, 문장을 목적어로 취하는 동사**들도 주의해야 한다.

기본적인 동사 자리

1 동사의 기본 위치

동사는 수식을 다양하게 받는 품사로, 주어 뒤에 바로 위치하는 경우도 있지만 대부분 부사어나 보어, 동태조사의 수식을 받는다.

주어 + 동사 + 목적어

我帮助你。 난 너를 돕는다.
你担心什么? 넌 무엇을 걱정하니?

단어 帮助 bāngzhù 통 돕다 | ★担心 dānxīn 통 걱정하다

주어 + 부사 + 동사 + 목적어

这也许是命运。 이것은 어쩌면 운명이다.
我按时吃药。 나는 제때 약을 먹는다.

단어 也许 yěxǔ 부 어쩌면 | 命运 mìngyùn 명 운명 | ★按时 ànshí 부 제때 | 药 yào 명 약

주어 + 조동사 + 동사 + 목적어

弟弟想参加这次比赛。 동생은 이번 시합에 참가하고 싶어 한다.
你能适应这里的生活。 너는 이곳의 생활에 적응할 수 있다.

단어 ★参加 cānjiā 통 참가하다 | 比赛 bǐsài 명 시합 | ★适应 shìyìng 통 적응하다 | 生活 shēnghuó 명 생활

주어 + 개사구 + 동사 + 목적어

他们在中国举行婚礼。 그들은 중국에서 결혼식을 올렸다.
你向他道歉。 너는 그에게 사과해라.

단어 ★举行 jǔxíng 통 개최하다, 거행하다 | 婚礼 hūnlǐ 명 결혼식 | ★道歉 dàoqiàn 통 사과하다

주어 + 동사 + 보어 + 목적어

我用光了这个月的工资。 나는 이번 달 급여를 다 써버렸다.
我帮不了这件事。 나는 이 일을 도와줄 수 없다.

단어 ★工资 gōngzī 명 급여

주어 + 동사 + 동태조사 + 목적어

我买了一条裤子。 나는 바지를 하나 샀다.
我吃过北京烤鸭。 나는 베이징 오리구이를 먹어 봤다.
他看着我的眼睛。 그는 나의 눈을 보고 있다.

단어 裤子 kùzi 명 바지 | 烤鸭 kǎoyā 명 오리구이 | 眼睛 yǎnjing 명 눈

A 难过　　B 往往　　　C 正式　　　D 处理　　　E 适应　　　F 复杂

我妻子肯定（　　　）不了这么冷的天气。

해설 및 정답 **문제 분석▼** 不了는 가능보어의 부정형이다. 보어 앞에는 동사가 위치해야 한다. 보기에 제시된 동사 중 天气(날씨)와 의미상 호응할 수 있는 어휘는 适应(적응하다)뿐이다.

A 难过　　　B 往往　　　C 正式	A 괴롭다　　　B 종종　　　C 정식의
D 处理　　　E 适应　　　F 复杂	D 처리하다　　E 적응하다　　F 복잡하다
我妻子肯定(**E 适应**)不了这么冷的天气。	내 아내는 틀림없이 이렇게 추운 날씨에 (**E 적응하지**) 못한다.

단어 难过 nánguò 형 괴롭다 | 往往 wǎngwǎng 부 종종 | ★正式 zhèngshì 형 정식의 | 处理 chǔlǐ 동 처리하다 | ★适应 shìyìng 동 적응하다 | ★复杂 fùzá 형 복잡하다 | 妻子 qīzi 명 아내

2 이합동사

이합동사란 1음절 동사와 1음절 명사가 짝꿍처럼 늘 함께 다니는 구조로 이루어진 동사를 가리킨다.

/. 주요 이합동사

□□ 见面 jiànmiàn 만나다	□□ 游泳 yóuyǒng 수영하다
□□ 上课 shàngkè 수업하다	□□ 睡觉 shuìjiào (잠을) 자다
□□ 帮忙 bāngmáng 돕다 ✱	□□ 抽烟 chōuyān 흡연하다 ✱
□□ 结婚 jiéhūn 결혼하다 ✱	□□ 离婚 líhūn 이혼하다
□□ 毕业 bìyè 졸업하다	□□ 洗澡 xǐzǎo 목욕하다
□□ 聊天 liáotiān 잡담하다 ✱	□□ 唱歌 chànggē 노래 부르다
□□ 跳舞 tiàowǔ 춤을 추다	□□ 打架 dǎjià (때리며) 싸우다
□□ 吵架 chǎojià 말다툼하다	□□ 生气 shēngqì 화내다
□□ 散步 sànbù 산보하다, 산책하다 ✱	□□ 谈话 tánhuà 이야기하다 ✱

□□ **放假** fàngjià 방학하다	□□ **请假** qǐngjià (휴가·조퇴·외출·결근·결석 등의 허락을) 신청하다

2. 이합동사는 이미 목적어가 있는 상태이기 때문에 다른 목적어가 올 수 없다.

我想见面他。(X)
我想见他一面。(O) 나는 그를 한 번 보고 싶다.
我想跟他见面。(O) 나는 그와 만나고 싶다.

3. 이합동사가 보어와 함께 쓰이는 경우, 보어는 동사와 목적어 사이에 위치한다.

他唱歌完了。(X)
他唱完了这首歌。(O) 그는 이 노래를 다 불렀다.
我平时睡五个小时觉。(O) 나는 평소에 다섯 시간을 잔다.

> 단어 首 shǒu 양 곡, 수[노래나 시를 세는 단위] | 平时 píngshí 명 평소

4. 이합동사 뒤에는 동태조사(了, 着, 过)를 사용할 수 없다. 동태조사는 반드시 일반동사 뒤에 위치해야 한다.

他游泳了一个小时。(X)
他游了一个小时泳。(O) 그는 한 시간을 헤엄쳤다.
他们在跳着舞呢。(O) 그들은 춤을 추고 있는 중이다.

> 단어 游泳 yóuyǒng 동 수영하다 | 跳舞 tiàowǔ 동 춤을 추다

> A 恐怕　　B 随便　　C 词典　　D 新鲜　　E 流行　　F 散步
>
> 爸爸偶尔陪妈妈去咱家附近的公园 (　　　)。

해설 및 정답　**문제 분석▼** 去公园은 동목구조로, 목적어 뒤에는 또 다른 동사구 외에 다른 성분은 올 수 없다.

A 恐怕	B 随便	C 词典	A 아마도	B 멋대로	C 사전
D 新鲜	E 流行	F 散步	D 신선하다	E 유행하다	F 산책하다

爸爸偶尔陪妈妈<u>去</u>咱家附近的<u>公园</u>(**F 散步**)。	아빠는 가끔 엄마를 데리고 우리 집 근처의 공원에 가서 (**F 산책한다**).

단어 恐怕 kǒngpà 囲 아마도 | 随便 suíbiàn 囲 멋대로, 함부로 | 词典 cídiǎn 몡 사전 | ★新鲜 xīnxiān 톙 신선하다 | ★流行 liúxíng 톙 유행하는 | 散步 sànbù 동 산책하다 | 偶尔 ǒu'ěr 囲 때때로, 간혹 | 陪 péi 동 동반하다 | ★附近 fùjìn 몡 부근, 근처

3 쌍빈동사

쌍빈동사란 동시에 두 개의 목적어를 수반할 수 있는 동사를 말한다.

1. 쌍빈동사의 기본 구조

주어	+	쌍빈동사	+	간접목적어(인칭 또는 대상)	+	직접목적어(사물)
我		告诉		你		一件事。
나		알려주다		너		한 가지 일

→ 내가 너에게 한 가지 일을 알려줄게.

⚠ 주의 我给你告诉一件事。(X)

2. 주요 쌍빈동사 ✐

给 gěi	주다	他给了我这本书。 그는 나에게 이 책을 주었다.
送 sòng	선물하다	我送他一辆自行车。 나는 그에게 자전거 한 대를 선물했다.
借 jiè	빌리다, 빌려 주다	他借我汉语词典。 그는 나에게 중국어 사전을 빌렸다.
还 huán	돌려주다	你快还我钱。 너는 어서 내게 돈을 돌려줘.
叫 jiào	부르다	大家都叫他胆小鬼。 모두들 그를 겁쟁이라고 부른다.
教 jiāo	가르치다	王老师教我汉语。 왕 선생님은 나에게 중국어를 가르쳐 주신다.
问 wèn	묻다	他问我家乡的情况。 그는 나에게 고향의 상황을 물었다.
找 zhǎo	(잔돈을) 거슬러 주다	你要找我5块钱。 너는 나에게 5위안을 거슬러 주어야 한다.
告诉 gàosu	알려주다	他告诉你秘密了吗? 그가 너에게 비밀을 알려줬니?
通知 tōngzhī	통지하다	老师通知我们考试范围。 선생님께서 우리에게 시험 범위를 알려주셨다.
答应 dāying	허락하다, 승낙하다	我只好答应他这件事。 나는 어쩔 수 없이 그에게 이 일을 허락했다.

🔤 自行车 zìxíngchē 명 자전거 | 词典 cídiǎn 명 사전 | 胆小鬼 dǎnxiǎoguǐ 명 겁쟁이 | 家乡 jiāxiāng 명 고향 | ★情况 qíngkuàng 명 상황, 정황 | 秘密 mìmì 명 비밀 | ★考试 kǎoshì 명 시험 | ★范围 fànwéi 명 범위 | 只好 zhǐhǎo 분 어쩔 수 없이

공략 트레이닝 3

A 通知　　B 使用　　C 至少　　D 艺术　　E 优点　　F 页

A: 老李，明天会议几点开始?

B: 还不知道，听说下午（　　　）我们详细内容。

문제 분석▼ 빈칸 뒤에 목적어 두 개가 나열되어 있기 때문에 빈칸에는 쌍빈동사만 들어갈 수 있다.

A 通知	B 使用	C 至少	A 통지하다	B 사용하다	C 최소한
D 艺术	E 优点	F 页	D 예술	E 장점	F 페이지

A: 老李，明天会议几点开始?

B: 还不知道，听说下午(**A 通知**)我们详细内容。

A: 라오리, 내일 회의는 몇 시에 시작해?

B: 아직 모르겠어, 듣자니 오후에 우리에게 상세한 내용을 (**A 통지한대**).

단어 ★通知 tōngzhī 통 통지하다 | ★使用 shǐyòng 통 사용하다 | 至少 zhìshǎo 부 최소한 | 艺术 yìshù 명 예술 | ★优点 yōudiǎn 명 장점 | 页 yè 양 쪽, 페이지 | 会议 huìyì 명 회의 | ★详细 xiángxì 형 상세하다 | 内容 nèiróng 명 내용

4 술어나 문장을 목적어로 취하는 동사

1. 일부 동사는 목적어로 명사가 아닌 술어(동사나 형용사) 또는 문장이 위치한다.

주어 + 동사 + 목적어(술어 또는 문장)

我觉得这道题。(X)

我觉得这道题很难。(O) 내가 느끼기에 이 문제는 매우 어렵다.

2. 문장을 목적어로 취하는 주요 동사

觉得 juéde	~라고 느끼다	我觉得他有点儿奇怪。 내가 느끼기에 그는 조금 이상하다.
认为 rènwéi	~라고 여기다	他认为钱是最重要的。 그는 돈이 가장 중요하다고 여긴다.
以为 yǐwéi	~인 줄 알다	你以为我不知道吗? 너는 내가 모르는 줄 알았니?
希望 xīwàng	~을 희망하다	我们都希望你能参加这次比赛。 우리는 네가 이번 시합에 참가할 수 있기를 바란다.
估计 gūjì	~라고 짐작하다	我估计他已经离开了。 나는 그가 이미 떠났을 것이라고 짐작한다.
打算 dǎsuan	~할 예정이다	妈妈打算下个月去北京。 엄마는 다음 달에 베이징에 갈 예정이다.

计划 jìhuà	~할 계획이다	我计划跟她结婚。 나는 그녀와 결혼할 계획이다.

 ★奇怪 qíguài 형 이상하다 | 重要 zhòngyào 형 중요하다 | ★参加 cānjiā 동 참가하다 | 比赛 bǐsài 명 경기, 시합 | ★离开 líkāi 동 떠나다 | ★结婚 jiéhūn 동 결혼하다

공략 트레이닝 4

> A 生气　　B 健康　　C 专心　　D 估计　　E 温度　　F 方便
>
> 你别再等了，我（　　　）她已经离开这里了。

🗨 **문제 분석▼** 빈칸 앞뒤에 어휘가 모두 명사로 구성되어 있다면 빈칸에는 동사만 들어갈 수 있다. 빈칸 뒤의 她가 뒤 문장의 주어 역할을 하고 있는 것으로 볼 때, 뒤 문장 전체가 목적어 역할을 한다는 것을 알 수 있으므로 빈칸에는 문장 목적어를 취하는 동사가 위치할 확률이 높다.

A 生气　　B 健康　　C 专心 D 估计　　E 温度　　F 方便	A 화나다　　B 건강하다　　C 열중하다 D 짐작하다　　E 온도　　F 편리하다
你别再等了，我(**D 估计**)她已经离开这里了。	더 기다리지 마, 내 (**D 짐작에**) 그녀는 이미 이곳을 떠났어.

🗨 生气 shēngqì 동 화나다 | 专心 zhuānxīn 동 열중하다 | 估计 gūjì 동 짐작하다 | 方便 fāngbiàn 형 편리하다 | 别再…了 bié zài…le 더는 ~하지 마라 | 等 děng 동 기다리다 | ★离开 líkāi 동 떠나다

4급 필수 암기 단어 〔동사 BEST 100〕 Track 87

✏️ 녹음을 들으며 단어를 써보세요.

☐☐	1	安排 ✹	ānpái	처리하다, 안배하다	安排日程	일정을 안배하다
☐☐	2	报道	bàodào	보도하다	报道新闻	뉴스를 보도하다
☐☐	3	保护 ✹	bǎohù	보호하다	保护环境	환경을 보호하다
☐☐	4	包括	bāokuò	포함하다	包括小费	팁을 포함하다
☐☐	5	报名	bàomíng	신청하다, 지원하다	报名参加	참가 신청을 하다
☐☐	6	表扬 ✹	biǎoyáng	칭찬하다, 격찬하다	表扬学生	학생을 칭찬하다
☐☐	7	擦 ✹	cā	마찰하다, 비비다, 닦다	擦窗户	창문을 닦다
☐☐	8	猜	cāi	추측하다	猜谜语	수수께끼를 풀다
☐☐	9	参观 ✹	cānguān	참관하다	参观美术馆	미술관을 참관하다
☐☐	10	尝 ✹	cháng	(음식을) 맛보다	尝海鲜	해산물을 맛보다
☐☐	11	戴 ✹	dài	착용하다, 쓰다	戴帽子	모자를 쓰다
☐☐	12	打扰	dǎrǎo	방해하다, 지장을 주다	打扰别人	타인을 방해하다
☐☐	13	掉	diào	떨어지다	掉东西	물건이 떨어지다
☐☐	14	调查	diàochá	조사하다	调查人口	인구를 조사하다
☐☐	15	丢	diū	잃다	丢钱包	지갑을 잃어버리다
☐☐	16	反对	fǎnduì	반대하다	反对意见	의견에 반대하다
☐☐	17	放弃 ✹	fàngqì	포기하다	放弃人生	인생을 포기하다
☐☐	18	招聘	zhāopìn	모집하다	招聘职员	직원을 모집하다
☐☐	19	反映	fǎnyìng	반영하다, 반영시키다	反映社会	사회를 반영하다
☐☐	20	发生 ✹	fāshēng	생기다, 발생하다	发生事故	사고가 발생하다
☐☐	21	符合	fúhé	부합하다, 일치하다	符合条件	조건에 부합하다
☐☐	22	复印 ✹	fùyìn	복사하다	复印文件	문서를 복사하다
☐☐	23	负责 ✹	fùzé	책임지다	负责工作	업무를 책임지다
☐☐	24	改变 ✹	gǎibiàn	변하다, 바뀌다	改变主意	생각이 바뀌다

☐☐ 25	挂	guà	걸다	挂图画	그림을 걸다
☐☐ 26	管理	guǎnlǐ	관리하다	管理企业	기업을 관리하다
☐☐ 27	估计 ✱	gūjì	짐작하다, 추측하다	估计错误	잘못 추측하다
☐☐ 28	鼓励 ✱	gǔlì	격려하다, 북돋우다	鼓励自己	스스로를 격려하다
☐☐ 29	好像 ✱	hǎoxiàng	마치 ~와 같다	好像气球	마치 풍선 같다
☐☐ 30	怀疑	huáiyí	의심하다	怀疑能力	능력을 의심하다
☐☐ 31	回忆	huíyì	회상하다, 기억하다	回忆往事	지난 일을 회상하다
☐☐ 32	获得 ✱	huòdé	획득하다, 얻다	获得胜利	승리를 거두다
☐☐ 33	坚持 ✱	jiānchí	고수하다	坚持到底	끝까지 고수하다
☐☐ 34	降低	jiàngdī	낮아지다, 떨어지다	降低药效	약효가 떨어지다
☐☐ 35	减少 ✱	jiǎnshǎo	감소하다, 줄다	减少人员	인원을 줄이다
☐☐ 36	交	jiāo	건네다, 넘기다	交业务	업무를 넘기다
☐☐ 37	交流 ✱	jiāoliú	교류하다	积极交流	적극적으로 교류하다
☐☐ 38	解释	jiěshì	설명하다, 해설하다	解释清楚	확실히 설명하다
☐☐ 39	节约	jiéyuē	아끼다, 절약하다	节约能源	에너지를 절약하다
☐☐ 40	积累 ✱	jīlěi	쌓이다, 축적하다	积累经验	경험을 쌓다
☐☐ 41	经历	jīnglì	겪다, 경험하다	经历战争	전쟁을 겪다
☐☐ 42	进行 ✱	jìnxíng	진행하다	进行研究	연구를 진행하다
☐☐ 43	禁止 ✱	jìnzhǐ	금지하다	禁止抽烟	흡연을 금지하다
☐☐ 44	继续 ✱	jìxù	계속하다	继续努力	계속 노력하다
☐☐ 45	举办 ✱	jǔbàn	열다, 개최하다	举办展览会	전람회를 열다
☐☐ 46	拒绝 ✱	jùjué	거절하다, 거부하다	拒绝要求	요구를 거절하다
☐☐ 47	考虑 ✱	kǎolù	고려하다	考虑问题	문제를 고려하다
☐☐ 48	拉	lā	당기다, 끌어당기다	拉车	차를 끌다
☐☐ 49	浪费	làngfèi	낭비하다, 허비하다	浪费时间	시간을 낭비하다
☐☐ 50	联系 ✱	liánxì	연락하다	互相联系	서로 연락하다

☐☐ 51	理解 ✱	lǐjiě	이해하다	理解他人	타인을 이해하다
☐☐ 52	弄	nòng	하다	弄清楚	명확히 하다
☐☐ 53	排列 ✱	páiliè	배열하다, 정렬하다	排列顺序	순서를 배열하다
☐☐ 54	陪	péi	동반하다, 모시다	陪父母	부모와 함께하다
☐☐ 55	批评 ✱	pīpíng	비평하다, 비판하다	批评错误	잘못을 비판하다
☐☐ 56	取	qǔ	얻다, 찾다, 손에 넣다	取包裹	소포를 찾다
☐☐ 57	缺少 ✱	quēshǎo	부족하다, 모자라다	缺少自信	자신감이 부족하다
☐☐ 58	扔 ✱	rēng	던지다, 버리다	扔垃圾	쓰레기를 버리다
☐☐ 59	商量 ✱	shāngliang	상의하다, 상담하다	商量问题	문제를 상의하다
☐☐ 60	剩 ✱	shèng	남다	剩一半	절반이 남다
☐☐ 61	申请	shēnqǐng	신청하다	申请奖学金	장학금을 신청하다
☐☐ 62	试	shì	시험하다, 테스트하다	试衣服	옷을 입어 보다
☐☐ 63	失败 ✱	shībài	실패하다	对待失败	실패를 대하다
☐☐ 64	适合 ✱	shìhé	적절하다, 적합하다	适合自己	자신에게 적합하다
☐☐ 65	失望 ✱	shīwàng	실망하다	失望难过	실망스럽고 슬프다
☐☐ 66	适应 ✱	shìyìng	적응하다	适应环境	환경에 적응하다
☐☐ 67	使用 ✱	shǐyòng	사용하다	使用手机	휴대폰을 사용하다
☐☐ 68	受不了 ✱	shòubuliǎo	참을 수 없다	使我受不了	나를 견딜 수 없게 하다
☐☐ 69	受到	shòudào	~을 받다, ~을 입다	受到影响	영향을 받다
☐☐ 70	收拾 ✱	shōushi	정돈하다, 정리하다	收拾干净	깨끗이 정돈하다
☐☐ 71	说明 ✱	shuōmíng	설명하다, 해설하다	说明情况	상황을 설명하다
☐☐ 72	躺 ✱	tǎng	눕다, 드러눕다	躺在床上	침대에 눕다
☐☐ 73	弹 ✱	tán	(피아노를) 치다	弹钢琴	피아노를 치다
☐☐ 74	讨论 ✱	tǎolùn	토론하다	进行讨论	토론을 진행하다
☐☐ 75	提供 ✱	tígōng	제공하다	提供服务	서비스를 제공하다

☐☐ 76	停止	tíngzhǐ	정지하다, 중지하다	停止工作	업무를 중지하다
☐☐ 77	提醒 ✱	tíxǐng	일깨우다, 상기하다	提醒自己	스스로를 일깨우다
☐☐ 78	通知 ✱	tōngzhī	통지하다, 알리다	通知结果	결과를 통지하다
☐☐ 79	推	tuī	밀다	推车	차를 밀다
☐☐ 80	推迟 ✱	tuīchí	미루다, 연기하다	推迟一天	하루 연기하다
☐☐ 81	脱 ✱	tuō	벗다	脱大衣	외투를 벗다
☐☐ 82	误会	wùhuì	오해하다	误会对方	상대를 오해하다
☐☐ 83	污染	wūrǎn	오염되다, 오염시키다	污染环境	환경이 오염되다
☐☐ 84	羡慕 ✱	xiànmù	부러워하다	羡慕别人	타인을 부러워하다
☐☐ 85	吸引 ✱	xīyǐn	사로잡다, 매료시키다	吸引顾客	고객을 끌다
☐☐ 86	养成 ✱	yǎngchéng	양성하다, 키우다	养成习惯	습관을 기르다
☐☐ 87	邀请	yāoqǐng	초청하다	邀请嘉宾	귀빈을 초청하다
☐☐ 88	引起 ✱	yǐnqǐ	(어떤 사건을) 야기하다	引起注意	주의를 일으키다
☐☐ 89	复习	fùxí	복습하다	复习课文	본문을 복습하다
☐☐ 90	原谅	yuánliàng	용서하다, 양해하다	原谅错误	잘못을 용서하다
☐☐ 91	约会	yuēhuì	약속하다	约会的时间	약속한 시간
☐☐ 92	整理 ✱	zhěnglǐ	정리하다	整理资料	자료를 정리하다
☐☐ 93	指	zhǐ	가리키다, 지시하다	指方向	방향을 가리키다
☐☐ 94	支持 ✱	zhīchí	지지하다, 응원하다	支持朋友	친구를 지지하다
☐☐ 95	值得	zhídé	~할 가치가 있다	值得尊重	존중할 만하다
☐☐ 96	制造	zhìzào	제조하다, 만들다	制造机器	기기를 제조하다
☐☐ 97	重视	zhòngshì	중시하다	重视学习	학습을 중시하다
☐☐ 98	赚	zhuàn	(돈을) 벌다	赚钱	돈을 벌다
☐☐ 99	撞	zhuàng	박다, 충돌하다	撞墙	벽에 부딪치다
☐☐ 100	祝贺	zhùhè	축하하다	热烈祝贺	열렬히 축하하다

독해 제1부분

제한 시간 6분

문제 적응 훈련

학습일 ____/____

맞은 개수 _____

★ 选词填空。

┤ 실전 트레이닝 1 ├

| A 暂时 | B 主意 | C 导游 | D 坚持 | E 凉快 | F 信用卡 |

例如：她每天都(**D**)走路上下班，所以身体一直很不错。

1. 现在才改变( )？已经来不及了，按照原来的计划进行吧。

2. 那个幽默的( )让我们的旅游变得非常愉快。

3. 天气热得我受不了了，办公室里开着空调，比外面( )多了。

4. 困难只是( )的，只要坚持到底，就一定会成功的。

5. 现代人普遍使用( )，因为它比现金方便得多。

정답 및 해설_ 해설집 62쪽

★ 选词填空。

│ 실전 트레이닝 2 │

| A 害羞 | B 打印 | C 温度 | D 详细 | E 差不多 | F 安排 |

例如: **A**: 今天真冷啊，好像白天最高(　**C**　)才2℃。

　　　B: 刚才电视里说明天更冷。

1. **A**: 希望我们的服务能让你们满意。

　　B: 没想到一切都为我们(　　　)好了，真让我们感动。

2. **A**: 王先生，您不是这里人吧?

　　B: 对，我是北京人，不过(　　　)10年没回家乡。

3. **A**: 我昨晚做了一个特别奇怪的梦，你听听。

　　B: 一般人醒了就想不起来做了什么梦，你居然记得还挺(　　　)的。

4. **A**: 你朋友长得很漂亮，不过好像不太喜欢说话。

　　B: 她有点儿(　　　)，跟大家熟悉后话就会多了。

5. **A**: 帮我把这个文件(　　　)10份，然后拿到办公室发给同事们。

　　B: 没问题! 会议两点开始吗?

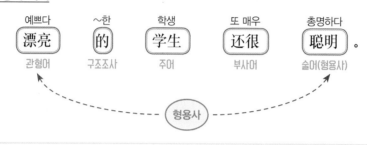

3 형용사 어휘 고르기

★ **형용사**는 동사와 같이 술어 역할을 담당하지만 뒤에 **목적어가 올 수 없다.**

★ **형용사**는 **정도부사**와 함께 **짝을 이룬다**는 특징이 있으며 **술어** 외에 **관형어**나 **부사어, 보어**와 같은 다른 성분도 **담당**할 수 있기 때문에 매우 다양한 형태로 출제된다.

기본적인 형용사 자리

예쁘다	~한	학생	또 매우	총명하다
漂亮	的	学生	还很	聪明 。
관형어	구조조사	주어	부사어	술어(형용사)

형용사

---

1 형용사의 기본 위치

형용사는 술어, 관형어, 부사어, 보어 자리에 모두 위치할 수 있다.

1. 술어 자리

주어 + 정도부사 + 형용사

交通很方便。 교통이 매우 편리하다.
考试非常难。 시험이 굉장히 어렵다.

🔹 交通 jiāotōng 명 교통 | ★方便 fāngbiàn 형 편리하다 | 考试 kǎoshì 명 시험

주어 + 형용사 + 보어

他高兴得不得了。 그는 엄청나게 기뻐했다.
我紧张得睡不着。 나는 긴장해서 잠을 잘 수가 없다.

🔹 ★紧张 jǐnzhāng 형 긴장하다

2. 관형어 자리

형용사 + (的) + 주어/목적어

他是好老师。 그는 좋은 선생님이다.
凉快的天气让人感到愉快。 선선한 날씨가 사람을 기분 좋게 한다.
我不想听无聊的故事。 나는 지루한 이야기를 듣고 싶지 않다.

단어 ★凉快 liángkuai 혱 선선하다 | 天气 tiānqì 몡 날씨 | 愉快 yúkuài 혱 유쾌하다 | 无聊 wúliáo 혱 무료하다,
지루하다 | ★故事 gùshi 몡 이야기

3. 부사어 자리

주어 + 형용사 + (地) + 술어

我们都认真学习。 우리 모두 성실히 공부한다.
她开心地说。 그녀가 기뻐하며 말한다.
我耐心地说明了这件事。 나는 인내심 있게 이 일을 설명했다.

단어 认真 rènzhēn 혱 성실하다 | 开心 kāixīn 혱 즐겁다 | ★耐心 nàixīn 혱 인내심 있다 | ★说明 shuōmíng 동
설명하다

4. 보어 자리

주어 + 술어 + 형용사

她长得很漂亮。 그녀는 아주 예쁘게 생겼다.
我听不懂你在说什么。 나는 네가 무슨 말을 하고 있는지 알아들을 수가 없다.

A 放弃   B 流利   C 可惜   D 举办   E 继续   F 超过

听说她要放弃出国留学的机会，我们都觉得很（　　）。

(해설 및 정답) **문제 분석▼** 정도부사(很) 뒤에는 일반적으로 형용사가 위치한다.

| A 放弃 | B 流利 | C 可惜 | A 포기하다 | B 유창하다 | C 아쉽다 |
| D 举办 | E 继续 | F 超过 | D 개최하다 | E 계속하다 | F 초과하다 |

| 听说她要放弃出国留学的机会，我们都觉得**很**(**C 可惜**)。 | 듣자니 그녀가 외국 유학의 기회를 포기하려고 한단다. 우리는 모두 매우 (**C 아쉽다**)고 여겼다. |

(단어) 流利 liúlì 톙 유창하다 | ★可惜 kěxī 톙 아쉽다 | 举办 jǔbàn 됨 개최하다 | ★继续 jìxù 됨 계속하다 | 超过 chāoguò 됨 초과하다 | 听说 tīngshuō 됨 듣자니 | ★放弃 fàngqì 됨 포기하다 | 出国 chūguó 됨 출국하다 | 留学 liúxué 됨 유학하다 | 机会 jīhuì 톙 기회

2 성격파 형용사

일부 형용사는 술어보다는 관형어나 부사어적인 성격이 강해서 的나 地와 같은 구조조사 없이 바로 명사나 술어를 수식할 수 있다.

共同 gòngtóng	공통의	我们之间没有共同语言。 우리 사이에는 공통된 화제가 없다.
直接 zhíjiē	직접적인	打印好的文件直接送到办公室。 인쇄된 문서는 바로 사무실로 가져가.
具体 jùtǐ	구체적인	具体时间安排在什么时候？ 구체적인 시간은 언제로 배정됐나요?
绝对 juéduì	절대적인	不用担心，这儿绝对安全。 걱정할 필요 없어. 이곳은 절대적으로 안전해.
个别 gèbié	개별적인	个人问题要个别处理。 개인 문제는 개별적으로 처리해야 한다.
单独 dāndú	단독으로	我要找他单独谈谈。 나는 그와 단독으로 이야기를 해야겠다.

(단어) 之间 zhījiān 톙 사이 | 语言 yǔyán 톙 언어 | ★打印 dǎyìn 됨 인쇄하다, 프린트하다 | ★文件 wénjiàn 톙 문서 | 办公室 bàngōngshì 톙 사무실 | ★安排 ānpái 됨 안배하다 | ★担心 dānxīn 됨 걱정하다 | ★安全 ānquán

형 안전하다 | 问题 wèntí 명 문제 | ★处理 chǔlǐ 동 처리하다 | 谈 tán 동 이야기하다

A 直接   B 丰富   C 大概   D 商量   E 垃圾   F 热闹

A: 王老师，这份材料要打印几份？

B: 30份，打印好以后，（　　　）送到教室吧。

解설 및 정답 **문제 분석▼** 술어 送到 앞에 들어갈 부사어를 고르는 문제로, 형용사도 부사어가 될 수 있다.

A 直接 B 丰富 C 大概	A 직접적인 B 풍부하다 C 대략
D 商量 E 垃圾 F 热闹	D 상의하다 E 쓰레기 F 떠들썩하다

A: 王老师，这份材料要打印几份？	A: 왕 선생님, 이 자료는 몇 부를 인쇄해야 하나요?
B: 30份，打印好以后，（ A 直接 ）送到教室吧。	B: 30부요. 인쇄한 후에, (**A 직접**) 교실로 갖다 주세요.

단어 直接 zhíjiē 형 직접적인 | 丰富 fēngfù 형 풍부하다 | ★大概 dàgài 부 대략 | 商量 shāngliang 동 상의하다 | 垃圾 lājī 명 쓰레기 | ★热闹 rènao 형 떠들썩하다 | ★材料 cáiliào 명 재료, 자료 | ★打印 dǎyìn 동 인쇄하다, 프린트하다

[TIP] 直接는 부사어로 사용될 경우 '바로, 직접'이라는 의미로 해석된다.

3 형용사의 짝꿍, 정도부사

정도부사가 형용사를 수식한다는 것을 알아도 정도부사를 알아보지 못한다면 정답을 쉽게 유추할 수 없기 때문에 형용사의 짝꿍인 정도부사의 종류를 꼼꼼히 파악해야 한다.

很 hěn	매우	上海的交通很方便。 상하이의 교통은 매우 편리하다.
挺 tǐng	무척	他对这个礼物挺满意的。 그는 이 선물에 무척 만족한다.
太 tài	너무	这些问题太复杂了。 이 문제들은 너무 복잡하다.
最 zuì	제일, 가장	自己的家就是最舒服的地方。 자신의 집이 바로 가장 편안한 곳이다.
真 zhēn	정말	真奇怪，四月怎么会下雪呢？ 정말 이상하다. 4월에 어떻게 눈이 올 수 있지?
非常 fēicháng	굉장히	妹妹的性格非常活泼。 여동생의 성격은 굉장히 활발하다.
比较 bǐjiào	비교적	先解决比较简单的问题。 우선 비교적 간단한 문제부터 해결하자.
稍微 shāowēi	약간	这瓶香水稍微贵一点儿。 이 향수는 약간 좀 비싸다.
有点儿 yǒudiǎnr	조금	因为明天的面试，我有点儿紧张。 내일의 면접 때문에, 나는 조금 긴장된다.
越来越 yuèláiyuè	갈수록	智能手机的使用越来越普遍。 스마트폰의 사용이 갈수록 보편화된다.
极其 jíqí	극히	爬山时，要极其小心，安全第一。 등산할 때는 극히 조심해야 한다. 안전이 제일이다.

단어 交通 jiāotōng 몡 교통 | ★方便 fāngbiàn 혱 편리하다 | 礼物 lǐwù 몡 선물 | ★满意 mǎnyì 혱 만족하다 | 问题 wèntí 몡 문제 | ★复杂 fùzá 혱 복잡하다 | 自己 zìjǐ 떼 자신 | ★舒服 shūfu 혱 편안하다 | 地方 dìfang 몡 곳 | 奇怪 qíguài 혱 이상하다 | ★性格 xìnggé 몡 성격 | ★活泼 huópo 혱 활발하다 | ★解决 jiějué 동 해결하다 | ★简单 jiǎndān 혱 간단하다 | 香水 xiāngshuǐ 몡 향수 | ★面试 miànshì 몡 면접 | 紧张 jǐnzhāng 혱 긴장하다 | 智能手机 zhìnéng shǒujī 몡 스마트폰 | ★使用 shǐyòng 동 사용하다 | 普遍 pǔbiàn 혱 보편적인 | 小心 xiǎoxīn 동 조심하다 | ★安全 ānquán 혱 안전하다

A 幸福　　B 顺利　　C 批评　　D 难受　　E 有趣　　F 目的

A: 这本杂志非常（　　　），马上就能看完，明天见面时还你。

B: 不着急，你慢慢看，我已经看了三遍。

해설 및 정답

문제 분석▼ 정도부사 뒤에는 일반적으로 형용사가 위치한다. 杂志(잡지)와 의미적으로 호응할 수 있는 형용사를 찾는다.

A 幸福　　B 顺利　　C 批评 D 难受　　E 有趣　　F 目的	A 행복하다　　B 순조롭다　　C 비판하다 D 괴롭다　　E 재미있다　　F 목적
A: 这本杂志非常(**E 有趣**)，马上就能看完，明天见面时还你。 B: 不着急，你慢慢看，我已经看了三遍。	A: 이 잡지는 굉장히 (**E 재미있어서**), 바로 다 볼 수 있어. 내일 만날 때 돌려줄게. B: 급하지 않아, 천천히 봐. 난 벌써 세 번 봤어.

단어 幸福 xìngfú 웹 행복하다 | ★顺利 shùnlì 웹 순조롭다 | 批评 pīpíng 통 비판하다 | 难受 nánshòu 웹 괴롭다 | 有趣 yǒuqù 웹 재미있다 | 目的 mùdì 명 목적 | 杂志 zázhì 명 잡지 | ★着急 zháojí 통 조급해하다

독해 제1부분

4 맛에 관한 형용사

맛에 관한 형용사의 출제 빈도 역시 다소 높은 편이기 때문에 자주 호응하는 어휘들과 함께 알아두자.

辣 là	맵다	辣椒放多了，太辣了。고추를 많이 넣어서, 너무 맵다.
酸 suān	시다	醋放多了，太酸了。식초를 많이 넣어서, 너무 시다.
甜 tián	달다	白糖放多了，太甜了。설탕을 많이 넣어서, 너무 달다.
咸 xián	짜다	盐放多了，太咸了。소금을 많이 넣어서, 너무 짜다.
苦 kǔ	쓰다	这种药非常苦。이런 종류의 약은 굉장히 쓰다.

단어 辣椒 làjiāo 몡 고추 | 醋 cù 몡 식초 | 白糖 báitáng 몡 설탕 | ★盐 yán 몡 소금 | 药 yào 몡 약

공략 **트레이닝 4**

> A 辣　　　B 苦　　　C 甜　　　D 咸　　　E 酸　　　F 新鲜
>
> A: 这是我从韩国买来的饼干，挺好吃的，你尝尝吧。
>
> B: 的确很好吃，不过糖太多了，有点儿（　　　）。

해설 및 정답　**문제 분석▼** 糖(설탕)과 호응하는 맛을 찾는다.

A 辣	B 苦	C 甜		A 맵다	B 쓰다	C 달다
D 咸	E 酸	F 新鲜		D 짜다	E 시다	F 신선하다

A: 这是我从韩国买来的饼干，挺好吃的，你尝尝吧。

B: 的确很好吃，不过糖太多了，有点儿(C 甜)。

A: 이거 내가 한국에서 사온 비스킷인데, 엄청 맛있어. 맛 좀 봐.

B: 확실히 아주 맛있네, 하지만 설탕이 너무 많아서, 조금 (C 달다).

단어 辣 là 휑 맵다 | 苦 kǔ 휑 쓰다 | 甜 tián 휑 달다 | ★咸 xián 휑 짜다 | 酸 suān 휑 시다 | ★新鲜 xīnxiān 휑 신선하다 | 饼干 bǐnggān 몡 비스킷 | ★尝 cháng 동 맛보다 | 的确 díquè 뷔 확실히 | 糖 táng 몡 설탕

✏️ 녹음을 들으며 단어를 써보세요.

☐	1	安全 ✱	ānquán	안전하다	注意安全 안전에 주의하다
☐	2	成熟 ✱	chéngshú	성숙하다, 익다	时机成熟 시기가 무르익다
☐	3	粗心 ✱	cūxīn	소홀하다, 덜렁대다	粗心大意 부주의하다
☐	4	得意	déyì	의기양양하다	得意之作 대표작
☐	5	干燥 ✱	gānzào	건조하다	气候干燥 기후가 건조하다
☐	6	诚实 ✱	chéngshí	성실하다	诚实守信 신용을 잘 지키다
☐	7	丰富	fēngfù	풍부하다	丰富的经验 풍부한 경험
☐	8	共同	gòngtóng	공동의, 공통의	共同语言 공통 화제
☐	9	孤单	gūdān	쓸쓸하다, 외롭다	孤单寂寞 외롭고 쓸쓸하다
☐	10	合适 ✱	héshì	알맞다, 적합하다	合适时期 적합한 시기
☐	11	活泼 ✱	huópo	활발하다, 활기차다	性格活泼 성격이 활발하다
☐	12	积极 ✱	jījí	적극적인, 긍정적인	积极向上 적극적으로 나아가다
☐	13	美丽	měilì	아름답다	风景美丽 풍경이 아름답다
☐	14	及时 ✱	jíshí	시기 적절하다, 때맞다	及时的措施 적절한 조치
☐	15	骄傲	jiāo'ào	거만하다, 오만하다	骄傲自满 오만하고 자만하다
☐	16	紧张 ✱	jǐnzhāng	긴장하다, 불안하다	紧张情绪 긴장된 마음
☐	17	精彩 ✱	jīngcǎi	멋지다, 근사하다	比赛精彩 경기가 멋지다
☐	18	困难 ✱	kùnnan	(상황이) 어렵다, 곤란하다	生活困难 생활이 어렵다
☐	19	冷静	lěngjìng	차분하다, 침착하다	保持冷静 침착함을 유지하다
☐	20	麻烦 ✱	máfan	귀찮다, 성가시다	麻烦的事情 번거로운 일
☐	21	难受	nánshòu	괴롭다	心里难受 마음이 괴롭다
☐	22	理想	lǐxiǎng	이상적이다	理想价格 희망 가격
☐	23	厉害 ✱	lìhai	심하다, 대단하다	疼得厉害 심하게 아프다
☐	24	凉快	liángkuai	시원하다, 상쾌하다	天气凉快 날씨가 선선하다

독해 제1부분

☐☐ 25	流利 ✱	liúlì	유창하다	说得流利	유창하게 말하다
☐☐ 26	流行 ✱	liúxíng	유행하는	流行音乐	유행하는 음악
☐☐ 27	暖和	nuǎnhuo	따뜻하다	天气暖和	날씨가 따뜻하다
☐☐ 28	轻松	qīngsōng	여유롭다, 홀가분하다	轻松愉快	여유롭고 즐겁다
☐☐ 29	热闹	rènao	떠들썩하다	热闹气氛	떠들썩한 분위기
☐☐ 30	普遍 ✱	pǔbiàn	보편적인	普遍流行	널리 유행하다
☐☐ 31	湿润	shīrùn	습윤하다, 축축하다	湿润气候	습윤한 기후
☐☐ 32	幸福 ✱	xìngfú	행복하다	幸福的回忆	행복한 기억
☐☐ 33	有趣 ✱	yǒuqù	재미있다	有趣的故事	재미있는 이야기
☐☐ 34	准确	zhǔnquè	정확하다	发音准确	발음이 정확하다
☐☐ 35	顺利 ✱	shùnlì	순조롭다	工作顺利	일이 순조롭다
☐☐ 36	危险 ✱	wēixiǎn	위험하다	危险情况	위험한 상황
☐☐ 37	严格 ✱	yángé	엄격하다	要求严格	요구가 엄격하다
☐☐ 38	严重 ✱	yánzhòng	심각하다, 엄중하다	病情严重	병세가 심각하다
☐☐ 39	兴奋	xīngfèn	흥분하다	过度兴奋	극도로 흥분하다
☐☐ 40	优秀 ✱	yōuxiù	뛰어나다, 우수하다	成绩优秀	성적이 우수하다
☐☐ 41	幽默 ✱	yōumò	유머러스하다	幽默感	유머 감각
☐☐ 42	友好	yǒuhǎo	우호적인	友好关系	우호적인 관계
☐☐ 43	主动	zhǔdòng	자발적인, 능동적인	主动学习	자발적으로 학습하다
☐☐ 44	准时 ✱	zhǔnshí	정시에	准时到达	정시에 도착하다
☐☐ 45	仔细 ✱	zǐxì	꼼꼼하다, 자세하다	仔细观察	자세히 관찰하다
☐☐ 46	整齐	zhěngqí	가지런하다, 단정하다	穿着整齐	옷차림이 단정하다
☐☐ 47	正常	zhèngcháng	정상이다, 정상적이다	正常生活	정상적인 생활
☐☐ 48	正确 ✱	zhèngquè	정확하다	正确答案	정확한 답
☐☐ 49	正式 ✱	zhèngshì	정식의, 정식적인	正式参加	정식으로 참가하다
☐☐ 50	直接	zhíjiē	직접적인	说话直接	직접적으로 말하다

실전에 강한
제한 시간 6분

문제 적응 훈련

★ 选词填空。

| 실전 트레이닝 1 |

| A 打折 | B 逐渐 | C 范围 | D 坚持 | E 详细 | F 成功 |

例如：她每天都(**D**)走路上下班，所以身体一直很不错。

1. 那台电脑（　　　）后五千元，非常贵。

2. 秋天到了，天气（　　　）变凉快了。

3. 我爸爸经常说，失败是（　　　）之母，不用害怕失败。

4. 为了得到大家的同意，班长向大家（　　　）说明了好几遍。

5. 一般情况下，人的体温在36.5度左右，超出这个（　　　）就会发烧。

정답 및 해설_ 해설집 66쪽

★ 选词填空。

| 실전 트레이닝 2 |

A 着急   **B** 完全   **C** 温度   **D** 提前   **E** 顺便   **F** 无聊

例如: **A**: 今天真冷啊, 好像白天最高(**C**)才2℃。

     B: 刚才电视里说明天更冷。

1. **A**: 你的手机竟然跟我的 (   ) 一样, 连颜色都一样。

     B: 这是我昨天才买的, 你是什么时候买的?

2. **A**: 时间 (   ) 了, 早上通知改时间了。

     B: 我怎么没收到通知呢? 现在出发也已经迟到了。

3. **A**: 你不是明天考试吗? 怎么在看电视?

     B: 都复习好了, 不过数学还没准备好, 总觉得数学很 (   ),

       怎么办?

4. **A**: 那篇论文明天下午要交, 你都写好了吗?

     B: 还差一点儿, 不用 (   ), 我会按时完成。

5. **A**: 你要去超市吗? 那你 (   ) 帮我买一个牙膏, 可以吗?

     B: 行, 没问题, 我一会儿就回来。

정답 및 해설_ 해설집 68쪽

4 부사와 양사 어휘 고르기

★ **부사**는 학습자들이 위치를 **가장 혼동**하기 쉬운 **품사**다. 일부 특징을 가진 부사들이 주로 출제되기 때문에 부사를 특징별로 나누어 암기하는 것이 바람직하다.

기본적인 부사 자리

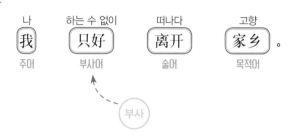

★ **수사**나 **지시대명사**와 짝을 이루는 **양사** 역시 간과해서는 안 되는 부분이다.

기본적인 양사 자리

1 부사의 기본 위치

부사는 술어를 수식하는 품사로, 주어 뒤 또는 술어 앞에 위치한다.

주어 + 부사 + 술어

他突然哭起来了。 그는 갑자기 울기 시작했다. (동사 술어)
妈妈非常伟大。 엄마는 굉장히 위대하다. (형용사 술어)
现在已经十点了。 지금 벌써 10시다. (명사 술어)

단어 ★突然 tūrán 튄 갑자기 | 伟大 wěidà 휑 위대하다

주어 + 부사 + 조동사 + 술어

我常常想吃面包。 나는 자주 빵이 먹고 싶다.
你到底要做什么？ 너는 도대체 무엇을 하려고 하니?

단어 到底 dàodǐ 튄 도대체

주어 + 부사 + ～地 + 술어

他竟然高兴地说。 그는 뜻밖에도 기뻐하며 말했다.
他仍然积极地生活。 그는 여전히 긍정적으로 생활한다.

단어 竟然 jìngrán 튄 뜻밖에도 | 仍然 réngrán 튄 여전히 | 积极 jījí 휑 긍정적인 | 生活 shēnghuó 튕 생활하다

주어 + 부사 + 개사구 + 술어

姐姐还在图书馆学习。 언니는 아직 도서관에서 공부한다.
爸爸偶尔在公司睡觉。 아빠는 간혹 회사에서 주무신다.

단어 偶尔 ǒu'ěr 튄 가끔

$$\boxed{주어} + \boxed{부사} + \boxed{조동사} + \boxed{\sim地} + \boxed{개사구} + \boxed{술어}$$

我**不想**伤心**地**在这里哭。 나는 상심해서 여기서 울고 싶지 않다.
你**不应该**主动**地**跟他联系。 너는 주동적으로 그에게 연락해서는 안 된다.

(단어) 伤心 shāngxīn 동 상심하다 | 主动 zhǔdòng 형 자발적인, 주동적인 | ★联系 liánxì 동 연락하다

공략 트레이닝 1

A 从来　　B 到底　　C 大约　　D 正好　　E 按时　　F 尽量

医生说我感冒很严重，但（　　　）吃药就会好的。

(해설 및 정답) **문제 분석▼** 약을 제시간에 맞춰 먹으면 좋아질 것이라는 의미이므로 按时가 정답이 된다.

A 从来　B 到底　C 大约	A 여태껏　　B 도대체　　C 대략
D 正好　E 按时　F 尽量	D 마침　　E 제때　　F 되도록
医生说我感冒很严重，但(**E 按时**)吃药就会好的。	의사 선생님이 나는 감기가 매우 심각하지만, (**E 제때**) 약을 먹으면 좋아질 것이라고 말씀하셨다.

(단어) 从来 cónglái 뿐 여태껏 | 到底 dàodǐ 뿐 도대체 | ★大约 dàyuē 뿐 대략 | 正好 zhènghǎo 뿐 마침 | ★按时 ànshí 뿐 제때 | 尽量 jǐnliàng 뿐 되도록 | 医生 yīshēng 명 의사 | 感冒 gǎnmào 명 감기 | ★严重 yánzhòng 형 심각하다 | 药 yào 명 약

2 부사의 종류 ✍️ 필수체크

어기부사	☐☐ **一定** yídìng 반드시	☐☐ **必须** bìxū 필히, 꼭
	☐☐ **到底** dàodǐ 도대체	☐☐ **究竟** jiūjìng 도대체
	☐☐ **大约** dàyuē 대략	☐☐ **大概** dàgài 대충, 대강
	☐☐ **肯定** kěndìng 틀림없이	☐☐ **确实** quèshí 확실히
	☐☐ **却** què 오히려	☐☐ **甚至** shènzhì 심지어
	☐☐ **只好** zhǐhǎo 할 수 없이	☐☐ **至少** zhìshǎo 최소한
	☐☐ **好像** hǎoxiàng 마치 ~인 것 같다	☐☐ **竟然** jìngrán 뜻밖에
	☐☐ **反正** fǎnzhèng 아무튼, 어차피	☐☐ **其实** qíshí 사실
	☐☐ **原来** yuánlái 원래, 알고 보니	☐☐ **也许** yěxǔ 어쩌면
	☐☐ **恐怕** kǒngpà 아무래도 ~일 것이다	☐☐ **难道** nándào 설마
	☐☐ **最好** zuìhǎo ~가 가장 좋다	☐☐ **不得不** bùdébù ~하지 않으면 안 된다
빈도부사	☐☐ **就** jiù 곧, 바로	☐☐ **才** cái 겨우, 그제서야, 비로소
	☐☐ **已经** yǐjīng 이미	☐☐ **曾经** céngjīng 일찍이
	☐☐ **一直** yìzhí 계속	☐☐ **从来** cónglái 여태껏
	☐☐ **马上** mǎshàng 즉시	☐☐ **早晚** zǎowǎn 언젠가는
	☐☐ **永远** yǒngyuǎn 영원히	☐☐ **总是** zǒngshì 늘, 언제나
	☐☐ **按时** ànshí 제때	☐☐ **及时** jíshí 즉시
	☐☐ **随时** suíshí 수시로	☐☐ **正在** zhèngzài ~하는 중이다
	☐☐ **正好** zhènghǎo 마침	☐☐ **又** yòu 또
	☐☐ **再** zài 더, 다시	☐☐ **还** hái 또, 더
	☐☐ **也** yě ~도	☐☐ **不断** búduàn 끊임없이
	☐☐ **常常** chángcháng 자주	☐☐ **经常** jīngcháng 자주
	☐☐ **往往** wǎngwǎng 종종	☐☐ **偶尔** ǒu'ěr 가끔
	☐☐ **重新** chóngxīn 새로, 다시	☐☐ **几乎** jīhū 거의
범위부사	☐☐ **都** dōu 모두	☐☐ **全** quán = **全部** quánbù 전부
	☐☐ **一起** yìqǐ 함께	☐☐ **只** zhǐ 오직, 단지
	☐☐ **光** guāng 오직, 단지	☐☐ **仅** jǐn 오직, 단지
	☐☐ **就** jiù 오직, 단지	☐☐ **仅仅** jǐnjǐn 오직, 단지

상태 부사	□□ **忽然** hūrán 갑자기	□□ **突然** tūrán 갑자기
	□□ **还是** háishi 여전히	□□ **仍然** réngrán 여전히
	□□ **逐渐** zhújiàn 점차	□□ **渐渐** jiànjiàn 점점
	□□ **互相** hùxiāng 서로	□□ **亲自** qīnzì 직접
정도 부사	□□ **很** hěn 아주	□□ **挺** tǐng 무척
	□□ **十分** shífēn 매우	□□ **太** tài 너무
	□□ **非常** fēicháng 굉장히	□□ **最** zuì 가장
	□□ **真** zhēn 정말, 진짜	□□ **尤其** yóuqí 특히
	□□ **比较** bǐjiào 비교적	□□ **稍微** shāowēi 약간
	□□ **有点儿** yǒudiǎnr 조금	□□ **越来越** yuèláiyuè 갈수록
	□□ **极其** jíqí 극히	□□ **特别** tèbié 특히
부정 부사	□□ **不** bù ~아니다	□□ **没(有)** méi(yǒu) ~하지 않았다
	□□ **别** bié ~하지 마라	□□ **不用** búyòng ~할 필요 없다

공략 트레이닝 2

A 世界　　B 简单　　C 饼干　　D 确实　　E 预报　　F 节目

A: 你不是很喜欢那件衣服吗? 怎么不买了?

B: 我 (　　　) 很喜欢, 可是它太贵了, 我买不起。

해설 및 정답　**문제 분석▼** 주어와 정도부사 사이에는 기타 부사가 위치할 수 있다.

A 世界　　B 简单　　C 饼干 D 确实　　E 预报　　F 节目	A 세계　　B 간단하다　　C 비스킷 D 확실히　　E 예보하다　　F 프로그램
A: 你不是很喜欢那件衣服吗? 怎么不买了?	A: 너는 그 옷을 아주 좋아하지 않았어? 왜 안 사?
B: 我(**D 确实**)很喜欢, 可是它太贵了, 我买不起。	B: 난 (**D 확실히**) 아주 좋기는 한데, 너무 비싸서 살 수가 없어.

단어　★简单 jiǎndān 圈 간단하다 | ★饼干 bǐnggān 圐 비스킷 | 确实 quèshí 閈 확실히 | 预报 yùbào 圄 예보하다 | 节目 jiémù 圐 프로그램 | 喜欢 xǐhuan 圄 좋아하다

[TIP] '동사+不起'는 가능보어로 경제적인 능력이 되지 않아 동작을 하지 못함을 의미한다.

3 양사의 종류

중국어는 양사의 종류가 다양하다. 그만큼 시험에서도 자주 출제된다. 양사는 명량사와 동량사로 나눌 수 있는데, **명량사**는 명사를 세는 양사를 말하며, **동량사**는 동작의 횟수를 세는 양사를 말한다.

/. 명량사

양사	세는 물건	예문
份 fèn ✦	세트나 일, 문건	一份套餐 세트 메뉴 1인분 | 一份工作 업무 한 건 | 一份文件 문서 한 부
盒 hé	작은 상자에 담긴 것	一盒饼干 비스킷 한 상자
壶 hú	주전자에 담긴 것	一壶茶 차 한 주전자
家 jiā ✦	가게나 회사	一家商店 한 상점 | 一家公司 한 회사
间 jiān	(방을 셀 때의) 칸	一间房间 방 한 칸
件 jiàn ✦	옷이나 일, 사건	一件衣服 옷 한 벌 | 一件事 일 한 건
棵 kē	그루나 포기	一棵树 나무 한 그루 | 一棵白菜 배추 한 포기
块 kuài ✦	덩어리나 조각	一块蛋糕 케이크 한 조각 | 一块肉 고기 한 덩어리
辆 liàng ✦	(자전거나 차량을 셀 때의) 대	一辆自行车 자전거 한 대
门 mén	과목이나 예술, 기술	一门课 한 과목 | 一门艺术 하나의 예술
盘 pán	접시에 담긴 것	一盘饺子 만두 한 접시
瓶 píng ✦	병에 담긴 것	一瓶水 물 한 병
把 bǎ	① 손잡이가 있는 물건	一把刀 칼 한 자루 | 一把伞 우산 한 자루
	② 한 주먹으로 쥘 수 있는 분량	一把土 흙 한 줌
张 zhāng ✦	넓고 평평하거나 펼칠 수 있는 것	一张桌子 탁자 하나 | 一张床 침대 하나
条 tiáo ✦	① 길고 가는 것	一条裙子 치마 한 벌 | 一条河 하나의 강 | 一条路 하나의 길
	② 항목	一条新闻 뉴스 한 토막 | 一条消息 소식 하나
	③ 마음	我们俩是一条心。 우리 둘은 한 마음이다.
届 jiè	정기적으로 열리는 행사, 회의 등	第8届奥运会 제8회 올림픽
台 tái ✦	기계나 연극의 수	一台电视机 텔레비전 한 대 | 一台戏 극 한 편

口 kǒu	① 식구	三口人 세 식구	
	② 언어	他会说一口地道的山东话。 그는 본토 산둥어를 할 줄 안다.	
	③ 입과 관련된 것	一口水 물 한 입	
杯 bēi	컵에 담긴 것	一杯茶 차 한 잔 | 一杯酒 술 한 잔	
本 běn	책	一本杂志 잡지 한 권	
部 bù	서적, 영화 등	一部电影 영화 한 편	
串 chuàn	꾸러미, 줄[목걸이의 구슬처럼 연결되어 있는 것]	一串铜钱 엽전 한 꾸러미 | 一串珍珠 진주 한 줄	
幅 fú	포목, 종이, 그림	一幅画 그림 한 폭 | 两幅布 천 두 폭	
袋 dài	자루나 포대에 넣은 물건	一袋水果 과일 한 자루 | 一袋米 쌀 한 포대	
只 zhī ✦	① 동물	一只老虎 호랑이 한 마리	
	② 작은 배	一只小船 작은 배 하나	
堆 duī	더미, 무리[주로 **一大堆**의 형태로 쓰임]	前面有一大堆人。 앞에 사람이 한 무리 있다.	
对 duì	짝, 쌍[성별·좌우·정반 등의 두 쪽이 배합되어 있는 것]	一对夫妻 부부 한 쌍 | 一对翅膀 날개 한 쌍	
双 shuāng	쌍, 매, 켤레, 쌍을 이루고 있는 인체기관 등	一双皮鞋 구두 한 켤레 | 一双眼睛 눈 두 짝	
顿 dùn	① 식사의 횟수	一天三顿饭 하루 세 끼	
	② 질책, 권고의 횟수(동량사)	我受了一顿批评。 나는 한 차례 비판을 받았다.	
朵 duǒ	꽃이나 구름	一朵花儿 꽃 한 송이 | 一朵白云 구름 한 점	
首 shǒu	시, 노래 등	一首歌 노래 한 곡	
束 shù	다발이나 묶음	一束花 꽃 한 다발	
套 tào	세트[한 조를 이루고 있는 사물]	一套西装 정장 한 벌 | 一套家具 가구 한 세트	
项 xiàng	① 가지, 항목	三项规定 세 가지 규정	
	② 임무, 시책, 성과, 연구 등	完成了两项任务、一项研究。 두 가지의 임무와 하나의 연구를 완성했다.	
篇 piān ✦	(글 등을 셀 때의) 편	一篇文章 글 한 편	

2. 동량사

양사	세는 동작	예문
次 cì ✱	반복적인 일, 동작	看了十次(=回) 열 번 보았다
趟 tàng ✱	왕복하는 동작	去了一趟北京 베이징을 한 차례 다녀왔다
遍 biàn ✱	처음부터 끝까지의 과정	读了一遍 한 번 읽었다
番 fān	횟수나 시간, 비용, 노력을 요하는 행위	研究了一番 한 차례 연구했다 | 思考一番 한 차례 생각하다
阵 zhèn	짧은 시간 동안 잠시 지속되는 동작	一阵雨 비 한 차례
场 chǎng ✱	연극, 영화, 체육 경기의 공연, 관람, 시합 횟수	今天有一场精彩的比赛。 오늘은 멋진 경기가 한 차례 있다. | 演出了八场。 여덟 차례 공연했다.

공략 트레이닝 3

A 篇   B 辆   C 份   D 幅   E 届   F 只

A: 现在都几点了！怎么还不回来?

B: 妈，我也想回家，但还要打印几(   )文件。

해설 및 정답 **문제 분석▼** 几와 명사 사이에는 양사가 놓인다. 文件(문서)를 세는 양사를 선택한다.

A 篇	B 辆	C 份	A 편	B 대	C 부
D 幅	E 届	F 只	D 폭	E 회	F 마리

A: 现在都几点了！怎么还不回来?

B: 妈，我也想回家，但还要打印几(**C 份**) 文件。

A: 지금이 벌써 몇 시니! 왜 아직도 안 들어와?

B: 엄마, 나도 집에 가고 싶어요, 근데 문서 몇 (**C 부**) 더 인쇄해야 돼요.

단어 篇 piān 양 편[글·문장을 세는 단위] | 辆 liàng 양 대[차량을 세는 단위] | 份 fèn 양 부[문서를 세는 단위] | 幅 fú 양 폭[그림을 세는 단위] | 届 jiè 양 회[정기적으로 열리는 행사 등을 세는 단위] | 只 zhī 양 마리[동물을 세는 단위] | ★打印 dǎyìn 동 인쇄하다, 프린트하다 | 文件 wénjiàn 명 문서

이것만은 꼭! 특징 있는 부사

Point 1 ▶ 의문문에 쓰이는 부사

| 到底 dàodǐ | 도대체 | 你到底为什么不来? 너는 도대체 왜 안 오니? |
| 难道 nándào | 설마 ~이겠나 | 你难道不知道这件事吗? 너 설마 이 일을 모르는 거야? |

Point 2 ▶ 주로 부정부사와 함께 쓰이는 부사

并 bìng	결코	我并不是故意的。 나는 결코 고의가 아니다.
从来 cónglái	여태껏	奶奶从来没坐过飞机。 할머니는 여태껏 비행기를 타보신 적이 없다.
根本 gēnběn	전혀, 아예	我们根本没有机会。 우리는 아예 기회가 없다.
千万 qiānwàn	절대, 제발	你千万不要跟他说。 너 절대 그에게 말하지 마.

단어 ★故意 gùyì 🔤 고의로 │ 飞机 fēijī 🔤 비행기 │ 机会 jīhuì 🔤 기회

Point 3 ▶ 주로 수량사와 함께 쓰이는 부사

一共 yígòng	모두 합해서	这些一共50块钱。 이것들은 모두 합해서 50위안이다.
至少 zhìshǎo	최소한	我们学校至少有1000名学生。 우리 학교에는 학생이 최소한 1000명은 있다.
差不多 chàbuduō	거의	他差不多等了一个小时。 그는 거의 한 시간을 기다렸다.
大约 / 大概 dàyuē / dàgài	대략	我现在大概有100本书。 나는 지금 대략 책이 100권 있다.

Point 4 ▶ 뒤 문장에 나오는 부사

其实 qíshí	사실	她看起来很活泼，其实并不是。 그녀는 보기에는 매우 활발한데, 사실은 결코 아니다.
终于 zhōngyú	마침내	他做了很长时间，终于完成了。 그는 오랜 시간을 했고, 마침내 완성했다.
尤其 yóuqí	특히	我喜欢你，尤其喜欢你的性格。 나는 너를 좋아하는데, 특히 너의 성격을 좋아한다.
甚至 shènzhì	심지어	他很难过，甚至哭了。 그는 너무 괴로워서, 심지어 울었다.
顺便 shùnbiàn	~하는 김에	我去超市买东西，顺便去看看衣服。 나는 마트에 물건을 사러 가는 김에 옷을 보러 갈 것이다.
果然 guǒrán	과연, 역시	他平时很努力学习，果然获得了第一名。 그는 평소에 매우 열심히 공부하더니, 역시 1등을 얻었다.

단어 ★活泼 huópo 🔤 활발하다 │ 完成 wánchéng 🔤 완성하다 │ 喜欢 xǐhuan 🔤 좋아하다 │ ★性格 xìnggé 🔤 성격 │
★难过 nánguò 🔤 괴롭다 │ 哭 kū 🔤 울다 │ 超市 chāoshì 🔤 마트, 슈퍼마켓 │ 平时 píngshí 🔤 평소 │ ★获得 huòdé
🔤 획득하다, 얻다

문제 적응 훈련

학습일 ____ / ____

맞은 개수 _____

★ 选词填空。

실전 트레이닝 1

A 熟悉	B 理发	C 项	D 坚持	E 停	F 千万

例如：她每天都（ **D** ）走路上下班，所以身体一直很不错。

1. 这件事你跟张老师商量一下，这方面他肯定比我（　　　）。

2. 明天早上8点开始举行会议，大家一定要准时到，（　　　）别迟到。

3. 我的头发有点儿长了，看起来不干净，该去（　　　）了。

4. 我的车就（　　　）在图书馆右边，你到了就能看见。

5. 你们一定要按时完成这（　　　）任务。

정답 및 해설_ 해설집 70쪽

★ 选词填空。

A 最好	**B** 超过	**C** 温度	**D** 重新	**E** 起来	**F** 博士

例如: **A**: 今天真冷啊，好像白天最高(　**C**　)才2℃。

　　　 B: 刚才电视里说明天更冷。

1.　**A**: 小李，你下个月就要毕业了吧。毕业后打算工作吗?

　　 B: 不，我想去英国留学，去读 (　　　　)。

2.　**A**: 你真的不认识他吗? 你不是以前跟他住一个宿舍的吗?

　　 B: 奇怪，我怎么一点儿印象都没有? 想不 (　　　　)。

3.　**A**: 你来看看，这些文件的顺序好像不对。

　　 B: 对不起，是我粗心，我 (　　　　) 整理以后给你。

4.　**A**: 你帮我把这台电脑搬到客厅里，可以吗?

　　 B: 妈，那台电脑我们俩根本抬不动，(　　　　) 等爸爸回来。

5.　**A**: 这些饼干不能吃了，已经 (　　　　) 有效期了。

　　 B: 还是你细心，不是你我就吃了。

독해 阅读

제**2**부분

최신 기출 문제 분석

출제 비율

난이도 ☆☆☆☆☆

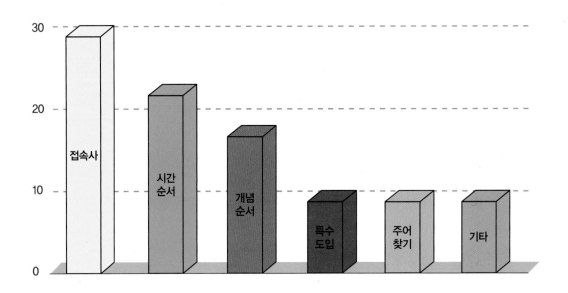

- 접속사
- 시간 순서
- 개념 순서
- 특수 도입
- 주어 찾기
- 기타

新HSK 4급 독해 제2부분은 접속사의 호응만 잘 파악하고 있어도 쉽게 정답을 유추할 수 있는 문제들이 많이 출제된다. 때문에 접속사 공부에 신경 써야 한다.

정답이 보이는 핵심공략

핵심1 **접속사를 주목한다**

독해 제2부분은 세 개의 문장을 순서대로 나열하는 문제이다. 접속사가 등장하는 경우가 많은 편인데, 접속사는 대체로 두 어휘가 호응하여 한 세트를 이루기 때문에 접속사의 호응 구조만 잘 파악하고 있어도 문제를 쉽고 빠르게 풀 수 있다.

핵심2 **주어를 파악한다**

세 개의 문장 중에 주어가 무엇인지, 첫 번째 문장만 제대로 파악해도 문제의 반은 이미 해결한 셈이다. 주어는 대체적으로 정체가 분명한 대상이기 때문에 주어를 찾는 일은 생각보다 간단하다. 주어를 정확하게 찾는 훈련에 집중한다.

핵심3 **시간의 흐름에 주의한다**

독해 제2부분의 세 개의 문장을 자세히 관찰해 보면 시간 관련 어휘나 개념에 관한 내용이 많다는 것을 알 수 있다. 예를 들어 어제와 오늘, 내일이라는 어휘가 보인다면 어제를 앞에, 오늘을 그 뒤에, 그리고 내일은 마지막에 나열한다. 시간이나 개념 관련 문장에는 순서가 있기 때문에 순서대로 문장을 배열하는 것 역시 문제를 쉽게 풀 수 있는 비법이다.

핵심4 **각 문장의 끝을 주목한다**

각 문장의 시작 부분에 나와 있는 어휘들만 보고 주어를 추측할 수 있는 경우가 많기 때문에 학습자들은 문장의 시작 부분에만 집중하는 경우가 많다. 하지만 진짜 큰 힌트는 종종 문장의 끝에서 발견되기도 한다. 吗나 吧와 같은 어기조사가 보인다면 그 문장이 마지막 순서가 되는 경우가 대부분이다. 그러니 문장의 끝부분도 자세히 살펴야 한다.

핵심5 **전체적인 맥락을 이해한다**

접속사도 없고 핵심 어휘도 없는 문제도 출제될 수 있다. 이러한 문제들은 다행히 전체적인 내용이 어렵지 않은 경우가 일반적이다. 따라서 힌트가 없다고 겁내지 말고 문장의 전체적인 의미를 차근차근 파악해 나가야 한다. 하나하나 해석하는 것은 번거롭지만 진정한 중국어 실력을 갖추는 데는 가장 좋은 방법이다.

5 주어 및 결과 찾기

★ 독해 제2부분은 **총 10문제가 출제**되는데, 모든 지문을 다 해석하고 순서를 나열하면 독해력이 매우 뛰어나지 않은 이상 시간 내에 문제를 풀기 어렵다. 따라서 **시간 안배**에 신경 써야 한다.

★ 우선 **주어의 특징**을 **파악**하여 **첫 번째 문장을 찾아내는 연습**을 해야 한다. 더불어 **결과를 의미**하는 문장 **패턴**도 함께 **파악**해 두자.

1 주어 특징 파악하기

"어떤 문장이 첫 번째 문장일까?", "무엇이 주어일까?"를 가장 먼저 생각해야 한다. 주어를 찾은 후에는 '주술목'에 근거하여 완벽한 문장을 완성한다.

/ 주어가 사람인 경우의 예시

주인공의 구체적인 이름이나 직업 혹은 출신을 나타내는 어휘

이름	小李 샤오리 │ 老张 라오장 │ 王海 왕하이
신분	王教授 왕 교수님 │ 韩老师 한 선생님 │ 我奶奶 우리 할머니 │ 大夫(医生) 의사 선생님
출신	韩国人 한국인 │ 上海人 상하이 사람 │ 台湾人 타이완 사람

단어 ★教授 jiàoshòu 몡 교수 │ 奶奶 nǎinai 몡 할머니 │ ★大夫 dàifu 몡 의사 │ 医生 yīshēng 몡 의사

인칭대명사 혹은 관형어를 동반한 주인공

인칭대명사	我 나 │ 你 너 │ 他 그 │ 我们 우리 │ 你们 너희 │ 他们 그들 │ 大家 모두
관형어+주어	现代人 현대인 │ 我的女儿 내 딸 │ 有的学生 어떤 학생

단어 现代 xiàndài 몡 현대

2. 주어가 사람이 아닌 경우의 예시

사람이 아닌 명사 주어

春节 춘절(설날) | 中秋节 중추절(추석) | 端午节 단오절

这种动物 이러한 동물 | 那篇文章 그 글

地球 지구 | 梦想 꿈 | 我们公司 우리 회사

단어 春节 Chūnjié 명 춘절, 음력설 | 中秋节 Zhōngqiūjié 명 중추절, 추석 | 端午节 Duānwǔjié 명 단오절 | 动物 dòngwù 명 동물 | 文章 wénzhāng 명 글, 문장 | ★地球 dìqiú 명 지구 | 梦想 mèngxiǎng 명 꿈 | 公司 gōngsī 명 회사

동사(구)나 형용사(구)가 주어

放弃并不是最好的选择。 포기는 결코 가장 좋은 선택이 아니다.
美丽也是一种能力。 아름다운 것도 일종의 능력이다.
研究这些有什么意义? 이것들을 연구하는 것이 무슨 의의가 있나?

단어 ★放弃 fàngqì 동 포기하다 | ★选择 xuǎnzé 동 선택하다 | 美丽 měilì 형 아름답다 | 能力 nénglì 명 능력 | ★研究 yánjiū 동 연구하다 | 意义 yìyì 명 의의

공략 트레이닝 1

A: 冬季气候很干燥

B: 是很多女孩都会考虑的问题

C: 怎样才能让皮肤更湿润 _____

해설 및 정답 **문제 분석▼** 각 구절의 시작 부분만 보고도 주어가 冬季(겨울철)임을 알 수 있다.

Step 1.
주어 찾기
A 冬季…干燥

Step 2.
'건조함'의 반의어
C …湿润

Step 3.
결과
B 是…

ᴬ冬季气候很干燥，ᶜ怎样才能让皮肤更湿润，ᴮ是很多女孩都会考虑的问题。	ᴬ겨울철은 기후가 매우 건조하다. ᶜ어떻게 해야 피부를 더 촉촉하게 할 수 있을지는 ᴮ많은 여자아이들이 신경 쓰는 문제다.

단어 冬季 dōngjì 명 겨울철 | ★气候 qìhòu 명 기후 | ★干燥 gānzào 형 건조하다 | ★考虑 kǎolù 동 생각하다 | 问题 wèntí 명 문제 | 皮肤 pífū 명 피부 | 湿润 shīrùn 형 촉촉하다

2 주어가 없거나 많은 경우

각 구절의 시작 부분에 주어가 보이지 않거나 이와 반대로 주어가 두 개 출현하는 경우가
있다.

1. 주어가 없는 경우

시간사를 찾는다

早上 아침 | 晚上 저녁 | 夜里 밤

平时 평소 | 最近 요즘 | 第一次 처음으로

星期天 일요일 | 周末 주말 | 今年 올해

寒假期间 겨울방학 | 暑假期间 여름방학

개사구를 찾는다

为了 wèile ~을 위해서 | 从…来看 cóng…lái kàn ~에서 보면 | 对…来说 duì…lái shuō ~에게

있어서

随着 suízhe (+ 변화 상황) ~에 따라서 | 按照 ànzhào (+ 규정·요구) ~에 따라서 | 根据 gēnjù ~에

근거해서 | 关于 guānyú ~에 관해서

2. 주어가 두 개인 경우

Step 1. 주어가 있는 구절을 찾는다.

Step 2. 두 개의 주어 중, 뒤에 也, 还, 就와 같은 부사가 연결되어 있는 주어를 찾는다.

Step 3. 단독으로 있는 주어를 앞에, 부사와 연결되어 있는 주어를 뒤에 나열한다. 예 他 → 他也

⚠️ 주의 지시대명사 它는 절대 앞 문장에 올 수 없다.

A: 今年3月，我去西安旅游的时候

B: 给我留下了很深的印象

C: 遇到一个特别热情的导游 _____

해설 및 정답 **문제 분석▼** 주어는 없지만 시간사(今年3月)를 가장 앞에 나열해야 하는 것을 알 수 있다.

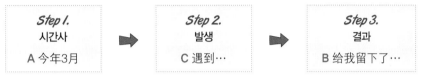

<table>
<tr><td>Step 1.
시간사

A 今年3月</td><td>➡</td><td>Step 2.
발생

C 遇到…</td><td>➡</td><td>Step 3.
결과

B 给我留下了…</td></tr>
</table>

ᴬ今年3月，我去西安旅游的时候，ᶜ遇到一个特别热情的导游，ᴮ给我留下了很深的印象。	ᴬ올해 3월, 내가 시안 여행을 갔을 때 ᶜ매우 친절한 가이드를 만났는데, ᴮ나에게 깊은 인상을 남겼다.

단어 西安 Xī'ān 고유 시안, 서안 | ★旅游 lǚyóu 동 여행하다 | 留下 liúxià 동 남기다 | 深 shēn 형 깊다 | ★印象 yìnxiàng 명 인상 | ★遇到 yùdào 동 만나다 | 特别 tèbié 부 특별히 | 热情 rèqíng 형 열정적이다, 친절하다 | 导游 dǎoyóu 명 가이드

독해 제2부분

3 **결과 찾기**

주어를 찾는 것에 익숙해졌다면 결과를 찾는 것에도 능숙해져야 한다. 결과는 언제나 마지막에 위치하기 때문에 주어와 결과만 잘 찾는다면 독해 제2부분은 그야말로 "식은 죽 먹기"다.

1. 결과를 이끄는 어휘

다음에 제시된 결과를 이끄는 어휘는 마지막 문장에 위치한다.

结果 jiéguǒ	결과적으로	结果他成功了。 결과적으로 그는 성공했다.
终于 zhōngyú	마침내	他终于实现了自己的梦想。 그는 마침내 자신의 꿈을 실현했다.
总之 zǒngzhī	아무튼, 한마디로	总之，每个人的想法都不同。 아무튼, 모든 사람들의 생각은 다 다르다.
否则 fǒuzé	그렇지 않으면	要认真学习，否则就不能通过考试。 성실히 공부해야 한다. 그렇지 않으면 시험에 통과할 수 없다.
总而言之 zǒng ér yán zhī	한마디로, 총괄적으로	总而言之，这是一次难忘的旅行。 한마디로, 이것은 잊기 힘든 여행이었다.
总的来说 zǒng de lái shuō	전체적으로 말하면	总的来说，人与人之间的关系是很重要的。 전체적으로, 사람과 사람 사이의 관계는 매우 중요하다.
可见 kějiàn	~을 알 수 있다	可见，他的确是个大忙人。 그가 확실히 매우 바쁜 사람이라는 것을 알 수 있다.
由此可见 yóu cǐ kě jiàn	이로부터 알 수 있다	由此可见，这世界变得很快。 이것으로 이 세상이 매우 빠르게 변한다는 것을 알 수 있다.

단어 ★成功 chénggōng 툥 성공하다 | 实现 shíxiàn 툥 실현하다 | 梦想 mèngxiǎng 뗭 꿈 | 想法 xiǎngfǎ 뗭 생각 | ★认真 rènzhēn 혱 착실하다, 성실하다 | 通过 tōngguò 툥 통과하다 | ★考试 kǎoshì 뗭 시험 | ★旅行 lǚxíng 뗭툥 여행(하다) | 之间 zhījiān 뗭 사이 | 关系 guānxi 뗭 관계 | 重要 zhòngyào 혱 중요하다 | 的确 díquè 튀 확실히 | 世界 shìjiè 뗭 세계 | 变 biàn 툥 변하다

2. 마지막 문장임을 알려주는 어기조사

일반적으로 어기조사는 문장의 가장 마지막에 위치하므로 각 구절의 끝부분에 吗, 吧, 呢와 같은 어기조사가 있는지를 주시해야 한다.

听说你一会儿要去书店，顺便可以帮我买一本书吗？
잠시 뒤에 네가 서점에 간다고 들었는데, 가는 김에 나에게 책 한 권 사다 줄 수 있겠니?

A: 由此可见，科学改变了我们的生活

B: 现在方便了，可以打电话联系

C: 以前想跟人家联系，一般要用写信的方式 _____

해설 및 정답 **문제 분석▼** 시간은 흐름의 순서에 따라 나열하고 결과를 이끄는 어휘는 마지막에 위치시킨다.

| Step 1.
시간 순서①
C 以前··· | Step 2.
시간 순서②
B 现在··· | Step 3.
결과
A 由此可见··· |

ᶜ以前想跟人家联系，一般要用写信的方式。ᴮ现在方便了，可以打电话联系。ᴬ由此可见，科学改变了我们的生活。

ᶜ예전에는 다른 사람에게 연락하고 싶으면, 일반적으로 편지를 쓰는 방식을 사용했다. ᴮ지금은 편해져서, 전화로 연락할 수 있다. ᴬ이것으로 과학이 우리의 생활을 변화시켰음을 알 수 있다.

단어 由此可见 yóu cǐ kě jiàn 이것으로 알 수 있다 | 科学 kēxué 몡 과학 | 改变 gǎibiàn 통 변하다 | 生活 shēnghuó 몡 생활 | 现在 xiànzài 몡 현재 | ★方便 fāngbiàn 톙 편리하다 | 打电话 dǎ diànhuà 전화를 걸다 | ★联系 liánxì 통 연락하다 | 以前 yǐqián 몡 예전, 이전 | 写信 xiě xìn 편지를 쓰다 | 方式 fāngshì 몡 방식

이것만은 꼭! 첫 번째 문장에 올 수 없는 표현

Point 1 첫 번째 문장이 될 수 없는 접속사

역접	**但是** 하지만 | **可是** 그러나 | **不过** 그러나 | **然而** 그렇지만
결과	**所以** 그래서 | **于是** 그리하여 | **因此** 이 때문에 | **因而** 따라서
점층	**而且** 게다가 | **并且** 게다가
선후	**然后** 그리고 나서 | **后来** 후에 | **最后** 끝으로
예시	**比如** 예를 들면 | **例如** 예컨대

Point 2 첫 번째 문장이 될 수 없는 부사

주어로 보이는 명사가 있다고 해도 그 뒤에 아래 부사들이 있다면 첫 번째 문장이 아니다.

也 ~도 \| **就** 곧, 바로 \| **还** 아직 \| **再** 또, 다시 \| **都** 모두

才 비로소, 그제서야 \| **却** 오히려, 도리어

我很喜欢你，他也喜欢你。 나는 너를 좋아하고, 그도 너를 좋아한다.

Point 3 첫 번째 문장이 될 수 없는 지시대명사

它는 앞에서 언급한 사물을 가리키는 지시대명사로 앞 문장에 위치할 수 없다.

那张椅子很舒服，但它太旧了。 그 의자는 아주 편안하지만, 그것은 너무 낡았다.

단어 舒服 shūfu 형 편안하다

Point 4 구체적인 대상이 있는 경우의 인칭대명사

你们 혹은 他们 같은 인칭대명사들도 주어가 될 수 있지만 만일 정체가 분명한 구체적인 주어가 있다면 인칭대명사 역시 첫 번째 문장이 될 수 없다.

小李和小张是朋友，他们常常一起去图书馆。 샤오리와 샤오장은 친구다. 그들은 자주 함께 도서관에 간다.

Point 5 어떠한 상황을 가리키는 경우의 지시대명사

这와 那 같은 지시대명사 역시 앞 문장이 될 수 있지만, 만일 어떠한 상황이 이미 주어져 있다면 그 상황을 가리키는 용법으로 쓰이기 때문에 앞 문장에 올 수 없다.

他竟然考了第一名，这让我们感到很高兴。 그는 뜻밖에 1등을 했다. 이것은 우리를 기쁘게 했다.

단어 竟然 jìngrán 부 뜻밖에

실전에 강한

문제 적응 훈련

학습일 ＿＿＿／＿＿＿

맞은 개수 ＿＿＿＿＿

★ 排列顺序。

실전 트레이닝 1

1. **A:** 我记得你也打算学开车

   B: 喂，我打算放暑假后去学开车

   C: 要不要帮你报个名 ＿＿＿＿＿＿＿＿＿＿

2. **A:** 所有的任务都在按计划进行着

   B: 还要继续辛苦大家

   C: 没有出现任何问题，剩下的任务 ＿＿＿＿＿＿＿＿＿＿

3. **A:** 她就是你妹妹？你们长得太像了

   B: 不仔细看的话

   C: 就很难看出谁是谁 ＿＿＿＿＿＿＿＿＿＿

4. **A:** 很多人都在看你飞得高不高

   B: 这少数人，才是你真正的朋友

   C: 只有少数人关心你飞得累不累 ＿＿＿＿＿＿＿＿＿＿

5. **A:** 放学了也玩儿一会儿再回家

   B: 下课时间都在玩儿

   C: 我们班同学们很喜欢玩电子游戏 ＿＿＿＿＿＿＿＿＿＿

정답 및 해설_ 해설집 74쪽

독해 제2부분

★ 排列顺序。

실전 트레이닝 2

1. A: 会后记得整理他们的意见

   B: 请把这些文件复印30份

   C: 明天会前发给各位代表，请他们先看一下 ＿＿＿＿＿＿＿＿

2. A: 既然你已经决定了

   B: 那我就尊重你的选择

   C: 有什么问题回来找我，我永远都会支持你 ＿＿＿＿＿＿＿＿

3. A: 不要随便乱放

   B: 否则下次找起来会很麻烦

   C: 用完东西后放回原来的地方 ＿＿＿＿＿＿＿＿

4. A: 但学艺术的小王还是拒绝了公司的邀请

   B: 虽然这家公司的收入很高

   C: 因为那并不是他理想的工作 ＿＿＿＿＿＿＿＿

5. A: 让他给你当导游保证没问题

   B: 对那个地方很熟悉

   C: 老张是在四川出生、长大的 ＿＿＿＿＿＿＿＿

정답 및 해설_ 해설집 77쪽

6 접속사[1]

★ **독해 제2부분의 핵심**은 바로 **접속사**다. 접속사의 **호응 구조**만 잘 **파악**하고 있어도 독해 제2부분 문제의 반은 이미 해결된 셈이라고 할 수 있다.

★ **전환, 선후, 병렬, 점층, 가정**관계 등 문장의 관계를 나타내는 **핵심 접속사를 중심**으로 모든 접속사를 섭렵해 나가야 한다.

1 전환관계

虽然…但是… suīrán…dànshì…	비록 ~이기는 하지만 ~하다

虽然下雨，但是要坚持锻炼。
비록 비가 오지만 꾸준히 단련해야 한다.

尽管…然而… jǐnguǎn…rán'ér…	비록 ~하더라도 그러나 ~하다

尽管周围有很多人，然而没有一个亲密的。
비록 주변에 많은 사람이 있지만 친한 사람은 하나도 없다.

단어 ★坚持 jiānchí 통 견지하다, 고수하다 | ★锻炼 duànliàn 통 단련하다 | 周围 zhōuwéi 명 주변, 주위 | 亲密 qīnmì 형 친밀하다

[TIP] '虽然…但是…'와 '尽管…然而…'은 모두 '비록 ~이기는 하지만'이라는 의미의 접속사이지만 '虽然…但是…'는 회화적인 표현이고, '尽管…然而…'은 문어적인 표현이다. 쓰기 제2부분에 활용한다면 문어적인 표현을 쓰는 것이 좋은 점수를 받는 데 유리하다.

공략 **트레이닝 1**

A: 尽管每个人都希望自己永远年轻、健康

B: 这个过程是我们都一定要经历的

C: 然而生老病死是一个极其自然的过程　　　　_____

문제 분석 ▼ 전환관계를 나타내는 접속사 호응 구조 '尽管…然而…'을 파악한다.

Step 1.		Step 2.		Step 3.
접속사 호응		의미 연결		결과
A 尽管…	➡	C 然而…自然的过程	➡	B 这个过程…

A尽管每个人都希望自己永远年轻、健康，C然而生老病死是一个极其自然的过程。B这个过程是我们都一定要经历的。	A비록 모든 사람들이 자신이 영원히 젊고 건강하기를 희망한다. C하지만 생로병사는 지극히 자연스러운 과정이다. B이 과정을 우리는 반드시 겪어야 한다.

단어 尽管…然而… jǐnguǎn…rán'ér… 접 비록 ～이기는 하지만 ～하다 | ★希望 xīwàng 통 희망하다, 바라다 | 永远 yǒngyuǎn 분 영원히 | 年轻 niánqīng 형 젊다 | 健康 jiànkāng 형 건강하다 | ★过程 guòchéng 명 과정 | 一定 yídìng 분 반드시 | 经历 jīnglì 통 경험하다, 겪다 | 生老病死 shēng lǎo bìng sǐ 명 생로병사 | 极其 jíqí 분 지극히 | 自然 zìrán 형 자연스럽다

2 선후관계

先…然后/再/接着/其次… xiān…ránhòu/zài/jiēzhe/qícì…	우선 ～하고 나서 ～하다

你先好好儿考虑，然后再决定吧。 너는 우선 잘 고려해 보고 나서 다시 결정해라.
我们先休息一会儿，再接着做吧。 우리 우선 좀 쉬고 나서 다시 이어서 합시다.

先/等…再… xiān/děng…zài…	～하고 나면 ～하다

先做完作业，再去看他。 먼저 숙제를 다 하고 나면 그를 보러 간다.
等爸爸回来，再吃饭吧。 아빠가 돌아오시면 밥을 먹자.

一…就… yī…jiù…	① ～하자마자 ～하다
	② ～하기만 하면 ～하다

我一下课就回家。 나는 수업이 끝나자마자 집으로 돌아간다.
我一看书就想睡觉。 나는 책만 보면 잠자고 싶다.

단어 ★考虑 kǎolǜ 통 고려하다 | ★决定 juédìng 통 결정하다 | 休息 xiūxi 통 휴식하다, 쉬다

공략 트레이닝 2

A: 请大家注意

B: 然后再去饭馆吃午饭

C: 我们先去参观博物馆

_____

(해설 및 정답) **문제 분석▼** 선후 관계를 나타내는 접속사 호응 구조 '先…然后再…'를 파악한다.

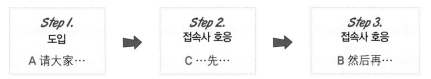

Step 1. 도입	Step 2. 접속사 호응	Step 3. 접속사 호응
A 请大家…	C …先…	B 然后再…

ᴬ请大家注意！ᶜ我们先去参观博物馆，ᴮ然后再去饭馆吃午饭。

ᴬ모두 주목해 주세요. ᶜ우리는 우선 박물관을 참관하고, ᴮ그러고 나서 식당으로 가서 점심을 먹습니다.

(단어) 注意 zhùyì 동 주의하다 | 先…然后再… xiān…ránhòu zài… 우선 ~하고 나서 ~하다 | 饭馆 fànguǎn 명 식당 | 午饭 wǔfàn 명 점심 식사 | ★参观 cānguān 동 참관하다 | 博物馆 bówùguǎn 명 박물관

3 병렬관계

(一)边…(一)边… (yì)biān…(yì)biān…	~하면서 ~하다 [동작의 동시 진행을 나타냄]
我们边走边聊。 우리는 걸으면서 얘기한다.	
既/又…又… jì/yòu…yòu…	~이기도 하고 ~이기도 하다 [동시적 상태를 나타냄]
这件衣服又便宜又好看。 이 옷은 싸고 예쁘다.	
一方面…另一方面… yìfāngmiàn…lìng yìfāngmiàn…	한편으로는~ 또 한편으로는~
我来这里一方面是为了学习，另一方面是为了开阔眼界。 내가 이곳에 온 것은 한편으로는 공부를 하기 위해서이고, 또 한편으로는 시야를 넓히기 위해서다.	

(단어) ★聊 liáo 동 잡담하다 | ★便宜 piányi 형 싸다, 저렴하다 | 开阔 kāikuò 동 넓히다 | 眼界 yǎnjiè 명 시야

[TIP] '一边…一边…' 형식에서는 술어가 1음절인 경우에만 '一'를 생략하여 '边…边…' 형식으로 표현할 수 있다.

A: 一边喝茶一边听听音乐

B: 我喜欢找个安静的地方

C: 当心情不好的时候 _____

해설 및 정답 **문제 분석▼** 시간사구는 가장 앞에 위치하고, 병렬 관계를 나타내는 접속사 호응 구조 '一边…一边…' 을 파악한다.

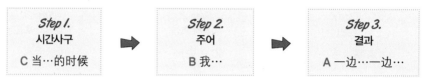

Step 1.	Step 2.	Step 3.
시간사구	주어	결과
C 当…的时候	B 我…	A 一边…一边…

ᶜ当心情不好的时候，ᴮ我喜欢找个安静的地方，ᴬ一边喝茶一边听听音乐。 | ᶜ기분이 좋지 않을 때, ᴮ나는 조용한 곳을 찾아서 ᴬ차를 마시며 음악 듣기를 좋아한다.

단어 一边…一边… yìbiān…yìbiān… 접 ~하면서 ~하다 | 喝茶 hē chá 차를 마시다 | 音乐 yīnyuè 명 음악 | 喜欢 xǐhuan 동 좋아하다 | 找 zhǎo 동 찾다 | ★安静 ānjìng 형 조용하다 | 地方 dìfang 명 곳, 장소 | 当…的时候 dāng…de shíhou ~할 때 | ★心情 xīnqíng 명 기분

4 점층관계

不但/不仅…而且/并且… búdàn/bùjǐn…érqiě/bìngqiě…	~뿐만 아니라, 게다가 ~하다
她不但漂亮，而且很聪明。 그녀는 예쁠 뿐만 아니라 똑똑하다.	
不但不/没…反而… búdàn bù/méi…fǎn'ér…	~하지 않을 뿐 아니라, 오히려 ~하다
问题不但没解决，反而更严重了。 문제가 해결되지 않았을 뿐 아니라, 오히려 더 심해졌다.	
连…都/也… lián…dōu/yě…	~조차도
你怎么连这也不知道？ 넌 어떻게 이것조차도 모르니?	
甚至…都/也… shènzhì…dōu/yě…	심지어 ~까지도
我非常忙，甚至吃饭时间都没有。 나는 광장히 바빠서, 심지어 밥 먹을 시간도 없다.	

단어 聪明 cōngming 형 총명하다, 똑똑하다 | 问题 wèntí 명 문제 | ★解决 jiějué 동 해결하다 | ★严重 yánzhòng 형 심하다

A: 不但能看到小鱼在河里游来游去

B: 这儿的河水非常干净，站在河边

C: 而且还能看到小小的水草

_____

해설 및 정답 **문제 분석▼** 점층관계를 나타내는 접속사 호응 구조 '不但…而且…'를 파악한다.

Step 1. 주어 찾기		Step 2. 접속사 호응		Step 3. 접속사 호응
B 这儿的河水…	▶	A 不但…	▶	C 而且…

^B这儿的河水非常干净，站在河边，^A不但能看到小鱼在河里游来游去，^C而且还能看到小小的水草。

^B이곳의 강물은 매우 깨끗하다. 강가에 서면 ^A작은 물고기가 강 속에서 헤엄치는 것이 보일 뿐만 아니라 ^C작은 수초들까지도 볼 수 있다.

단어 不但…而且… búdàn…érqiě… 젭 ~뿐만 아니라, 게다가 ~하다 | 河 hé 몡 강 | 游来游去 yóulái yóuqù 이리저리 헤엄치다 | 河水 héshuǐ 몡 강물 | ★干净 gānjìng 혱 깨끗하다 | 站 zhàn 동 서다 | 河边 hébiān 몡 강가 | 水草 shuǐcǎo 몡 수초

5 가정관계

如果/假如/假使/要是/若是…**的话，那么/就**… rúguǒ/jiǎrú/jiǎshǐ/yàoshi/ruòshì…dehuà, nàme/jiù…	만약 ~라면
如果妈妈不同意，我就不能去旅游。 만약 엄마가 동의하지 않으면, 나는 여행을 갈 수 없다.	
要不/要不然/不然/否则/不然的话 yàobù/yàobùrán/bùrán/fǒuzé/bùrán dehuà	그렇지 않으면
你要好好儿照顾自己，否则会累坏的。 너는 자신을 잘 돌봐야 한다. 그렇지 않으면 몸이 망가질 것이다.	
即使/即便/就是/就算/哪怕…**也** jíshǐ/jíbiàn/jiùshì/jiùsuàn/nǎpà…yě	설령 ~라 할지라도
即使会死，我也不怕。 설령 죽을 수 있다 해도, 나는 무섭지 않다.	
没有…**就没有**… méiyǒu…jiù méiyǒu…	~이 없었다면 ~은 없었을 것이다

독해 제2부분

没有你，就没有今天的我。 네가 없었다면, 오늘의 나는 없었을 것이다.

단어 同意 tóngyì 동 동의하다 | ★旅游 lǚyóu 동 여행하다 | ★照顾 zhàogù 동 돌보다 | 累坏 lèihuài 동 지칠 대로 지치다 | 死 sǐ 동 죽다 | 怕 pà 동 무서워하다

공략 **트레이닝 5**

A: 这样的情况下，需要及时解释清楚

B: 两个人在一起，可能会产生一些误会

C: 否则，误会就会越来越深　　　　　　　　_____

해설 및 정답 **문제 분석▼** 否则는 일반적으로 마지막 문장에 위치한다.

ᴮ两个人在一起，可能会产生一些误会。ᴬ这样的情况下，需要及时解释清楚。ᶜ否则，误会就会越来越深。 | ᴮ두 사람이 함께 있으면 오해가 생길 수 있다. ᴬ이러한 상황에서는 즉시 명확하게 설명할 필요가 있다. ᶜ그렇지 않으면 오해는 점점 깊어질 것이다.

단어 ★情况 qíngkuàng 명 상황 | 需要 xūyào 동 필요하다 | 及时 jíshí 부 즉시 | 解释 jiěshì 동 설명하다 | ★清楚 qīngchu 형 분명하다, 명확하다 | 可能 kěnéng 부 아마도 | 产生 chǎnshēng 동 생기다 | 误会 wùhuì 명동 오해(하다) | 否则 fǒuzé 접 그렇지 않으면 | 深 shēn 형 깊다

Point 1 유사한 표현이 있는 문장

세 개의 문장 중 똑같은 어휘나 유사한 표현이 두 개 이상 보인다면, 그 두 문장은 의미가 연결되어 있거나 병렬관계일 가능성이 높기 때문에 이어서 나열한다.

他从小就想当一名律师。	그는 어렸을 적부터 변호사가 되고 싶어 했다.
但因为成绩不好，没能当上律师，	하지만 성적이 좋지 않아 변호사가 되지 못했다.
所以他现在的梦想是当老板。	그래서 그의 현재 꿈은 사장님이 되는 것이다.

단어 当 dāng 图 ~이 되다 ┃ 律师 lǜshī 闾 변호사 ┃ ★成绩 chéngjì 闾 성적 ┃ 现在 xiànzài 闾 현재 ┃ ★梦想 mèngxiǎng 闾 꿈 ┃ 老板 lǎobǎn 闾 사장님

Point 2 병렬 구조가 있는 문장

시간이나 사건 등은 일반적으로 '전(前)→후(后)'의 순서대로 나열된다.

我什么都不能接受。	나는 무엇도 받아들일 수 없다.
前者对我不好，	전자는 나에게 좋지 않고,
后者对公司有不利影响。	후자는 회사에 불리한 영향을 미친다.

단어 接受 jiēshòu 图 받아들이다 ┃ 前者 qiánzhě 闾 전자, 앞의 것 ┃ 后者 hòuzhě 闾 후자, 뒤의 것 ┃ 公司 gōngsī 闾 회사 ┃ 不利 búlì 혱 불리하다 ┃ ★影响 yǐngxiǎng 闾图 영향(을 주다)

Point 3 의문대명사가 두 개인 문장

똑같은 의문대명사가 동시에 등장할 경우 의문대명사와 就가 함께 있는 문장을 앞뒤로 나열한다.

听说你最近工作特别忙。	듣자니 너는 요즘 일이 엄청 바쁘다며.
我不着急，你什么时候有空，	난 급하지 않으니 너 시간 있을 때,
就什么时候来吧。	그때 와.

단어 特别 tèbié 퇴 특히 ┃ ★着急 zháojí 图 조급해하다 ┃ 空 kòng 闾 틈, 짬, 시간

실전에
강한

제한 시간
10분

문제 적응 훈련

학습일 ____ / ____

맞은 개수 _____

★ 排列顺序。

| 실전 트레이닝 1 |

1. **A:** 也能让他们感到很开心

   B: 即使只是陪他们聊聊天

   C: 有时间就回家看看爸妈 _____

2. **A:** 我觉得你很多方面都很优秀

   B: 这一点就是你吸引我的最大原因

   C: 首先是性格非常活泼 _____

3. **A:** 所以今天早上才告诉你

   B: 但昨天是星期天，怕打扰你休息

   C: 我本来想昨天就告诉你的 _____

4. **A:** 不一定能得到他人的尊重

   B: 因此我们也要学会拒绝

   C: 无条件接受他人要求的人 _____

5. **A:** 但内容并不一般，特别有意思

   B: 后来被翻译成十几种语言

   C: 这本小说讲的是一般人的爱情故事 _____

정답 및 해설_ 해설집 80쪽

★ 排列顺序。

━┤ **실전 트레이닝 2** ├━━━━━━━━━━

1. **A:** 为了实现我们的梦想

   B: 绝对不能放弃

   C: 并一定要继续坚持下去　　　　　＿＿＿＿＿＿＿

2. **A:** 连五六岁的小孩子也都戴着

   B: 我刚到这儿就发现很多人都戴着奇怪的帽子

   C: 后来才知道这种帽子保暖效果非常好　　　　　＿＿＿＿＿＿＿

3. **A:** 它就能很快学会很多东西

   B: 邻居家的那只小狗很聪明

   C: 只要花一点儿时间教教它　　　　　＿＿＿＿＿＿＿

4. **A:** 大家先听了班长的报告

   B: 最后决定每天下午打扫教室

   C: 然后就开始进行热烈的讨论　　　　　＿＿＿＿＿＿＿

5. **A:** 因为红色会更好地保护皮肤

   B: 很多人都以为夏天穿白色衣服会更凉快

   C: 但有关研究证明，其实红色的衣服效果更好　　　　　＿＿＿＿＿＿＿

정답 및 해설_ 해설집 82쪽

7 접속사[2]

新HSK에는 이렇게 출제된다! ▼

★ 접속사를 마스터하면 독해 제2부분에서뿐만 아니라 쓰기 제2부분에서도 고득점을 노릴 수 있다.
꼭 암기해야 하는 **핵심 접속사를 중심**으로 모든 접속사를 마스터하자.

★ **인과**, **조건**, **선택**, **목적**관계 등 문장의 관계를 나타내는 접속사 호응 구조를 파악한다.

1 인과관계

因为…所以… yīnwèi…suǒyǐ…	~때문에, 그래서 ~하다

因为天气很冷，所以我们都感冒了。
날씨가 매우 추워서, 우리 모두 감기에 걸렸다.

由于…因此/因而… yóuyú…yīncǐ/yīn'ér…	~때문에, 따라서 ~하다

由于大家的看法不同，因此很难形成一致的意见。
모두의 견해가 다르기 때문에 일치된 의견을 형성하기가 매우 어렵다.

既然…那么/就… jìrán…nàme/jiù…	기왕 ~했으니 ~하다

既然已经决定了，你就别再多想了。
기왕 이미 결정했으니, 더 이상 생각하지 마.

단어 天气 tiānqì 圆 날씨 | ★感冒 gǎnmào 圆동 감기(에 걸리다) | ★看法 kànfǎ 圆 견해 | 形成 xíngchéng 동 형성되다 | 一致 yízhì 형 일치하다 | ★意见 yìjiàn 圆 의견 | ★决定 juédìng 동 결정하다

공략 트레이닝 1

A: 既然选择了学习外语

B: 就一定要坚持下去

C: 学习外语是需要时间的 _____

해설 및 정답 **문제 분석▼** 인과관계를 나타내는 접속사 호응 구조 '既然…就…'를 파악한다.

Step 1.	Step 2.	Step 3.
주어 찾기	접속사 호응	접속사 호응
C 学习外语…	A 既然…	B 就…

^C学习外语是需要时间的。^A既然选择了学习外语，^B就一定要坚持下去。	^C외국어를 공부하는 데에는 시간이 필요하다. ^A기왕 외국어를 공부하기로 선택했으니, ^B반드시 꾸준히 해 나아가야 한다.

단어 既然…就… jìrán…jiù… 젭 기왕 ~했으니 ~하다 | ★选择 xuǎnzé 동 선택하다 | 外语 wàiyǔ 명 외국어 | 一定 yídìng 뷔 반드시 | ★坚持 jiānchí 동 견지하다, 고수하다 | 需要 xūyào 동 필요하다

2 조건관계

只要…就… zhǐyào…jiù…	~하기만 하면 ~하다
只要相信自己，就一定能做得到。 자신을 믿기만 하면 분명 해낼 수 있다.	
只有…才… zhǐyǒu…cái…	~해야만 비로소 ~하다
只有你亲自去请他，他才会答应。 네가 직접 청해야만 그가 수락할 것이다.	
无论/不论/不管…都/也… wúlùn/búlùn/bùguǎn…dōu/yě…	~에 상관없이 ~하다
无论去哪儿，我都要跟你一起去。 어디를 가든 나는 너와 함께 갈 것이다.	
凡是…都… fánshì…dōu…	무릇 ~한 것은 ~하다
凡是见过他的人，都说他是好人。 무릇 그를 만나본 사람은 모두 그가 좋은 사람이라고 말한다.	

단어 ★相信 xiāngxìn 동 믿다 | 亲自 qīnzì 뷔 직접 | 答应 dāying 동 허락하다, 수락하다

공략 **트레이닝 2**

A: 在中国，电影院有个规定

B: 就可以免费看电影

C: 只要是身高低于1.3米的儿童 _____

독해 **7** 접속사[2] 155

해설 및 정답 **문제 분석▼** 조건관계를 나타내는 접속사 호응 구조 '只要…就…'를 파악한다.

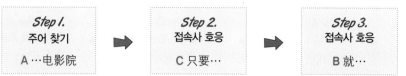

| Step 1.
주어 찾기

A …电影院 | Step 2.
접속사 호응

C 只要… | Step 3.
접속사 호응

B 就… |

^A在中国，电影院有个规定。^C只要是身高低于1.3米的儿童，^B就可以免费看电影。	^A중국에는 영화관에 규정이 하나 있다. ^C신장이 1.3미터가 안 되는 아동이면 ^B무료로 영화를 볼 수 있다.

단어 电影院 diànyǐngyuàn 명 영화관 | 规定 guīdìng 명동 규정(하다) | ★免费 miǎnfèi 동 무료로 하다 | 身高 shēngāo 명 신장 | 低于 dīyú (~보다) 낮다 | 米 mǐ 양 미터 | 儿童 értóng 명 아동

③ 선택관계

A还是B A háishi B	A 아니면 B
你喝茶还是喝咖啡? 너는 차를 마실래 아니면 커피를 마실래?	
A或者B A huòzhě B	A 혹은 B
星期天我在家休息或者出去逛街。 일요일에 나는 집에서 쉬거나 나가서 쇼핑한다.	
不是A，就是B búshì A, jiùshì B	A 아니면 B다
我休息时，不是睡觉，就是看电视。 나는 쉴 때, 잠을 자거나 텔레비전을 본다.	
不是A，而是B búshì A, érshì B	A가 아니라 B다
今天不是星期五，而是星期四。 오늘은 금요일이 아니라 목요일이다.	

단어 咖啡 kāfēi 명 커피 | 休息 xiūxi 동 쉬다 | ★逛街 guàngjiē 동 쇼핑하다 | 电视 diànshì 명 텔레비전

공략 **트레이닝 3**

A: 上次到北京南站坐火车时

B: 而是北京西站

C: 才发现火车票上的起点站不是北京南站 _____

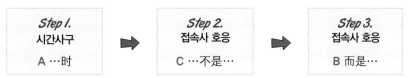

해설 및 정답 **문제 분석▼** 시간사구는 가장 앞에 위치한다. 선택관계를 나타내는 접속사 호응 구조 '不是…而是…' 를 파악한다.

Step 1.
시간사구

A …时

➡

Step 2.
접속사 호응

C …不是…

➡

Step 3.
접속사 호응

B 而是…

ᴬ上次到北京南站坐火车时ᶜ才发现火车票上的起点站不是北京南站ᴮ而是北京西站。

ᴬ지난번 베이징남역으로 기차를 타러 갔을 때 ᶜ그제서야 기차표의 출발역이 베이징남역이 아니라 ᴮ베이징서역임을 알아차렸다.

단어 上次 shàngcì 몡 지난번 | 南 nán 몡 남쪽 | 坐 zuò 동 타다 | 火车 huǒchē 몡 기차 | 不是…而是… búshì…érshì… 접 ~가 아니라 ~이다 | 西 xī 몡 서쪽 | ★发现 fāxiàn 동 발견하다 | 火车票 huǒchēpiào 몡 기차표 | 起点站 qǐdiǎnzhàn 몡 출발역

4 목적관계

为(了)… wèi(le)…	~을 위해서
为了写论文，他经常去图书馆找资料。 논문을 쓰기 위해, 그는 자주 도서관에 자료를 찾으러 간다.	
…，是为了… …, shì wèile…	~을 위해서
出国留学，是为了开阔视野。 외국 유학은 시야를 넓히기 위해서다.	
以便… yǐbiàn…	~하기 편하도록
准备些零钱，以便买车票。 차표를 사기 편하도록 잔돈을 좀 준비해라.	
以免… yǐmiǎn…	~하지 않도록
多穿点衣服，以免感冒。 감기에 걸리지 않도록 옷을 좀 많이 입어라.	

단어 ★论文 lùnwén 몡 논문 | 经常 jīngcháng 부 자주 | 图书馆 túshūguǎn 몡 도서관 | ★资料 zīliào 몡 자료 | 留学 liúxué 동 유학하다 | 开阔 kāikuò 동 넓히다 | 视野 shìyě 몡 시야 | 准备 zhǔnbèi 동 준비하다 | 零钱 língqián 몡 잔돈 | 车票 chēpiào 몡 차표 | 感冒 gǎnmào 몡동 감기(에 걸리다)

A: 是为了实现我的梦想

B: 我现在努力学习

C: 因此请你不要妨碍我 _____

해설 및 정답 **문제 분석▼** 是为了는 일반적으로 두 번째 구절에 위치한다.

Step 1.
주어 찾기
B 我…

Step 2.
원인 설명
A 是为了…

Step 3.
제안
C 因此…

ᴮ我现在努力学习，ᴬ是为了实现我的梦想。
ᶜ因此请你不要妨碍我。

ᴮ내가 지금 열심히 공부하는 것은 ᴬ나의 꿈을 실현하기 위해서다. ᶜ그러니 나를 방해하지 마라.

단어 是为了 shì wèile ~을 위해서 | ★实现 shíxiàn 图 실현하다 | ★梦想 mèngxiǎng 명 꿈 | 因此 yīncǐ 접 따라서 | 不要 búyào 조통 ~하지 마라 | 妨碍 fáng'ài 图 방해하다

이것만은 꼭! 사용 시 주의가 필요한 접속사

Point 1 因为+원인, 所以+결과 / 由于+원인, 因此+결과

위 두 문형은 '~때문에, 그래서 ~하다'라는 같은 의미를 가지고 있지만 용법에 차이가 있다.

① '因为…所以…'는 각각 단독으로 사용이 가능하며, 결과를 먼저 말하고 원인을 뒤에 연결하는 문장에도 사용할 수 있다. 주로 회화체에서 사용된다.

因为我晚上睡不着觉，所以不喝咖啡。(O) 나는 밤에 잠을 못 자기 때문에, 커피를 마시지 않는다.

我不喝咖啡，因为晚上睡不着觉。(O) 나는 커피를 마시지 않는다. 왜냐하면 밤에 잠을 못 자기 때문이다.

② '由于…因此…'는 반드시 원인과 결과 순서로 나열해야 한다. 주로 문어체에서 사용된다.

由于我晚上睡不着觉，因此不喝咖啡。(O) 나는 밤에 잠을 못 자기 때문에, 커피를 마시지 않는다.

我不喝咖啡，由于晚上睡不着觉。(X)

> 단어 咖啡 kāfēi 명 커피

Point 2 无论/不论/不管+의문사구, 都/也…

'无论/不论/不管…都/也…'는 '~에 상관없이 ~하다'라는 의미의 접속사 문형으로 无论, 不论, 不管 뒤에는 반드시 의문사구가 함께 사용되어야 한다.

无论成功还是失败，我们都会支持你。 성공하든 실패하든 상관없이, 우리는 모두 너를 지지할 것이다.

不论多么冷，我也要去参加这次活动。 얼마나 춥든 상관없이, 나도 이번 행사에 참가할 것이다.

不管有什么理由，我都不能理解他。 어떤 이유가 있든 상관없이, 나는 그를 이해할 수가 없다.

> 단어 ★成功 chénggōng 동 성공하다 | ★失败 shībài 동 실패하다 | 支持 zhīchí 동 지지하다 | ★参加 cānjiā 동 참가하다 | 活动 huódòng 명 활동, 행사 | 理由 lǐyóu 명 이유 | ★理解 lǐjiě 동 이해하다

Point 3 A还是B / A或者B

'A还是B', 'A或者B'는 'A 아니면 B'라는 같은 의미를 가지고 있지만 'A还是B'는 의문문에, 'A或者B'는 평서문에 사용된다.

你要喝茶还是喝咖啡？ 너는 차를 마시겠니 아니면 커피를 마시겠니?

我喝茶或者喝咖啡都行。 나는 차를 마시든 아니면 커피를 마시든 다 괜찮다.

> 단어 茶 chá 명 차 | 咖啡 kāfēi 명 커피

문제 적응 훈련

★ 排列顺序。

실전 트레이닝 1

1. **A:** 然而喝多了反而会对身体不好

   B: 每天喝一杯最合适

   C: 葡萄酒对身体健康有好处　　　　　_____

2. **A:** 大学毕业后，要开始找工作了

   B: 因此很难找到一份适合自己的工作

   C: 但最近经济环境不太好　　　　　_____

3. **A:** 不仅要会讲流利的外语

   B: 当一名外语导游

   C: 而且还需要与人交流的能力　　　　_____

4. **A:** 书法是中国的传统艺术

   B: 通过不同的书写方式

   C: 能把汉字变成优美的艺术作品　　　_____

5. **A:** 即使价格变成一千元

   B: 那也买不起

   C: 这件衣服的价格是一万元　　　　　_____

정답 및 해설_ 해설집 85쪽

★ 排列顺序。

┤ **실전 트레이닝 2** ├

1. **A：** 小张刚参加工作

   B： 连复印机操作方法也不懂

   C： 因此很多方面都还不太熟悉　　　＿＿＿＿＿＿＿＿＿

2. **A：** 不论怎么跟司机说

   B： 上次我打的去你家时，因为我汉语不好

   C： 他都听不懂我的话　　　＿＿＿＿＿＿＿＿＿

3. **A：** 最近大公司对职员的要求很高

   B： 必须要会说两种语言以上才行

   C： 尤其是外语方面　　　＿＿＿＿＿＿＿＿＿

4. **A：** 尽管大家都知道这个道理

   B： 喝酒对身体不好

   C： 但喝酒的人反而越来越多　　　＿＿＿＿＿＿＿＿＿

5. **A：** 要注意不能拍照

   B： 另外还要注意不能大声讲话

   C： 参观美术馆的时候　　　＿＿＿＿＿＿＿＿＿

정답 및 해설_ 해설집 88쪽

8 시간과 개념의 흐름

新HSK에는 이렇게 출제된다! ▼

★ 독해 제2부분 문제는 **주어 찾기**나 **접속사 호응 구조** 등 여러 방법을 이용하여 문장을 배열할 수 있지만 확실하게 정답을 찾아내는 방법은 **독해력**을 길러 **이야기**의 **흐름**을 **파악**하는 것이다.

★ 독해력은 짧은 시간 내에 길러지는 것이 아니다. 이런 경우 보기에서 **시간**이나 **사건**, **개념** 등을 찾아내어 **순서대로 나열**하는 연습을 해야 한다.

1 시간의 흐름

중국어는 시간의 순서를 매우 중시한다. 따라서 '과거→현재→미래' 순으로 나열해야 한다.

1. 시간, 사건, 동작의 발생 순서대로 나열

- 昨天 zuótiān 어제 → 今天 jīntiān 오늘 → 明天 míngtiān 내일
- 首先 shǒuxiān 우선 → 其次 qícì 그다음 → 最后 zuìhòu 마지막으로
- 先 xiān 먼저 → 然后再 ránhòu zài 그리고 나서 다시
- 上次 shàngcì 지난번 → 这次 zhècì 이번 → 下次 xiàcì 다음 번

2. 시제 관련 어휘

과거	□□ 过去 guòqù 과거	□□ 以前 yǐqián 이전
	□□ 从前 cóngqián 옛날	□□ 后来 hòulái 후에
현재	□□ 现在 xiànzài 현재	□□ 目前 mùqián 지금
	□□ 如今 rújīn 오늘날	□□ 此刻 cǐkè 지금
미래	□□ 未来 wèilái 미래	□□ 将来 jiānglái 장래
	□□ 以后 yǐhòu 이후에	□□ 从此 cóngcǐ 지금부터
	□□ 今后 jīnhòu 오늘부터	□□ 往后 wǎnghòu 앞으로

공략 트레이닝 1

A: 因此只好明天去参观

B: 不过今天早上突然发生了意想不到的事情

C: 我本来今天想去参观博物馆的 _____

해설 및 정답 **문제 분석▼** 시간의 흐름 순서인 今天早上(오늘 아침)→明天(내일)을 파악한다.

ᶜ我本来今天想去参观博物馆的。ᴮ不过今天早上突然发生了意想不到的事情，ᴬ因此只好明天去参观。

ᶜ나는 원래 오늘 박물관을 참관하러 가고 싶었다. ᴮ하지만 오늘 아침에 갑자기 예상치 못한 일이 생겨서, ᴬ그래서 할 수 없이 내일 참관하러 가야 한다.

단어 因此 yīncǐ 웹 그래서 | 只好 zhǐhǎo 팀 할 수 없이 | ★参观 cānguān 통 참관하다 | 不过 búguò 웹 그러나 | 突然 tūrán 팀 갑자기 | ★发生 fāshēng 통 생기다, 발생하다 | 意想 yìxiǎng 통 예상하다 | 意想不到 yìxiǎng bú dào 예상치 못하다 | ★事情 shìqing 몝 일 | 本来 běnlái 팀 원래 | 博物馆 bówùguǎn 몝 박물관

2 개념의 흐름

중국어는 큰 개념에서 작은 개념 순으로 나열해야 한다.

- 中国 Zhōngguó 중국 > 山东省 Shāndōng Shěng 산둥성 > 青岛 Qīngdǎo 칭다오
- 韩国 Hánguó 한국 > 首尔 Shǒu'ěr 서울 > 明洞 Míngdòng 명동
- 公司 gōngsī 회사 > 部门 bùmén 부서 > 业务 yèwù 업무
- 秋天 qiūtiān 가을 > 天气 tiānqì 날씨 > 凉快 liángkuai 선선하다

공략 트레이닝 2

A: 因此政府正在努力解决空气污染的问题

B: 中国的空气污染越来越严重

C: 尤其是北京空气污染很厉害 _____

문제 분석▼ 큰 개념에서 작은 개념의 순서로 나열한다.

Step 1. 큰 개념 B 中国…	→	Step 2. 작은 개념 C …北京…	→	Step 3. 결과 A 因此…

^B中国的空气污染越来越严重。^C尤其是北京空气污染很厉害，^A因此政府正在努力解决空气污染的问题。	^B중국의 공기 오염이 갈수록 심각해지고 있다. ^C특히 베이징의 공기 오염이 매우 심하다. ^A따라서 정부는 열심히 공기 오염 문제를 해결하고 있다.

단어 政府 zhèngfǔ 명 정부 | 正在 zhèngzài 부 ~하고 있다 | 努力 nǔlì 동 열심히 하다. 노력하다 | ★解决 jiějué 동 해결하다 | 空气 kōngqì 명 공기 | 污染 wūrǎn 명동 오염(시키다) | 问题 wèntí 명 문제 | ★严重 yánzhòng 형 심각하다 | 尤其 yóuqí 부 특히. 더욱이 | ★厉害 lìhai 형 심하다

이것만은 꼭! 첫 번째 문장이 되는 표현

Point 1 ▶ 독해 제2부분에서 시간 구문은 반드시 가장 앞에 나열해야 한다. ✦ 필수체크

(当)…时	~할 때	当与别人有不同的意见时，应该勇敢地说出自己的观点。 다른 사람과 다른 의견이 있을 때, 용감하게 자신의 관점을 말해야 한다.
(当)…的时候	~할 때	心情不好的时候，我喜欢去图书馆看书。 기분이 안 좋을 때, 나는 도서관에 가서 책 보는 것을 좋아한다.
(当)…以前	~하기 전에	吃饭以前，一定要把手洗干净。 밥 먹기 전에는 반드시 손을 깨끗하게 씻어야 한다.
(当)…以后	~하고 난 후	下课以后，我们一起去食堂吃饺子，怎么样？ 수업이 끝난 후에, 우리 함께 식당에 가서 교자를 먹자, 어때?
…中	~하는 중에	生活中，我们会遇到各种各样的困难。 생활 속에서 우리는 각양각색의 어려움을 만난다.

단어 意见 yìjiàn 명 의견 | 勇敢 yǒnggǎn 형 용감하다 | 观点 guāndiǎn 명 관점 | 心情 xīnqíng 명 기분 | ★干净 gānjìng 형 깨끗하다 | 食堂 shítáng 명 식당 | 饺子 jiǎozi 명 교자 | ★遇到 yùdào 동 만나다 | ★困难 kùnnan 명 어려움

Point 2 ▶ 호응 구조 '与/跟/和…相比/比起来 ~과 비교해 보면'

与暑假相比，我更喜欢寒假，因为寒假可以滑雪。
여름방학과 비교하면, 나는 겨울방학을 더 좋아한다. 겨울방학에는 스키를 탈 수 있기 때문이다.

Point 3 ▶ '개사구, 주어+술어' 형식 ✦ 필수체크

개사의 본래 위치는 주어와 술어 사이지만, 강조하기 위해 개사구가 가장 앞에 위치하는 경우가 있다.

随着 suízhe	~에 따라	随着科技的发展，手机已经成了我们生活的必需品。 과학 기술의 발전에 따라, 휴대폰은 이미 우리 생활의 필수품이 되었다.
按照 ànzhào	~에 따라	按照公司的规定，职员们不能穿短裤上班。 회사의 규정에 따라, 직원들은 반바지를 입고 출근할 수 없다.
根据 gēnjù	~에 근거하여	根据这段话，我们可以知道什么？ 이 문단을 근거로, 우리는 무엇을 알 수 있는가?
为了 wèile	~을 위해서	为了实现自己的梦想，她每天都努力学习。 자신의 꿈을 실현하기 위해서, 그녀는 매일 열심히 공부한다.
通过 tōngguò	~을 통해서	通过这件事，我才知道谁是我真正的朋友。 이 일을 통해서, 나는 그제서야 누가 나의 진정한 친구인지를 알았다.
经过 jīngguò	~을 거쳐서	经过不断努力，我终于得到了第一名。 끊임없는 노력을 거쳐, 나는 마침내 일등을 얻었다.

단어 科技 kējì 명 과학 기술 | ★发展 fāzhǎn 동 발전하다 | 必需品 bìxūpǐn 명 필수품 | 规定 guīdìng 명동 규정(하다) | 短裤 duǎnkù 명 반바지 | ★实现 shíxiàn 동 실현하다 | ★梦想 mèngxiǎng 명 꿈 | 真正 zhēnzhèng 형 진정한 | ★不断 búduàn 부 끊임없이 | 终于 zhōngyú 부 마침내

실전에
강한

제한 시간
10분

문제 적응 훈련

학습일 _____/_____

맞은 개수 _____

★ 排列顺序。

┤ 실전 트레이닝 1 ├

1. A: 你先填申请表，再去办护照

   B: 最后再订飞往上海的机票

   C: 然后去大使馆办签证

   _____

2. A: 不过如果下雨的话

   B: 就要改变我们的计划

   C: 我们打算明天去爬长城

   _____

3. A: 主要是为了开阔眼界

   B: 这次去四川旅行

   C: 其次是为了尝尝正宗的四川菜

   _____

4. A: 很多人开始重视业余时间

   B: 随着人们生活水平的提高

   C: 因此越来越多的人出国旅游

   _____

5. A: 孩子个子长得很快

   B: 今年小得不能再穿了

   C: 去年我给他买的好几件衣服

   _____

정답 및 해설_ 해설집 90쪽

★ 排列顺序。

실전 트레이닝 2

1. **A:** 因此深受周围人的欢迎

 B: 而且为人友好亲切

 C: 小明不但聪明、成绩也优秀 _____

2. **A:** 我们的生活中总会有一些烦恼

 B: 要是想让自己轻松、愉快

 C: 就应该学会把烦恼扔掉 _____

3. **A:** 可惜到现在仍然没有明确的答案

 B: 有些人甚至写过这方面的论文

 C: 很多人研究过这方面的问题 _____

4. **A:** 这种游戏的规则非常简单

 B: 谁就赢得胜利

 C: 谁在十分钟内接到的球最多 _____

5. **A:** 最近还在上海开了分公司

 B: 经过我们的努力

 C: 公司的生意越来越大 _____

정답 및 해설_ 해설집 93쪽

맛있는 중국어 新HSK 합격 프로젝트

독해

阅读

제3부분

최신 기출 문제 분석

출제 비율

난이도 ★★★★☆

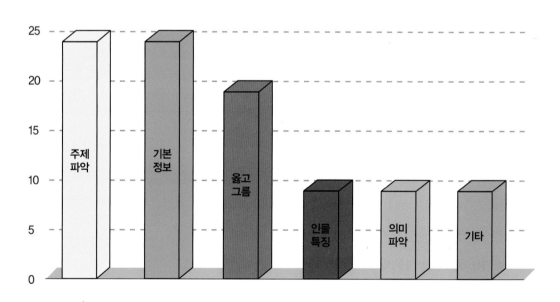

新HSK 4급 독해 제3부분은 문장의 난이도에 비해 정답을 유추하기 비교적 쉬운 편에 속한다. 문제의 핵심 어휘와 지문상에 일치하는 어휘 및 유사 어휘를 빠르게 찾아 내는 연습이 필요하다.

정답이 보이는 **핵 심 공 략**

핵심1 **문제부터 파악한 후 지문을 읽는다**

독해는 시간 싸움이다. 40분이라는 제한 시간 내에 40문제를 풀고 답안지까지 작성하려면 한 문제에 1분도 걸리면 안 된다는 의미가 된다. 따라서 지문이 비교적 긴 독해 제3부분을 꼼꼼히 다 읽고 문제를 푸는 것은 독해력이 매우 뛰어나지 않은 이상 힘든 일이다. 그렇기 때문에 정답 부분만 찾아서 읽는 연습을 해야 한다. 우선 문제가 무엇인지를 정확하게 파악하고 문제의 핵심 어휘를 찾은 뒤 지문을 보면 핵심 어휘와 유사한 부분을 쉽게 찾을 수 있고 그 부분의 문장만 제대로 정독하면 정답을 찾아낼 수 있다.

핵심2 **보기의 어휘와 지문의 어휘를 대조한다**

보기에서 보이는 어휘들은 지문에도 등장한다. 대충 보면 지문의 내용과 보기의 내용이 일치하는 것 같지만 한 글자 차이로 의미가 완전히 상반되거나 달라지는 경우가 있으니 반드시 꼼꼼하게 대조해야 한다. 특히 부정부사의 유무를 확실히 파악해야 한다.

핵심3 **오답은 바로 배제한다**

대조 작업을 하다 보면 당연히 정답이 될 수 없는 보기들을 먼저 발견하는 경우가 있다. 정답이 아니라고 판단된 보기들은 헷갈리지 않기 위해 제거 표시를 해두는 습관을 기른다.

핵심4 **생소한 단어는 무시해라**

4급 시험이라고 모든 문제의 어휘가 4급 어휘로만 구성되어 출제되는 것은 아니다. 5급 어휘가 있을 수도 있고 심지어 6급 어휘가 등장하기도 한다. 독해 제3부분의 핵심은 글 전체의 흐름을 파악하는 것이기 때문에 단어 하나하나에 집착할 필요는 없다. 모르는 어휘는 과감하게 넘기고 문장을 끝까지 읽는 것에 주의한다.

핵심5 **독해력을 길러라**

HSK 시험에서 아무리 강조해도 지나치지 않는 것이 어휘 암기다. 모르는 어휘가 너무 많으면 요령을 아무리 많이 알고 있어도 무용지물이기 때문에 기본적인 4급 필수 어휘는 반드시 암기하고 보다 많은 지문을 접하여 독해력을 길러야 한다.

9 Q 문제 파악[1]

★ 독해 **제3부분**은 **시간** 내에 문제를 다 푸느냐 못 푸느냐에 **승패**가 걸려 있다.

★ 주어진 시간 내에 문제를 다 풀기 위해서는 지문을 보기 전에 문제를 보고 무엇을 묻는 문제인지를 정확하게 파악해야 한다. **문제를 통해** 질문의 **핵심**과 정답의 **힌트**를 모두 찾을 수 있다.

1 문제 유형

질문을 통해 무엇을 묻는 문제인지를 파악해야 한다.

1. 의문대명사를 사용한 질문

· 根据这段话，我们可以知道什么?
  이 문단을 근거로, 우리가 알 수 있는 것은 무엇인가?

· 为什么要推迟会议时间?
  왜 회의 시간을 연기해야 하는가?

· 他怎么没参加比赛?
  그는 어째서 시합에 참가하지 않았는가?

· 这些鸟是从哪儿飞过来的?
  이 새들은 어디에서 날아오는 것인가?

· 这家公司一般什么时候进行会议?
  이 회사는 일반적으로 언제 회의를 진행하는가?

· 他的心情怎么样?
  그의 기분은 어떠한가?

단어 推迟 tuīchí 통 연기하다, 미루다 | 会议 huìyì 명 회의 | ★参加 cānjiā 통 참가하다 | ★比赛 bǐsài 명 경기, 시합 | 鸟 niǎo 명 새 | 公司 gōngsī 명 회사 | 一般 yìbān 형 일반적이다 | ★进行 jìnxíng 통 진행하다 | 心情 xīnqíng 명 기분

2. 应该를 사용한 질문

- 根据这段话，我们应该 :
  이 문단을 근거로, 우리는 마땅히 :

- 根据这段话，上班时应该 :
  이 문단을 근거로, 출근할 때에는 마땅히 :

(단어) 上班 shàngbān 圐 출근하다

3. 작가의 의도를 묻는 질문

- 作者觉得书店降价卖书是为了 :
  작가가 생각하기에 서점이 가격을 낮추어 책을 판매하는 것은 무엇을 위해서인가 :

- 他认为哥哥离开公司主要是因为 :
  그가 생각하기에 형이 회사를 떠나는 것은 주로 왜냐하면 :

- 作者的主要意思是 :
  작가의 주요 의미는 :

- 他对这种礼物有什么看法？
  그는 이러한 선물에 대해 어떠한 견해를 가지고 있는가？

- 他对春节回家乡有什么态度？
  그는 춘절에 집으로 돌아가는 것에 대해 어떤 태도를 가지고 있는가？

- 下列哪项是他不愿意看京剧的原因？
  다음 중 어느 항목이 그가 경극을 보고 싶어 하지 않는 원인인가？

(단어) 书店 shūdiàn 圐 서점 | 降价 jiàngjià 圐 값을 내리다 | ★离开 líkāi 圐 떠나다 | 公司 gōngsī 圐 회사 | 意思 yìsi 圐 의미 | 礼物 lǐwù 圐 선물 | ★看法 kànfǎ 圐 견해 | 春节 Chūnjié 圐 춘절, 음력설 | ★家乡 jiāxiāng 圐 고향 | 态度 tàidu 圐 태도 | 京剧 jīngjù 圐 경극 | 原因 yuányīn 圐 원인

> 聪明人和笨人最大的区别是，聪明人总能从失败中学到经验，以后不会犯同样的错误。但笨人学不到东西，只是在想自己怎么总是失败者。
>
> ★ 和聪明人比起来，笨人是怎么样的?
>
> A 学习不好　　　B 总是失败　　　C 不太认真　　　D 不会积累经验

해설 및 정답 **문제 분석▼** 질문의 핵심 어휘인 聪明人과 笨人을 통해 정답의 위치를 파악한다. 聪明人总能从失败中学到经验(총명한 사람은 항상 실패 속에서 경험을 배운다)라는 문장을 통해 멍청한 사람은 이와는 반대로 경험을 쌓을 줄 모른다는 것을 알 수 있다.

聪明人和笨人最大的区别是，<u>聪明人总能从失败中学到经验</u>，以后不会犯同样的错误。但笨人学不到东西，只是在想自己怎么总是失败者。	총명한 사람과 멍청한 사람의 가장 큰 차이는 <u>총명한 사람은 항상 실패 속에서 경험을 배우고</u>, 이후에 똑같은 실수를 하지 않지만, 멍청한 사람은 무엇도 배우지 못하고 단지 스스로가 어째서 늘 실패자인지만을 생각한다는 것이다.
★ 和聪明人比起来，笨人是怎么样的?	★ 총명한 사람과 비교했을 때, 멍청한 사람은 어떠한가?
A 学习不好 B 总是失败 C 不太认真 **D 不会积累经验**	A 공부를 못한다 B 항상 실패한다 C 별로 성실하지 않다 **D 경험을 쌓을 줄 모른다**

단어 聪明 cōngming 혭 총명하다, 똑똑하다 | 笨 bèn 혭 멍청하다 | 区别 qūbié 몝 차이 | ★失败 shībài 통 실패하다 | ★经验 jīngyàn 몝 경험 | 犯 fàn 통 저지르다 | 错误 cuòwù 몝 잘못

2 정답이 숨어 있는 표현

긴 문장 속에서 정답을 찾아낼 수 있는 포인트 어휘들이 있으니 주의하자.

1. 강조를 나타내는 어휘

关键是 guānjiàn shì	관건은 ~이다	成功的关键是坚持。 성공의 관건은 꾸준함이다.
其实 qíshí	사실	这道题看起来很难，其实很简单。 이 문제는 보기에는 어려운데, 사실 매우 간단하다.
要注意 yào zhùyì	주의해야 한다	过马路要注意安全。 길을 건널 때는 안전에 주의해야 한다.

단어 ★成功 chénggōng 동 성공하다 ┃ ★坚持 jiānchí 동 견지하다, 고수하다 ┃ ★简单 jiǎndān 형 간단하다 ┃ 马路 mǎlù 명 찻길, 대로 ┃ ★安全 ānquán 형 안전하다

2. 원인을 나타내는 어휘

因为 yīnwèi	왜냐하면	因为我喜欢他，所以想帮他。 나는 그를 좋아하기 때문에, 그를 돕고 싶다.
由于 yóuyú	왜냐하면	由于天气原因，所有的航班都要推迟起飞。 날씨 때문에, 모든 항공편이 모두 이륙을 연기해야 한다.
为了 wèile	~을 위해서	为了写论文，常常开夜车。 논문을 쓰기 위해서 자주 밤을 샌다.
以便 yǐbiàn	~하기 편하도록	他每天开夜车学习，以便通过考试。 시험에 통과하기 쉽도록 그는 매일 밤새도록 공부한다.
以免 yǐmiǎn	~하지 않도록	多穿衣服，以免感冒。 감기에 걸리지 않도록 옷을 많이 입어.
省得 shěngde	~하지 않도록	到了就打电话，省得我担心。 내가 걱정하지 않도록 도착하면 전화해.

단어 喜欢 xǐhuan 동 좋아하다 ┃ 天气 tiānqì 명 날씨 ┃ 原因 yuányīn 명 원인 ┃ 航班 hángbān 명 항공편 ┃ 推迟 tuīchí 동 연기하다 ┃ 起飞 qǐfēi 동 이륙하다 ┃ ★论文 lùnwén 명 논문 ┃ 开夜车 kāi yèchē 동 밤을 새우다 ┃ ★考试 kǎoshì 명동 시험(을 보다) ┃ 感冒 gǎnmào 명동 감기(에 걸리다) ┃ ★担心 dānxīn 동 걱정하다

3. 제안을 나타내는 어휘

要 / 得 yào / děi	~해야 한다	想获得好成绩，要努力学习。 좋은 성적을 얻고 싶으면 열심히 공부해야 한다.
该 / 应该 gāi / yīnggāi	(마땅히) ~해야 한다	出现问题应该及时解决。 문제가 생기면 즉시 해결해야 한다.
必须 bìxū	필히	我必须要按时到达目的地。 나는 필히 제때 목적지에 도착해야 한다.

단어 ★成绩 chéngjì 몡 성적 | ★出现 chūxiàn 통 나타나다 | 问题 wèntí 몡 문제 | 及时 jíshí 뷔 즉시 | ★解决 jiějué 통 해결하다 | ★按时 ànshí 뷔 제때 | ★到达 dàodá 통 도착하다 | 目的地 mùdìdì 몡 목적지

4. 보편적 견해를 나타내는 어휘

一般来说 yìbān lái shuō	일반적으로	一般来说，老年人比较宽容。 일반적으로, 노년층이 비교적 너그럽다.
大部分人 / 许多人 dàbùfen rén / xǔduō rén	대부분의 사람 / 수많은 사람	大部分人都觉得钱非常重要。 대부분의 사람들은 돈이 굉장히 중요하다고 생각한다.
很多人 / 不少人 hěn duō rén / bù shǎo rén	많은 사람 / 적지 않은 사람	不少人离开了家乡。 적지 않은 사람들이 고향을 떠났다.

단어 宽容 kuānróng 톙 너그럽다 | 重要 zhòngyào 톙 중요하다 | ★离开 líkāi 통 떠나다 | ★家乡 jiāxiāng 몡 고향

> 没有健康，一切美好的愿望都是空想。因此无论如何，我们都要坚持锻炼身体，只有这样，才能做好自己想做的事情。
>
> ★ "这样"指的是：
>
> A 运动　　　　　　B 学习　　　　　　C 工作　　　　　　D 放弃

해설 및 정답　**문제 분석▼** 핵심 어휘인 这样이 들어 있는 문장을 찾는다. 我们都要坚持锻炼身体，只有这样(우리는 모두 꾸준히 신체를 단련해야 한다. 이렇게 해야만)이라는 문장을 통해서 这样이 가리키는 것이 신체를 단련하는 것, 즉 운동임을 알 수 있다.

没有健康，一切美好的愿望都是空想。因此无论如何，我们都要坚持锻炼身体，只有这样，才能做好自己想做的事情。	건강이 없으면, 모든 아름다운 바람은 다 허상이다. 따라서 어찌 됐든 상관없이, 우리는 모두 꾸준히 신체를 단련해야 한다. 이렇게 해야만 자신이 하고 싶은 일을 잘할 수 있다.
★ "这样"指的是：	★ "이렇게"가 가리키는 것은:
A 运动　　　　B 学习 C 工作　　　　D 放弃	**A 운동**　　　　B 공부 C 일　　　　　D 포기

단어　健康 jiànkāng 몡휑 건강(하다) | 一切 yíqiè 대 모든 | 美好 měihǎo 휑 아름답다 | 愿望 yuànwàng 몡 소망, 바람 | 空想 kōngxiǎng 몡 공상 | 无论如何 wúlùn rúhé 어찌 되었든 간에 | ★坚持 jiānchí 동 유지하다 | ★锻炼 duànliàn 동 단련하다

。 句号 jùhào	마침표	완전한 한 문장이 끝났음을 나타낼 때 사용한다. 适合自己的衣服才是最漂亮的。 자신에게 어울리는 옷이야말로 가장 예쁘다.
， 逗号 dòuhào	쉼표	문장 중간에서 쉬어 감을 나타낸다. 解决问题，这才是最关键的。 문제를 해결하는 것, 이것이야말로 관건이다.
、 顿号 dùnhào	모점	단어를 열거할 때 사용한다. 不管是经济、政治还是社会，都对一个国家的发展起到重要的作用。 경제든, 정치나 사회든, 모두 나라의 발전에 중요한 작용을 한다.
！ 感叹号 gǎntànhào	느낌표	감탄문, 명령문 등에 사용한다. 你真了不起啊！ 너 정말 대단하다!
？ 问号 wènhào	물음표	의문을 나타낸다. 怎样才能得到你的原谅？ 어떻게 해야 너의 용서를 받을 수 있니?
； 分号 fēnhào	세미콜론	병렬 관계인 구절을 구분할 때 사용한다. 肉食量高；蔬菜量低，是形成肥胖的饮食习惯。 고기 섭취량은 높고, 채소 섭취량이 낮은 것은 비만을 형성하는 식습관이다.
： 冒号 màohào	콜론	질문이나 인용문을 표시할 때 사용한다. 孩子突然跟我说："妈妈，我爱你。" 아이가 갑자기 나에게 말했다. "엄마, 사랑해요."
" " 引号 yǐnhào	따옴표	다른 사람의 말을 직접 인용하거나 강조할 때 사용한다. 李白，是中国著名的诗人，被称为"诗仙"。 이백은 중국의 저명한 시인으로 '시선'이라 불린다.
…… 省略号 shěnglüèhào	줄임표	문장에 생략된 내용을 표시한다. 水果店的水果种类很多，西瓜、苹果、香蕉…… 과일 가게에 과일의 종류가 매우 많다. 수박, 사과, 바나나……
《 》 书名号 shūmínghào	서명 기호	책, 영화, 노래, 글 등의 제목을 표시한다. 《人鱼公主》是我最喜欢的童话。『인어공주』는 내가 가장 좋아하는 동화이다.

단어 ★适合 shìhé 통 어울리다 | ★解决 jiějué 통 해결하다 | 关键 guānjiàn 명 관건 | 经济 jīngjì 명 경제 | 政治 zhèngzhì 명 정치 | 社会 shèhuì 명 사회 | 国家 guójiā 명 나라 | ★发展 fāzhǎn 통 발전하다 | 重要 zhòngyào 형 중요하다 | 作用 zuòyòng 명 작용 | 了不起 liǎobuqǐ 형 굉장하다 | 原谅 yuánliàng 통 용서하다 | 肉食 ròushí 명 육식 | 蔬菜 shūcài 명 채소 | 形成 xíngchéng 통 형성되다 | 肥胖 féipàng 형 비만하다 | 饮食习惯 yǐnshí xíguàn 명 식습관 | 突然 tūrán 부 갑자기 | 著名 zhùmíng 형 저명하다, 유명하다 | 称为 chēngwéi 통 ~라 불리다 | 水果 shuǐguǒ 명 과일 | 种类 zhǒnglèi 명 종류 | 童话 tónghuà 명 동화

실전에 강한

제한 시간 12분

문제 적응 훈련

학습일 _____ / _____

맞은 개수 _____

★ 请选出正确答案。

┤ 실전 트레이닝 1 ├

1. 这道数学题真是太难了。我已经用很多种方法试过好几次，但还是找不出答案，我打算再试几次，要是也找不出答案就去找教授。

   ★ 他打算怎么办?

   A 准备考试　　　B 推迟几天　　　C 马上放弃　　　D 继续尝试

2. 小王是个很粗心的人，他经常忘记要做什么。昨天他说要去机场接妈妈，我就陪他一起去。在那儿等了两个小时，然而小王的妈妈在哪里呢? 她在火车站等我们呢。

   ★ 小王的妈妈是坐什么来的?

   A 火车　　　　B 飞机　　　　C 出租车　　　D 公共汽车

3. 我的爸爸戴着一副眼镜，这给他的生活带来了不少麻烦。所以他常常提醒我要保护好自己的眼睛。他说眼睛是心灵的一扇窗户，窗户坏了，就很难修好。

   ★ 爸爸提醒我：

   A 戴眼镜　　　B 擦窗户　　　C 保护眼睛　　　D 修好窗户

4. 现在，肥胖儿童越来越多。一是吃太多高热量的食物；二是孩子们学习压力很大，每天坐着学习，缺少运动。肥胖是一种疾病，因此我们要重视这个问题，要找出合适的解决方法。

   ★ 这段话主要说：

   A 高热量食物　　B 运动的作用　　C 儿童学习压力　　D 儿童肥胖问题

정답 및 해설_ 해설집 96쪽

★ 请选出正确答案。

── **실전 트레이닝 2** ──

1. 国家严格禁止酒后开车，但是竟然还有很多人喝酒开车。我们一定要记住，酒后开车不但是对自己的生命不负责任，而且会影响他人的安全。

    ★ 根据这段话，我们可以知道:

    A 小心开车   B 开慢点儿   C 小心停车   D 酒后不能开车

2. 刚学汉语的时候，因为我的发音不太好，所以大家都听不懂我说的话。但我坚持学习了五年，我的发音现在很好。语言还是要多听、多说、多练，还需要长时间积累，这样才能进步。

    ★ 学习语言，应该:

    A 慢慢积累   B 要说清楚   C 多背单词   D 要练习发音

3. 老李很诚实，性格也好，为人友好，所以很多人都喜欢他。如果他需要帮助，他的朋友们肯定都愿意来帮他的忙，就像他平时帮助朋友们一样。

    ★ 根据这段话，可以知道老李:

    A 性格很活泼   B 人际关系好   C 成绩很优秀   D 工作很认真

4. 大部分家长希望自己的孩子成绩优秀、懂礼貌。想让孩子成为这样的人，教育孩子时，父母先要从自己做起，如果连自己都做不到，就没有资格要求孩子这样做了。

    ★ 根据这段话，可以知道父母应该:

    A 降低标准   B 自己先做好   C 让孩子决定   D 让孩子努力做

정답 및 해설_ 해설집 98쪽

★ **请选出正确答案。**

┤ **실전 트레이닝 3** ├

1. 每个人都会有一些坏毛病，知道不对，却总是改不掉。我也有一个坏毛病，那就是抽烟。其实我也很想改掉这个坏习惯，但时间长了，已经成为习惯性动作了。所以发现不对要及时改正，否则就很难改了。

    ★ 知道不对，应该：

    A 少抽烟　　　**B** 马上改正　　　**C** 养成好习惯　　　**D** 向别人学习

2. 亲爱的乘客朋友们，前面是加油站，我们需要给车加油，估计大概要十五分钟，麻烦各位等一下。如果您觉得无聊，可以看看杂志，杂志就在您右边的座位上，谢谢。

    ★ 说话人可能是谁？

    A 演员　　　　**B** 教授　　　　**C** 司机　　　　**D** 厨师

3-4.

　　住在城市和农村有很大区别。城市与农村相比，生活会更热闹，交通方便，购物方便，人们的收入也比较高。但是城市没有农村那么轻松，而且住在农村，亲戚朋友们一般都住在周围，如果你有什么困难，他们就会及时帮你解决。住在农村，你可以呼吸到清新的空气，也能享受到美丽的风景，一切都对身心健康有好处。

    ★ 根据短文，我们可以知道城市：

    A 收入很低　　**B** 生活不热闹　　**C** 交通不方便　　**D** 空气不太好

    ★ 住在农村会：

    A 健康　　　　**B** 方便　　　　**C** 热闹　　　　**D** 困难

정답 및 해설_ 해설집 100쪽

10 문제 파악[2]

★ 독해 **제3부분**은 **질문의 유형과 종류를 파악**하고 지문에서 **핵심 어휘**를 찾아낼 수 있느냐 없느냐가 관건이다.

★ 지문이 다소 길기 때문에 주어진 시간 내에 문제를 다 풀 수 없다고 판단되는 경우 문장에서 **주어, 술어, 목적어**만 골라내어 **해석**하는 것도 방법이 될 수 있다.

1 옳고 그름 판단

아래는 옳고 그름의 판단을 요구하는 질문 유형이다.

- 根据这段话，下列哪项是对的？
  이 단문을 근거로, 아래 항목에서 맞는 것은?

- 根据这段话，下列哪项是不对的？
  이 단문을 근거로, 아래 항목에서 틀린 것은?

- 根据这段话，下列哪项是正确的？
  이 단문을 근거로, 아래 항목에서 정확한 것은?

- 根据这段话，下列哪项是不正确的？
  이 단문을 근거로, 아래 항목에서 정확하지 않은 것은?

단어 正确 zhèngquè 형 정확하다

공략 트레이닝 1

> 在中国的西南部，有一个神奇的地方，那就是云南。云南是一个很有名的旅游胜地，不仅风景美丽，而且有独特的文化环境，吸引了许多中外游客前来旅游。
>
> ★ 对云南的说明中，下列哪项是正确的？
>
> A 游客不多　　　B 风景漂亮　　　C 历史很长　　　D 位于东南部

문제 분석▼ 정확한 것을 묻는 문제이기 때문에 먼저 보기를 확인하고 보기와 일치하는 내용을 찾는 것이 바람직하다. 不仅风景美丽(풍경이 아름다울 뿐만 아니라)라는 문장을 통해 윈난은 풍경이 아름다운 곳임을 알 수 있다.

在中国的西南部，有一个神奇的地方，那就是云南。云南是一个很有名的旅游胜地，<u>不仅风景美丽</u>，而且有独特的文化环境，吸引了许多中外游客前来旅游。	중국의 서남부에는 신기한 곳이 하나 있는데, 그곳은 바로 윈난이다. 윈난은 아주 유명한 여행 명소로, 풍경이 아름다울 뿐만 아니라 독특한 문화 환경을 갖추고 있어, 수많은 중국 여행객들과 외국 여행객들이 여행을 오도록 매료시킨다.
★ 对云南的说明中，下列哪项是正确的？	★ 윈난에 대한 설명 중, 아래에서 정확한 것은?
A 游客不多	A 여행객이 많지 않다
B 风景漂亮	**B 풍경이 아름답다**
C 历史很长	C 역사가 길다
D 位于东南部	D 동남부에 위치한다

神奇 shénqí 혭 신기하다 | 地方 dìfang 몝 곳, 장소 | ★有名 yǒumíng 혭 유명하다 | 旅游胜地 lǚyóu shèngdì 몝 여행 명소 | 风景 fēngjǐng 몝 풍경 | 美丽 měilì 혭 아름답다 | 独特 dútè 혭 독특하다 | 文化 wénhuà 몝 문화 | ★环境 huánjìng 몝 환경 | ★吸引 xīyǐn 툉 매료시키다 | 游客 yóukè 몝 여행객 | ★旅游 lǚyóu 툉 여행하다 | 位于 wèiyú 툉 ～에 위치하다

독해 제3부문

아래는 정보 획득을 요구하는 질문 유형이다.

· 这段话主要谈什么?
   이 단문이 주요하게 이야기하는 것은?

· 根据这段话，我们可以知道什么?
   이 단문을 근거로, 우리가 알 수 있는 것은?

· 这段话主要想告诉我们：
   이 단문이 우리에게 주요하게 알려주고 싶은 것은:

공략 트레이닝 2

使用塑料袋很方便，但它容易污染环境。而且塑料袋与食品接触后，对身体不利。因此有些国家规定，在超市购物不再提供免费的塑料袋。

★ 这段话主要谈：

A 身体健康　　　B 环境污染　　　C 塑料袋的好处　 D 塑料袋的坏处

해설 및 정답

문제 분석▼ 主要谈(주요하게 말하는 것)은 일반적으로 문장의 서론이나 결론 부분에 제시된다. 서론에서 使用塑料袋很方便, 但(비닐봉지 사용은 매우 편리하다. 하지만)이라는 내용을 통해 비닐봉지의 장점을 제시한 뒤, 접속사 但(하지만)을 사용하여 뒤에 단점을 서술했다. 중국 문장은 강조하고자 하는 내용을 뒤에 위치시키기 때문에 但 뒤에 제시된 단점들이 주요 내용이다.

使用塑料袋很方便，但它容易污染环境。而且塑料袋与食品接触后，对身体不利。因此有些国家规定，在超市购物不再提供免费的塑料袋。	비닐봉지 사용은 매우 편리하다. 하지만 환경을 쉽게 오염시킨다. 게다가 비닐봉지와 식품이 접촉하게 되면 몸에 좋지 않다. 따라서 일부 국가에서는 마트에서 물건을 구입할 때 더는 무료 비닐봉지를 제공하지 않도록 규정했다.
★ 这段话主要谈：	★ 이 단문이 주요하게 말하고 있는 것은:
A 身体健康　　B 环境污染 C 塑料袋的好处　**D 塑料袋的坏处**	A 신체 건강　　　B 환경 오염 C 비닐봉지의 장점　**D 비닐봉지의 단점**

단어 ★使用 shǐyòng 동 사용하다 | 塑料袋 sùliàodài 명 비닐봉지 | ★方便 fāngbiàn 형 편리하다 | 容易 róngyì 형 쉽다 | 污染 wūrǎn 동 오염시키다 | ★环境 huánjìng 명 환경 | 食品 shípǐn 명 식품 | 接触 jiēchù 동 접촉하다 | 国家 guójiā 명 국가 | 规定 guīdìng 명동 규정(하다) | 超市 chāoshì 명 마트 | 购物 gòuwù 동 물품을 구입하다 | 提供 tígōng 동 제공하다 | ★免费 miǎnfèi 동 무료로 하다

③ 핵심 어휘 파악

아래는 질문에서 핵심 어휘를 파악할 수 있는 문제 유형이다.

- 根据这段话，智能手机：
  이 단문을 근거로, 스마트폰은:

- 这段话主要谈结婚的：
  이 단문은 결혼의 무엇을 주요하게 이야기하고 있는가:

 트레이닝 3

> 今天是熊猫的生日。老虎、小狗和猴子都来参加它的生日晚会。它们一起吃蛋糕、唱歌、跳舞，玩儿得很高兴。送礼物的时候，小狗问熊猫有什么愿望。它说："我一直想拍一张彩色照片。"
>
> ★ 根据这段话，我们可以知道熊猫：
>
> A 喜欢唱歌　　　B 想要照相机　　C 有彩色照片　　D 愿望很难实现

해설 및 정답 **문제 분석▼** 핵심 어휘가 문제에 제시되어 있지만 전체 내용을 파악해야 정답을 찾을 수 있는 난이도가 높은 문제이다. 마지막 문장을 통해 판다의 소원이 이루어지기는 어려울 것임을 알 수 있다.

今天是熊猫的生日。老虎、小狗和猴子都来参加它的生日晚会。它们一起吃蛋糕、唱歌、跳舞，玩儿得很高兴。送礼物的时候，小狗问熊猫有什么愿望。它说："我一直想拍一张彩色照片。"	오늘은 판다의 생일이다. 호랑이, 강아지와 원숭이 모두 그의 생일 파티에 참석했다. 그들은 함께 케이크를 먹고, 노래를 부르고, 춤을 추고, 아주 신나게 놀았다. 선물을 줄 때, 강아지가 판다에게 무슨 소원이 있는지를 물었다. 그는 말했다. "나는 줄곧 컬러 사진을 찍고 싶었어."
★ 根据这段话，我们可以知道熊猫：	★ 이 단문을 근거로, 우리가 판다에 대해 알 수 있는 것은:
A 喜欢唱歌 B 想要照相机 C 有彩色照片 **D 愿望很难实现**	A 노래하는 것을 좋아한다 B 사진기가 갖고 싶다 C 컬러 사진이 있다 **D 소원을 이루기 어렵다**

단어 熊猫 xióngmāo 몡 판다 ｜ 老虎 lǎohǔ 몡 호랑이 ｜ 小狗 xiǎogǒu 몡 강아지 ｜ 猴子 hóuzi 몡 원숭이 ｜ ★参加 cānjiā 동 참석하다 ｜ 晚会 wǎnhuì 몡 이브닝 파티 ｜ 蛋糕 dàngāo 몡 케이크 ｜ ★礼物 lǐwù 몡 선물 ｜ 愿望 yuànwàng 몡 소원 ｜ 拍 pāi 동 (사진을) 찍다, 촬영하다 ｜ 彩色照片 cǎisè zhàopiàn 몡 컬러 사진

좋다	☐☐ 好 hǎo	☐☐ 不错 búcuò	
나쁘다	☐☐ 不好 bù hǎo	☐☐ 差 chà	
좋아하다	☐☐ 喜欢 xǐhuan	☐☐ 看中 kànzhòng	
싫어하다	☐☐ 讨厌 tǎoyàn	☐☐ 嫌 xián	
장점	☐☐ 好处 hǎochù	☐☐ 优点 yōudiǎn	
단점	☐☐ 坏处 huàichù	☐☐ 缺点 quēdiǎn	
대단하다	☐☐ 了不起 liǎobuqǐ	☐☐ 厉害 lìhai	
뛰어나다	☐☐ 出色 chūsè	☐☐ 优秀 yōuxiù	
많다	☐☐ 很多 hěn duō	☐☐ 许多 xǔduō	
	☐☐ 不少 bù shǎo	☐☐ 有的是 yǒudeshì	
어쩔 수 없이	☐☐ 只好 zhǐhǎo	☐☐ 不得不 bùdébù	
별로 좋지 않다	☐☐ 不太好 bú tài hǎo	☐☐ 不怎么样 bù zěnmeyàng	
	☐☐ 马马虎虎 mǎmǎhūhū		
갈수록	☐☐ 越来越 yuèláiyuè	☐☐ 一天比一天 yì tiān bǐ yì tiān	
시작하다	☐☐ 开始 kāishǐ	☐☐ 动手 dòngshǒu	
자주	☐☐ 常常 chángcháng	☐☐ 经常 jīngcháng	
	☐☐ 往往 wǎngwǎng		
계획하다	☐☐ 计划 jìhuà	☐☐ 打算 dǎsuan	
근처	☐☐ 附近 fùjìn	☐☐ 周围 zhōuwéi	
수입	☐☐ 收入 shōurù	☐☐ 工资 gōngzī	
거짓말을 하다	☐☐ 说谎 shuōhuǎng	☐☐ 说假话 shuō jiǎhuà	
	☐☐ 骗人 piàn rén	☐☐ 说话不算数 shuōhuà bú suànshù	
밤을 새다	☐☐ 熬夜 áoyè	☐☐ 开夜车 kāi yèchē	
공부하다	☐☐ 学习 xuéxí	☐☐ 读书 dúshū	

★ 请选出正确答案。

실전 트레이닝 1

1. 参加面试时，穿着当然是非常重要的。穿西装最为安全。在颜色选择方面，最好穿深色的西装，深色能给人一种成熟的感觉。

   ★ 面试时，最好穿：

   A 运动衣　　　B 白色西装　　　C 黄色西装　　　D 黑色西装

2. 随着科学技术的不断发展，我们可以解决很多问题了。但仍然还有一些无法明白的、解决不了的问题。比如，我们为什么做梦、我们死后会发生什么等等。

   ★ 根据这段话，可以知道科学不能：

   A 改变生活　　　B 找到答案　　　C 告诉秘密　　　D 解决所有问题

3. 讨论在学习中能起到非常积极的作用，这比只听老师讲课好得多。然而，讨论需要学生先有自己的看法，还需要与别人进行交流的能力。在交流的过程中，学生可以发现问题，并可以找出解决问题的方法。

   ★ 讨论需要什么？

   A 提高成绩　　　B 仔细观察　　　C 自己的看法　　　D 集中注意力

4. 今天上午面试的时候，张勇给我们公司留下了非常好的印象：有能力、有礼貌、很幽默、性格好、很有自信、非常乐观。我们几乎没有发现他的缺点。

   ★ 根据这段话，可以知道张勇：

   A 长得帅　　　B 没有自信　　　C 非常优秀　　　D 没有缺点

★ **请选出正确答案。**

| **실전 트레이닝 2** |

1-2.

　　开车时，大家应该注意：首先，要把握好方向，要知道自己往哪儿走，才不会迷路；其次，一定要系好安全带，无论如何安全是最重要的；最后，要注意速度，最好要慢慢开，如果开得太快，可能会发生危险情况。

★ 开车时，第一个要注意的是：

A 方向　　　　　B 速度　　　　　C 安全　　　　　D 事故

★ 根据短文，下列哪项正确？

A 开车时不能抽烟　　　　　B 开车时不可紧张

C 开车时不能打电话　　　　D 开车时要系安全带

3-4.

　　我一直认为钱不应该是人生的目的。所以我从来没有因为钱而担心。在我看来，其实幸福很简单。无论是富人还是穷人，只要能做自己想做的事情，能吃自己想吃的东西，能去自己想去的地方，那就很幸福。

★ 他觉得：

A 穷人很多　　　　　　　　B 钱不重要

C 幸福不容易　　　　　　　D 吃饭就幸福

★ 根据短文，下列哪项不正确？

A 幸福很简单　　　　　　　B 钱多钱少不重要

C 钱是人生的目的　　　　　D 富人穷人都能幸福

정답 및 해설_ 해설집 105쪽

★ 请选出正确答案。

│ 실전 트레이닝 3 │

1-2.

以前的我是很羡慕导游的。因为当时我觉得导游可以一边旅行一边赚钱。后来，我准备导游考试时才知道当导游并不轻松。首先，导游需要了解景点的文化历史、起源等等。而且介绍景点时，要想办法引起游客的兴趣。其次，旅行中会出现意想不到的问题，导游还要具有解决问题的能力。

★ 以前他羡慕导游是因为：

A 会吸引游客的兴趣　　　　　　B 具有解决问题的能力
C 能学习景点的文化历史　　　　D 可以一边旅行一边赚钱

★ 根据短文，下列哪项正确？

A 导游的工资都很高　　　　　　B 导游对历史感兴趣
C 导游工作并不轻松　　　　　　D 导游对游客很亲切

3-4.

动物园常常提醒游客不要随便给动物吃的。由于人在吃东西前可以判断选择，因此知道什么东西该吃，什么东西不该吃。然而大部分动物没有这个能力。如果它们吃了不该吃的东西，例如，小狗吃巧克力，小狗有可能会生病，甚至还会有生命危险。

★ 动物园提醒游客不要做什么？

A 打扰动物　　B 乱扔垃圾　　C 保护动物　　D 给动物吃的

★ 很多动物没有什么能力？

A 适应新环境　　　　　　　　　B 让自己放松
C 判断什么能吃　　　　　　　　D 寻找食物和同伴

학습일 ____ / ____

맞은 개수 _____

第一部分 ★ 第1-3题：选词填空。

| A 讨论 | B 作者 | C 环境 | D 坚持 | E 态度 | F 估计 |

例如：她每天都（ D ）走路上下班，所以身体一直很不错。

1. 这本小说的（　　　）是谁？文章写得非常好。

2. 幽默是一种积极的生活（　　　），幽默的人知道怎么享受生活。

3. 大家先看看桌子上的材料，等张老师到了，我们就开始（　　　）。

★ 第4-7题：选词填空。

| A 完成 | B 恐怕 | C 温度 | D 竞争 | E 爱好 | F 厉害 |

例如：A：今天真冷啊，好像白天最高（ C ）才2℃。

B：刚才电视里说明天更冷。

4. A：这两家公司的（　　　）非常激烈。

B：这是一件好事，有对手才能进步。

5. A：我们一定会按时（　　　）任务，绝对不会让您失望的。

B：好！我相信你们。

6. **A:** 他的英语说得很流利，真让人羡慕。

　　B: 他是在美国出生的，英语说得（　　　），那是当然的。

7. **A:** 对不起，今天的约会（　　　）要取消了，我可能要加班。

　　B: 没关系，工作怎么那么忙，你好好儿照顾自己，别累坏了。

第二部分　★ 第8-14题：排列顺序。

8. **A:** 结果并不是重要的

　　B: 最重要的是你要从过程中得到锻炼和提高

　　C: 这才是值得追求的目的　　　　　　　　＿＿＿＿＿＿＿＿＿＿

9. **A:** 越来越普遍

　　B: 它已成了我们生活的必需品

　　C: 随着科技的发展，手机的使用　　　　＿＿＿＿＿＿＿＿＿＿

10. **A:** 例如，打电话、收发电子邮件等等

　　B: 以前人们一般用写信来交流

　　C: 但现在沟通的方式越来越多了　　　　＿＿＿＿＿＿＿＿＿＿

11. **A:** 中国的传统节日很多

　　B: 其中春节是中国最大的节日

　　C: 那天很多人回家乡和家人一起过年　　＿＿＿＿＿＿＿＿＿＿

12. A: 所有人都不知道怎么办时

      B: 顺利地解决好了这道难题

      C: 他想出了一个好办法　　　　　_____

13. A: 因此没有什么共同话题

      B: 虽然我们在同一个公司工作

      C: 但我们的业务完全不同　　　　　_____

14. A: 邀请了很多名人

      B: 其中还有我喜欢的作家呢

      C: 听说明天学校进行的活动　　　　　_____

第三部分　★ 第15-20题：请选出正确答案。

15. 大家都辛苦了。如果没有大家的帮助，这次活动就不能这么顺利进行，谢谢大家的支持和努力。来，咱们一起干一杯！

    ★ 说话人在：

  A 表演　　　　　B 表示感谢　　　　　C 举行活动　　　　　D 帮助别人

16. 心情不好的时候，我就去找朋友聊天，或者跟朋友一起散散步、逛逛街，这样就感觉心情好多了。妹妹正好和我相反，她心情不好就自己一个人安静地待着，不喜欢别人打扰自己。

    ★ 妹妹心情不好会怎么样？

  A 找朋友聊天　　　B 跟朋友散步　　　C 跟朋友逛街　　　D 安静地待着

17. 现在很多年轻人经常换工作。他们对现在的工作不满意，认为新的工作会更好。但是这样不停地换工作不一定是最好的选择，在一家公司坚持做到最好也许是更聪明的选择。

★ 很多年轻人经常换工作是因为：

A 非常聪明　　　　　　　　　　**B** 相信新工作更好
C 觉得工作没意思　　　　　　　**D** 坚持不一定胜利

18. 我对自己现在的专业很满意。因为我对历史和文化很感兴趣。而且我很喜欢和别人交流。所以我觉得这个专业真的很适合我。

★ 根据这段话，他可能是什么样的人？

A 性格活泼　　　**B** 喜欢语言　　　**C** 朋友不多　　　**D** 让人讨厌

19-20.

这个星期我很忙，事情特别多。数学课的老师和英语课的老师都给了我很多作业，而且还要组织我们班同学们去外地旅行。作文课的老师还让我写一篇关于中国文化的文章。这周五还要参加乒乓球比赛。有这么多事情要做，我都不知道怎么安排时间才好。

★ 这周他要：

A 好好儿休息　　　**B** 做历史作业　　　**C** 去外地旅行　　　**D** 参加足球比赛

★ 说话人为什么不知道怎么安排时间？

A 不太聪明　　　　**B** 不想安排　　　　**C** 事情太多　　　　**D** 家里有事

쓰기

书写

제1부분

최신 기출 문제 분석

출제 비율

난이도 ★★★★☆

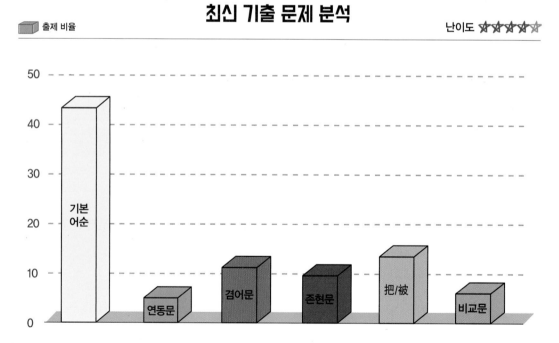

新HSK 4급 쓰기 제1부분은 학습자들이 중국어의 기본 어순을 정확히 파악하고 있는지를 확인하는 데 중점을 두고 있다. 따라서 해석이 아닌 어법을 근거로 주어진 어휘들을 배열해야 한다.

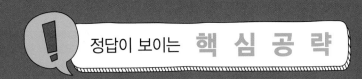

핵심1 **기본 어순 파악은 기본 중에 기본!**

중국어는 어순이 '**주어+술어+목적어**'라는 것은 다 알고 있지만 막상 문제를 풀거나 작문을
한 내용을 보면 '주어+목적어+술어' 순으로 배열하는 학생이 상당히 많다. '公司提供晚饭'과
같은 구조에 맞는 문장들을 외워서 기본 어순을 파악하자.

핵심2 **관형어와 구조조사 "的"**

구조조사 的는 관형어와 주어, 관형어와 목적어를 연결하는 접착제 같은 역할을 한다.

관형어 ＋ **的** ＋ 주어/목적어

핵심3 **부사어의 위치**

부사어는 문장 내용의 상황을 구체적으로 설명해 주는 역할을 담당하는 문장 성분으로 주어
와 술어 사이에 위치한다.

주어 ＋ 부사어 ＋ 술어 ＋ 목적어

핵심4 **보어의 위치**

보어는 술어를 보충 설명하는 역할을 하기 때문에 언제나 술어 뒤를 따라다닌다.

주어 ＋ 술어 ＋ 보어 ＋ 목적어

핵심5 **중국어의 큰 틀**

중국어는 '**주어, 술어, 목적어, 관형어, 부사어, 보어**' 이렇게 총 6가지의 문장 성분을 가지고 있
다. 문장 성분들의 순서를 잘 숙지하고 그 틀을 벗어나지만 않는다면 60점이나 되는 배열 문
제의 점수는 확실히 받을 수 있다.

◆ 중국어의 기본 어순 ◆

관형어 ＋ 주어 ＋ 부사어 ＋ 술어 ＋ 보어 ＋ 관형어 ＋ 목적어

① 중국어의 기본 어순

① 기본 어순

중국어를 공부하다 보면 한자 때문에 어려움을 겪는 학습자들이 많다. 하지만 중국어는 글자가 어려운 대신 어법이 상당히 간단하기 때문에 오히려 습득하기 쉬운 언어에 속한다고 할 수 있다. 중국어에는 주어, 술어, 목적어, 관형어, 부사어, 보어 총 6가지 문장 성분이 있는데, 이 문장 성분들의 순서만 잘 숙지한다면 쓰기 제1부분은 비교적 쉽게 풀 수 있다.

1. **주어**는 문장의 주인공을 말하며, **술어**는 주인공의 행동이나 상태를 서술한다. **목적어**는 행동의 대상을 가리킨다.

주어 ＋ 술어 ＋ 목적어

爸爸　做　菜。아빠는 음식을 한다.
주어　술어　목적어

2. **관형어**는 주어와 목적어를 수식한다.

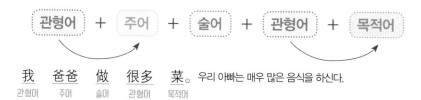

관형어 ＋ 주어 ＋ 술어 ＋ 관형어 ＋ 목적어

我　爸爸　做　很多　菜。우리 아빠는 매우 많은 음식을 하신다.
관형어　주어　술어　관형어　목적어

3. **부사어**는 문장 내용의 상황을 구체적으로 설명한다.

주어 + 부사어 + 술어 + 목적어

爸爸　不想在这儿　做　菜。 아빠는 여기에서 음식을 하고 싶지 않다.
_{주어}　_{부사어}　_{술어}　_{목적어}

4. **보어**는 동작을 보충 설명하는 역할을 담당한다.

주어 + 술어 + 보어 + 목적어

爸爸　做　好了　菜。 아빠는 음식을 다(잘) 하셨다.
_{주어}　_{술어}　_{보어}　_{목적어}

✦✦ 6대 문장 성분의 기본 어순 ✦ 필수체크

관형어 + 주어 + 부사어 + 술어 + 보어 + 관형어 + 목적어

我的　妈妈　想　整理　好　箱子里的　衣服。
_{관형어}　_{주어}　_{부사어}　_{술어}　_{보어}　_{관형어}　_{목적어}
나의 엄마는 상자 안에 옷을 잘 정리하고 싶어 하신다.

공략 트레이닝 1

意见	妈妈	张老师的	想	听听

해설 및 정답　**문제 분석▼** 주어나 목적어 역할은 대체로 명사가 담당한다. 따라서 어떤 명사가 주어이고, 어떤 명사가 목적어인지는 술어를 먼저 찾아 판단해야 한다. 구조조사 的 뒤에는 명사만 올 수 있다.

Step 1. 주어+술어+목적어 　　　妈妈+听听+意见

Step 2. 的+명사 　　　　　　　张老师的+意见

Step 3. 주어+부사어+술어+목적어 　妈妈+想+听听+张老师的意见

정답 妈妈想听听张老师的意见。 엄마는 장 선생님의 의견을 듣고 싶어 하신다.

단어 想 xiǎng [조동] ~하고 싶다 | ★意见 yìjiàn [명] 의견

2 문장을 강조해 주는 是…的 구문

是…的 구문이란 구문 자체를 강조해 주는 특수구문으로 문장의 의미에는 크게 영향을 미치지 않는다. 쓰기 제1부분에서 분명 동작을 의미하는 동사가 있는데도 是와 的가 보인다면 是…的 구문일 확률이 높다.

1. 是…的 구문은 과거만 강조한다.

我是明天来的。(X)
我是昨天来的。(O) 나는 어제 왔다.

2. 是…的 구문은 시간, 장소, 방식, 대상, 목적 등을 강조한다.

시간	我是上个月开始运动的。 나는 지난달에 운동을 시작했다.
장소	他是在办公室写报告的。 그는 사무실에서 보고서를 썼다.
방식	我是用汉语上课的。 나는 중국어로 수업을 한다.
대상	他是喜欢你的。 그는 너를 좋아한다.
목적	我是为了找工作才去北京的。 나는 직장을 찾기 위해서 베이징에 갔다.

3. 부정문은 不是를 사용한다. 긍정문에서는 是를 생략할 수 있지만, 부정문에서는 생략할 수 없다.

我(是)坐火车来的。 나는 기차를 타고 왔다.
我不是坐火车来的。 나는 기차를 타고 온 것이 아니다.

공략 트레이닝 2

学习	在什么地方	英语的	那位先生	是

해설 및 정답 **문제 분석▼** 동작을 의미하는 学习(공부하다)가 있음에도 동사 是가 제시되어 있고 的 역시 목적어 뒤에 위치하고 있으므로 是…的 구문이다.

Step 1. 개사구＋동사	在什么地方＋学习
Step 2. 주어＋개사구＋동사	那位先生＋在什么地方＋学习
Step 3. 주어＋是＋목적어＋的	那位先生＋是＋在什么地方学习英语＋的

(정답) 那位先生是在什么地方学习英语的? 저 신사분은 어디에서 영어를 배우신 건가요?

(단어) 位 wèi 양 분[사람을 존칭하여 세는 단위] | 先生 xiānsheng 명 선생, 씨[남자를 존칭하여 부르는 호칭] | 地方 dìfang 명 장소, 곳

3 명사만 주어와 목적어가 되는 것은 아니다

주어나 목적어가 무조건 명사로만 구성되어 있다면 좋겠지만 언어란 그렇게 단순하지 않다. 문장 자체가 주어나 목적어가 되기도 하는데 문장으로 구성된 주어는 **주절**이라고 하고, 문장으로 구성된 목적어는 **목적절**이라고 한다.

读这本书有帮助吗? 이 책을 읽으면 도움이 되나요?
　　주절

看电影很有意思。 영화 보는 것은 매우 재미있다.
　　주절

我喜欢学习汉语。 나는 중국어 배우는 것을 좋아한다.
　　　　목적절

你觉得这本书怎么样? 너는 이 책이 어떻다고 생각하니?
　　　　목적절

공략 트레이닝 3

| 打算 | 赵经理 | 开始 | 书法 | 学习 |

(해설 및 정답) **문제 분석▼** 打算(~할 예정이다)는 항상 목적절을 갖는 동사이며, 开始(시작하다)는 동사지만 뒤에 명사가 아닌 동사를 목적어로 취한다.

Step 1. 주어＋술어	赵经理＋打算
Step 2. 开始＋동사	开始＋学习
Step 3. 주어＋술어＋목적절	赵经理＋打算＋开始学习书法

(정답) 赵经理打算开始学习书法。 조 사장님은 서예를 배우기 시작할 예정이다.

(단어) 赵 Zhào 고유 조[성씨] | 经理 jīnglǐ 명 사장, 매니저 | ★打算 dǎsuan 동 ~할 예정이다, 계획하다 | 开始 kāishǐ 동 시작하다 | 书法 shūfǎ 명 서예

빈출 기출 문장 BEST 10_기본 어순

 1 王校长会相信你们俩的话吗?

王校长	会	相信	你们俩的	话	吗?
왕 교장	~일 것이다	믿다	너희 둘의	말	~까?
주어	부사어	술어	관형어	목적어	어기조사

문장 연습 왕 교장이 너희 둘의 말을 믿을까?

校长 xiàozhǎng 몡 교장 | ★相信 xiāngxìn 통 믿다

 2 他已经把我的词典拿走了。

他	已经把我的词典	拿	走了。
그	이미 나의 사전을	가지다	갔다
주어	부사어	술어	보어(기타성분)

문장 연습 그는 이미 나의 사전을 가져갔다.

把 bǎ 개 ~을 | 词典 cídiǎn 몡 사전 | 拿走 názǒu 통 가져가다

 3 这场比赛踢得特别精彩。

这场	比赛	踢得	特别精彩。
이번	경기	차다	특히 멋지다
관형어	주어	술어	보어

문장 연습 이 경기는 특히 멋지다.

比赛 bǐsài 몡 경기 | 踢 tī 통 차다 | 特别 tèbié 閉 특히 | ★精彩 jīngcǎi 혱 근사하다, 멋지다

 4 班长开始给大家说明情况。

班长	开始	给大家说明情况。
반장	시작하다	모두에게 상황을 설명하다
주어	술어	목적절

문장 연습 반장이 모두에게 상황을 설명하기 시작했다.

班长 bānzhǎng 몡 반장 | 给 gěi 개 ~에게 | ★说明 shuōmíng 통 설명하다 | 情况 qíngkuàng 몡 상황

 5 办公室的墙上挂着一幅画。

办公室的	墙上	挂着	一幅	画。
사무실의	벽 위	걸려 있다	한 폭	그림
관형어	주어	술어	관형어	목적어

문장 연습 사무실 벽에 한 폭의 그림이 걸려 있다.

办公室 bàngōngshì 몡 사무실 | 墙 qiáng 몡 벽 | ★挂 guà 통 걸다 | 幅 fú 양 폭[옷감·종이·그림 등을 세는 단위] | 画 huà 몡 그림

6 我从小就想当一名律师。

我	从小就想	当	一名	律师。
나	어렸을 적부터 ~하고 싶었다	~이 되다	한 명	변호사
주어	부사어	술어	관형어	목적어

当 dāng 图 ~이 되다
| 律师 lǜshī 图 변호사

문장 연습　나는 어렸을 적부터 변호사가 되고 싶었다.

✎ _____

---

7 他的这份报告写得很乱。

他的这份	报告	写得	很乱。
그의 이	보고서	쓰다	매우 엉망이다
관형어	주어	술어	보어

份 fèn 図 부[문서를
세는 단위] | ★报告
bàogào 図 보고서 |
乱 luàn 휑 무질서하다,
어지럽다

문장 연습　그의 이 보고서는 매우 엉망으로 쓰였다.

✎ _____

---

8 这包饼干有点儿咸。

这包	饼干	有点儿	咸。
이	비스킷	조금	짜다
관형어	주어	부사어	술어

饼干 bǐnggān 図 비스
킷 | 有点儿 yǒudiǎnr
튄 조금 | 咸 xián 휑
짜다

문장 연습　이 비스킷은 조금 짜다.

✎ _____

---

9 这个消息让他们很感动。

这个	消息	让	他们	很	感动。
이	소식	~하게 하다	그들	매우	감동하다
관형어	주어	술어	목적어/주어	부사어	술어

★消息 xiāoxi 図 소식
| ★感动 gǎndòng 图
감동하다

문장 연습　이 소식은 그들은 매우 감동시켰다.

✎ _____

---

10 他只好为自己的错误道歉。

他	只好为自己的错误	道歉。
그	어쩔 수 없이 자신의 잘못 때문에	사과하다
주어	부사어	술어

只好 zhǐhǎo 튄 어쩔
수 없이 | 错误 cuòwù
図 잘못 | ★道歉
dàoqiàn 图 사과하다

문장 연습　그는 어쩔 수 없이 자신의 잘못 때문에 사과했다.

✎ _____

제한 시간 10분

실전에 강한 **문제 적응 훈련**

학습일 ____ / ____

맞은 개수 _____

★ 完成句子。

| 실전 트레이닝 1 |

1. 客厅右边　　　吧　　　把沙发　　　搬到　　　你们

2. 一切　　　我们　　　向他　　　已经　　　说明了

3. 袜子是　　　找到　　　在　　　的　　　你的房间里

4. 之间　　　他们　　　什么误会　　　到底有

5. 害怕　　　小孩子　　　去医院　　　邻居家的

정답 및 해설_ 해설집 119쪽

| 실전 트레이닝 2 |

1. 爸爸　　　打扰　　　你们　　　不要　　　最好

2. 快　　　我新买的　　　速度　　　笔记本电脑　　　非常

3. 很流利　　　英语　　　说　　　出租车司机的　　　得

4. 为　　　友谊　　　让我们　　　干杯　　　我们的

5. 你　　　这件事　　　由　　　负责　　　应该

정답 및 해설_ 해설집 121쪽

2 술어문의 종류

★ 중국어는 **하나의 품사**가 **다양한 역할**을 담당하기 때문에 **술어문** 역시 비교적 **다양**하다. 일반적인 술어 문에서는 대부분 **동사**나 **형용사**가 **술어** 역할을 담당한다.

★ 간혹 **명사**가 **술어** 역할을 담당하는 경우도 있으며, **주술술어문**과 같은 특이한 구조의 술어문도 출제되 므로 각 술어문의 특징을 파악하는 것이 중요하다.

1 동사술어문

동사는 중국어에서 가장 기본적이고 보편적으로 술어 역할을 담당하는 품사다. 목적어를 취할 수 있는 술어이기 때문에 주로 어떠한 목적어를 갖는지, 어떤 특징이 있는지 알아두자.

1. 동사는 일반적으로 명사나 대명사를 목적어로 취한다.

$$주어 \ + \ 동사 \ + \ 목적어(명사/대명사)$$

妈妈看照片。 엄마가 사진을 본다.
老师等你。 선생님이 널 기다린다.

🗨 단어 照片 zhàopiàn 몡 사진 ┃ 等 děng 동 기다리다

2. 일부 동사(开始, 准备, 进行, 决定 등)는 동사를 목적어로 취할 수 있다.

$$주어 \ + \ 동사 \ + \ 목적어(동사)$$

他开始学。 그는 배우기 시작했다.
我准备参加。 나는 참가할 준비를 한다.

🗨 단어 开始 kāishǐ 동 시작하다 ┃ 准备 zhǔnbèi 동 준비하다 ┃ ★参加 cānjiā 동 참가하다

3. 일부 동사(觉得, 认为, 以为, 估计 등)는 문장을 목적어로 취한다.

$$주어 \ + \ 동사 \ + \ 목적어(문장)$$

我觉得你今天很漂亮。 내가 느끼기에 너는 오늘 매우 예쁘다.

他以为你是我的女朋友。 그는 네가 내 여자친구인 줄 알았다.

> 단어 觉得 juéde 图 ~라고 생각하다 | 认为 rènwéi 图 ~라고 여기다 | 以为 yǐwéi 图 ~인 줄 알다 | ★估计 gūjì 图 짐작하다 | 漂亮 piàoliang 혱 예쁘다

---

4. 쌍빈동사(叫, 给, 教, 告诉 등)는 두 개의 목적어를 취한다.

$$\boxed{주어} + \boxed{동사} + \boxed{목적어1} + \boxed{목적어2}$$

他叫我美女。 그는 나를 미녀라고 부른다.

我告诉你一个秘密。 내가 너에게 한 가지 비밀을 알려주겠다.

> 단어 叫 jiào 图 부르다 | 给 gěi 图 주다 | 教 jiāo 图 가르치다 | 告诉 gàosu 图 알려주다 | 美女 měinǚ 몡 미녀 | 秘密 mìmì 몡 비밀

---

5. 동태조사는 동사 뒤에서 완료, 현재 지속, 과거를 설명하는 역할을 담당한다.

$$\boxed{동사} + \boxed{동태조사(了/着/过)}$$

他买了一台电脑。 그는 컴퓨터를 한 대 샀다. (了 → 완료)

奶奶正在看着电视呢。 할머니는 지금 TV를 보고 계신다. (着 → 현재)

我去过加拿大。 나는 캐나다에 가본 적이 있다. (过 → 과거)

> 단어 电脑 diànnǎo 몡 컴퓨터 | 奶奶 nǎinai 몡 할머니 | 电视 diànshì 몡 텔레비전 | 加拿大 Jiānádà 고유 캐나다

---

6. 동사가 중첩이 되면 잠시 시도하자는 제안의 의미를 갖게 된다. 동사 중첩은 어감 자체를 부드럽게 하는 역할도 담당하기 때문에 회화에서도 상당히 자주 사용된다.

1음절 동사

AA(잠시 ~하자)	你看看这件衣服。 너 이 옷 좀 봐봐.
A一A(잠시 ~하자)	你听一听我的话。 당신 내 말 좀 들어 봐.
A了A(잠시 ~했다)	他想了想却把它扔了。 그는 잠시 생각하더니 그것을 버렸다.

202 맛있는 중국어 新HSK 4급

2음절 **동사**

ABAB(잠시 ~하자)	你要休息休息。 너는 좀 쉬어야 한다.
AB了AB(잠시 ~했다)	我休息了休息，但还是很累。 나는 잠시 쉬었지만 여전히 매우 피곤하다.

<단어> 却 què 틧 오히려 | ★扔 rēng 통 버리다 | 休息 xiūxi 통 쉬다

공략 트레이닝 1

饮料	飞机上	提供	会	各种

해설 및 정답 **문제 분석▼** 동사는 提供(제공하다)뿐이기 때문에 提供이 문장의 술어를 담당한다.

Step 1. 주어+술어+목적어   飞机上+提供+饮料

Step 2. 형용사+명사   各种+饮料

Step 3. 주어+부사어+술어   飞机上+会+提供

정답 飞机上会提供各种饮料。 비행기에서는 각종 음료를 제공할 것이다.

<단어> ★提供 tígōng 통 제공하다 | 各种 gèzhǒng 형 각종의, 여러 가지 | 饮料 yǐnliào 명 음료

---

2 **형용사술어문** ✗ 필수체크

형용사술어문은 동사술어문과 함께 자주 출제되는 술어문으로 상태나 상황을 설명해 주는 형용사가 술어 역할을 담당한다. 출제 빈도가 높은 술어문이므로 형용사술어문의 특징을 자세히 파악한다.

1. 형용사가 술어 역할을 담당할 때는 대체로 정도부사의 수식을 받는다. 정도부사를 함께 사용하지 않는 경우 완성된 문장이라고 보기 어렵기 때문이다. 또한 형용사 술어는 목적어를 취하지 않는다.

주어 + 정도부사 + 형용사

爸爸很忙。 아빠는 매우 바쁘다. (완성된 문장)
爸爸忙， 아빠는 바쁜데, (미완성)

爸爸忙，但妈妈不忙。 아빠는 바쁜데, 엄마는 바쁘지 않다. (완성된 문장)

2. 상태를 부정할 때는 不, 변화를 부정할 때는 没를 사용한다.

她今天不漂亮。 그녀는 오늘 예쁘지 않다.
天还没亮。 날이 아직 밝지 않았다.

3. 형용사 중첩은 대체로 정도의 심화를 나타내며 술어 외에 부사어나 보어 등 다른 문장 성분을 담당하기도 한다.

1음절 **형용사**

AA	你慢慢来。 너 천천히 와.
AA儿	你好好儿学习。 너 공부 좀 잘(열심히) 해.

2음절 **형용사**

AABB	她总是漂漂亮亮的。 그녀는 언제나 매우 예쁘다.
	屋里整整齐齐的。 방 안이 매우 정돈되어 있다.

형용사 중첩은 그 자체가 이미 정도의 심화를 나타내기 때문에 정도부사의 수식을 받을 수 없으며 부정문에도 쓸 수 없다.

她很漂漂亮亮。(X)
他不漂漂亮亮。(X)

比较　　　他的　　　活泼　　　性格

해설 및 정답　**문제 분석▼** 정도부사는 일반적으로 형용사를 수식하며, 的는 명사와 짝꿍이다.

Step 1. 정도부사＋형용사　　　　　比较＋活泼

Step 2. 的＋명사　　　　　　　　他的＋性格

Step 3. 주어＋부사어＋술어　　　他的性格＋比较＋活泼

정답　他的性格比较活泼。 그의 성격은 비교적 활발하다.

단어　★性格 xìnggé 명 성격 | 比较 bǐjiào 부 비교적 | ★活泼 huópo 형 활발하다

---

3 명사술어문

명사술어문은 주로 날짜나 요일, 시간, 나이, 가격 등 수량에 관한 문장에 자주 사용되며 부정문은 만들 수 없다.

1. 명사술어문은 명사가 술어를 담당한다.

날짜	今天几号？ 오늘은 며칠이니?
요일	今天星期五。 오늘은 금요일이다.
시간	现在八点。 지금은 8시다.
나이	她今年二十岁。 그녀는 올해 스무 살이다.
가격	这件衣服一百块钱。 이 옷은 100위안이다.

2. 명사술어문은 부정문이 없다.

明天不10号。(X)
明天不是10号。(O) 내일은 10일이 아니다.

4 주술술어문

주술술어문은 주어와 술어가 결합된 구조가 술어 역할을 담당하는 특이한 술어문이다.

校长　身体　不好。 교장 선생님은 몸이 좋지 않다.
　↓　　주어　술어
　주어　　　술어

上海　夏天　很热。 상하이는 여름이 매우 덥다.
　↓　　주어　술어
　주어　　　술어

공략 트레이닝 3

非常　　历史书　　这本　　内容　　丰富

（해설 및 정답） **문제 분석▼** 형용사술어문 같지만 명사가 두 개로 주술술어문임을 알 수 있다. 정도부사는 일반적으로 형용사를 수식하며, 양사는 [양사+명사] 순서로 위치한다.

Step 1. 정도부사+형용사　　　　　　非常+丰富
Step 2. 양사+명사　　　　　　　　这本+历史书
Step 3. 주어+술어(주어+술어)　　　这本历史书+内容非常丰富

（정답） 这本历史书内容非常丰富。 이 역사서는 내용이 매우 풍부하다.

（단어） 历史 lìshǐ 몡 역사 | 内容 nèiróng 몡 내용 | ★丰富 fēngfù 휑 풍부하다

5 존재 표현 술어문_ 是, 有, 在

是, 有, 在는 각기 의미가 다르기 때문에 표현하는 문장 역시 제각각이지만 모두 존재를 나타낸다. 존재를 표현함에 있어 방위사의 위치가 다르기 때문에 주의가 필요하다.

*방위사란 방향을 의미하는 어휘 上边, 下边, 外边, 里边 등을 가리킨다.

주어(방위사) + 是 + 목적어

小王是前边。(X)
前边是小王。(O) 앞에는 샤오왕이다(샤오왕이 있다).
你旁边是谁? (O) 네 옆에는 누구니?

주어(방위사) + 有 + 관형어 + 목적어

一家商店有对面。(X)
对面有一家商店。(O) 맞은편에 상점이 하나 있다.
她的房间里有很多衣服。(O) 그녀의 방 안에는 많은 옷이 있다.

주어 + 在 + 목적어(방위사)

桌子上在钥匙。(X)
钥匙在桌子上。(O) 열쇠는 탁자 위에 있다.
他在你后边。(O) 그는 너의 뒤에 있다.

공략 트레이닝 4

| 笔记本 | 你的 | 抽屉里 | 在 |

해설 및 정답 | **문제 분석▼** 방위사는 在 뒤에 위치해야 하며, 的는 명사와 짝꿍이다.

Step 1. 在+방위사   在+抽屉里
Step 2. 的+명사   你的+笔记本
Step 3. 주어+술어+목적어   你的笔记本+在+抽屉里

정답 你的笔记本在抽屉里。 너의 노트는 서랍 안에 있다.

단어 笔记本 bǐjìběn 명 노트 | 抽屉 chōuti 명 서랍

1 他新买的笔记本电脑速度非常快。

그가 새로 산	노트북	속도가 매우 빠르다
他新买的	笔记本电脑	速度非常快。
관형어	주어	술어(주어+술어)

笔记本电脑 bǐjìběn diànnǎo 몡 노트북 | 速度 sùdù 몡 속도

문장 연습 그가 새로 산 노트북은 속도가 매우 빠르다.

✎ _____

2 下雨后天气很潮湿。

비가 온 후	날씨	매우	습하다
下雨后	天气	很	潮湿。
시간사구	주어	부사어	술어

潮湿 cháoshī 톈 습하다

문장 연습 비가 온 후에 날씨는 매우 습하다.

✎ _____

3 这家商店的商品质量都很不错。

이 상점의	상품 품질	모두 매우	좋다
这家商店的	商品质量	都很	不错。
관형어	주어	부사어	술어

商品 shāngpǐn 몡 상품 | ★质量 zhìliàng 몡 품질 | 不错 búcuò 톈 좋다

문장 연습 이 상점의 상품 품질은 모두 매우 좋다.

✎ _____

4 他是当代最受欢迎的演员。

그	~이다	당대에 가장 환영 받는	배우
他	是	当代最受欢迎的	演员。
주어	술어	관형어	목적어

当代 dāngdài 몡 당대 | 受欢迎 shòu huānyíng 환영을 받다, 인기 있다 | 演员 yǎnyuán 몡 배우

문장 연습 그는 당대에 가장 환영 받는 배우다.

✎ _____

5 老师肯定不会同意你的意见。

선생님	틀림없이 ~하지 않을 것이다	동의하다	너의	의견
老师	肯定不会	同意	你的	意见。
주어	부사어	술어	관형어	목적어

肯定 kěndìng 뮈 틀림없이 | ★同意 tóngyì 됨 동의하다 | ★意见 yìjiàn 몡 의견

문장 연습 선생님은 틀림없이 너의 의견에 동의하지 않으실 것이다.

✎ _____

6 保护环境是我们共同的责任。

환경 보호	~이다	우리 공동의	책임
保护环境	是	我们共同的	责任。
주절	술어	관형어	목적어

★保护 bǎohù 동 보
호하다 | 环境
huánjìng 명 환경 | 共
同 gòngtóng 형 공동
의 | 责任 zérèn 명
책임

문장 연습 환경 보호는 우리 공동의 책임이다.

✎ _____

7 飞往北京的航班马上就要起飞了。

베이징으로 비행하는	항공편	곧 ~할 것이다	이륙하다	
飞往北京的	航班	马上就要	起飞	了。
관형어	주어	부사어	술어	어기조사

★航班 hángbān 명
항공편 | 起飞 qǐfēi 동
이륙하다

문장 연습 베이징으로 비행하는 항공편이 곧 이륙한다.

✎ _____

8 她在外国生活过很长时间。

그녀	외국에서	생활하다	~한 적이 있다	오랜 시간
她	在外国	生活	过	很长时间。
주어	부사어	술어	동태조사	목적어

外国 wàiguó 명 외국
| 生活 shēnghuó
명동 생활(하다)

문장 연습 그녀는 외국에서 오랜 시간을 생활했었다.

✎ _____

9 你的钥匙在桌子上。

당신의	열쇠	~에 있다	탁자 위
你的	钥匙	在	桌子上。
관형어	주어	술어	목적어

★钥匙 yàoshi 명 열
쇠 | 桌子 zhuōzi 명
탁자

문장 연습 당신의 열쇠는 탁자 위에 있다.

✎ _____

10 你们公司的电话号码是多少?

너희 회사의	전화번호	~이다	얼마
你们公司的	电话号码	是	多少?
관형어	주어	술어	목적어

公司 gōngsī 명 회사 |
电话 diànhuà 명 전화
| 号码 hàomǎ 명 번호

문장 연습 너희 회사의 전화번호가 어떻게 되니?

✎ _____

실전에
강한
제한 시간
10분

문제 적응 훈련

학습일 ____ / ____

맞은 개수 _____

★ 完成句子。

┤ 실전 트레이닝 1 ├

1. 流行　　　在韩国　　　这首歌　　　很

2. 去美国　　　哥哥　　　明年　　　打算

3. 学校　　　想　　　参观　　　李教授　　　这所

4. 我的　　　是　　　梦想　　　一名演员　　　成为

5. 很　　　新闻　　　无聊　　　内容　　　今天的

정답 및 해설_ 해설집 123쪽

┤ 실전 트레이닝 2 ├

1. 正在　　　他　　　篮球比赛　　　准备　　　明天的

2. 别忘了　　　千万　　　密码　　　电脑的

3. 共同的　　　地球　　　我们　　　财产　　　是

4. 只　　　这家公司　　　有经验的　　　招聘　　　人

5. 是一个　　　她　　　性格　　　女孩子　　　很活泼的

정답 및 해설_ 해설집 126쪽

3 부사어의 어순

★ **부사어**는 문장의 **상황**을 구체적으로 정리하는 역할을 한다. **출제 빈도**가 **상당히 높은** 문장 성분이기 때문에 부사어의 위치와 순서를 정확하게 파악해야 한다.

★ 부사어의 순서는 [**부사+조동사+개사구**]이며, 부사어는 문장에서 [**주어+부사어**(부사+조동사+개사구)+**술어**] 형태로 위치한다.

1 부사어의 기본 구조

부사어는 [부사+조동사+~地+개사구] 순이며, 부사어의 위치는 [주어+부사어(부사+조동사+~地+개사구)+술어] 순이다.

1. **부사**는 술어의 범위나 시간, 정도 등을 수식한다.

주어 + 부사 + 술어

她原来漂亮。 그녀는 원래 예쁘다.
老师经常穿西服。 선생님은 자주 정장을 입는다.

2. **조동사**는 술어의 가능, 바람, 당위, 필요 등을 나타내는 동사이며 능원동사라고도 한다.

주어 + 조동사 + 술어

我想听听意见。 나는 의견을 좀 듣고 싶다.
你应该学习。 당신은 공부를 해야만 한다.

3. **개사구**는 시간이나 장소, 대상, 방향, 원인 등을 나타내는 성분으로 [개사+명사] 형식으로 구성되며 전치사구라고도 한다.

주어 + 개사구 + 술어

我在中国学习。 나는 중국에서 공부한다.

他对历史感兴趣。 그는 역사에 대해 흥미를 느낀다.

4. 형용사나 사자성어가 부사어 역할을 담당하기도 하는데, 주로 [형용사+地] 형식으로 쓰인다.

주어 + ～地 + 술어

他高兴地说。 그가 기뻐하며 말한다.
你一五一十地告诉我。 너는 낱낱이 나에게 알려줘.

단어 一五一十 yī wǔ yī shí 성 처음부터 끝까지, 낱낱이

★★ 부사어의 어순 종합 ✗✎ 필수체크

주어 + 부사어(부사+조동사+～地+개사구) + 술어

你　　一定　　要　　跟他　　说。 너는 반드시 그에게 말해야 한다.
주어　　부사　　조동사　개사+목적어　동사
　　　　　　　　　　　개사구

我　　不　　想　　寂寞地　　在家　　吃　　饭。 나는 외롭게 집에서 밥 먹고 싶지 않다.
주어　부사　조동사　형용사+地　개사+목적어　동사　목적어
　　　　　　　　　　　　　개사구

2 빈출 부사 ✗✎ 필수체크

*부사의 종류 126쪽 참고

还 hái	또, 아직	冰箱里还剩了五个鸡蛋。 냉장고 안에는 아직 계란이 다섯 개 남아 있다.
到底 dàodǐ	도대체	这些材料到底在哪儿找出来的? 이 자료들은 도대체 어디에서 찾아냈어?
经常 jīngcháng	자주	他们俩经常去公园散步。 그 둘은 자주 공원에 산책하러 간다.
大约 / 大概 dàyuē / dàgài	대략	从这儿到学校大概要两个小时。 여기에서 학교까지는 대략 두 시간이 필요하다.

并不 bìngbù	결코 ~하지 않다	他并不知道我多么难过。 그는 내가 얼마나 슬픈지 결코 알지 못한다.
肯定 kěndìng	틀림없이	你的方案肯定会得到大家的支持。 너의 방안은 틀림없이 모두의 지지를 받을 것이다.
突然 tūrán	갑자기	她突然哭起来了。 그녀가 갑자기 울기 시작했다.
不得不 / 只好 bùdébù / zhǐhǎo	할 수 없이	我不得不放弃这个学习汉语的好机会。 나는 할 수 없이 중국어를 배우는 이 좋은 기회를 포기했다.
稍微 shāowēi	약간	这件衣服的颜色稍微有点儿深。 이 옷의 색깔은 약간 좀 진하다.
有点儿 yǒudiǎnr	조금	小明做的菜总是有点儿咸。 샤오밍이 만든 음식은 항상 조금 짜다.

단어 冰箱 bīngxiāng 몡 냉장고 | 剩 shèng 통 남다 | 鸡蛋 jīdàn 몡 계란 | ★材料 cáiliào 몡 자료 | 散步 sànbù 통 산책하다 | ★难过 nánguò 혱 슬프다 | 方案 fāng'àn 몡 방안, 계획 | 支持 zhīchí 통 지지하다 | 哭 kū 통 울다 | ★放弃 fàngqì 통 포기하다 | 机会 jīhuì 몡 기회 | 颜色 yánsè 몡 색깔 | 深 shēn 혱 (색이) 진하다 | 菜 cài 몡 음식 | 总是 zǒngshì 틘 늘, 항상 | ★咸 xián 혱 짜다

공략 트레이닝 1

```
有点儿      最近      我      忙
```

해설 및 정답 **문제 분석▼** 정도부사인 有点儿(조금)은 형용사와 짝을 이뤄야 하기 때문에 시간부사인 最近(요즘)을 앞에 배열해야 한다.

Step 1. 정도부사+형용사　　　有点儿+忙

Step 2. 주어+부사　　　　　　我+最近

Step 3. 주어+부사어+술어　　　我+最近有点儿+忙

정답 我最近有点儿忙。나는 요즘 조금 바쁘다.

단어 最近 zuìjìn 몡 요즘 | 有点儿 yǒudiǎnr 틘 조금

[TIP] 시간명사는 문장의 부사 역할을 담당하며, 이를 시간부사라고 한다. 시간부사는 주어 앞이나 뒤에 위치할 수 있으며 부사 중 가장 앞에 위치한다.

> 예 最近我学韩语。요즘 나는 한국어를 배운다.
> 　我最近学韩语。나는 요즘 한국어를 배운다.

3 조동사의 종류 ✗ 필수체크

[바람] ~하고 싶다, ~하려고 한다	□□ 愿意 yuànyì	□□ 想 xiǎng
	□□ 肯 kěn	□□ 敢 gǎn
[당위성] ~해야 한다	□□ 应该 yīnggāi	□□ 该 gāi
	□□ 得 děi	□□ 要 yào
[가능] ~할 수 있다	□□ 能 néng	□□ 会 huì
	□□ 可以 kěyǐ	□□ 可 kě

공략 트레이닝 2

我觉得	早晚	结婚	会	她

해설 및 정답 **문제 분석 ▼** 觉得(~라고 생각하다)는 문장을 목적어로 갖는 동사이다.

Step 1. 주어+부사+조동사+술어　　　她+早晚+会+结婚

Step 2. 觉得+목적절　　　我觉得+她早晚会结婚

정답　我觉得她早晚会结婚。나는 그녀가 언젠가는 결혼할 것이라고 생각한다.

단어　早晚 zǎowǎn 🔲 언젠가는 | ★结婚 jiéhūn 🔲 결혼하다

4 개사의 종류

개사는 뒤에 명사가 위치하여 [개사+명사] 구조를 이루는데, 이것을 개사구라고 한다.

📁 시간이나 장소를 나타내는 개사

□□ 在 zài ~에(서)	□□ 从 cóng ~에서, ~로부터[시작점]
□□ 离 lí ~에서, ~로부터[거리]	□□ 自 zì ~에서부터

📁 대상을 나타내는 개사

□□ 为 wèi ~을 위해서, ~때문에	□□ 对 duì ~에 대해
□□ 给 gěi ~에게	□□ 跟 gēn ~와, ~에게

□□ **替** tì ~대신	□□ **关于** guānyú ~에 관하여

📂 방향을 나타내는 개사

□□ **向** xiàng ~을 향하여	□□ **往** wǎng ~을 향하여
□□ **朝** cháo ~을 향하여	□□ **跟着** gēnzhe ~을 따라

📂 근거를 나타내는 개사

□□ **随着** suízhe ~에 따라	□□ **按照** ànzhào ~에 따라

📂 특수 개사

□□ **把** bǎ ~을	□□ **被** bèi ~에게 ~당하다

✦✦ 의미가 비슷한 개사

╱ 往, 朝, 向 : ~을 향하여

往

동작의 방향과 이동을 나타낸다. 사람과 함께 사용할 수 없다.

我往他点点头。(X)
我往美国寄东西。(O)   나는 미국으로 물건을 부친다.

💬 点头 diǎn tóu 고개를 끄덕이다 | 寄 jì 동 부치다

朝

동작의 방향은 나타내나 이동의 의미는 없다. 사람과 함께 사용할 수 있다.

小狗朝我翘尾巴。(O)   강아지가 나를 향해 꼬리를 치켜들었다.

💬 小狗 xiǎogǒu 명 강아지 | 翘 qiào 동 치켜들다 | 尾巴 wěibā 명 꼬리

向

동작의 방향을 나타내며, 사람과 함께 사용할 수 있다.

他向老师跑过去了。(O)   그는 선생님을 향해 달려갔다.

⚠️ 往, 向은 '동사+往'의 형태로 쓸 수 있으나, 朝는 쓸 수 없다.
주의
他投朝我一个球。(X)

他朝我投一个球。(O) 그는 나를 향해 공 하나를 던졌다.

> 단어 投 tóu 통 던지다 | 球 qiú 명 공

2. 随着, 沿着, 跟着 : ～을 따라서

随着 suízhe (변화에) 따라서 ✿

随着社会的发展，人们的生活水平越来越高了。
사회의 발전에 따라, 사람들의 생활 수준이 점점 높아진다.

> 단어 社会 shèhuì 명 사회 | ★发展 fāzhǎn 통 발전하다 | 生活 shēnghuó 명 생활 | 水平 shuǐpíng 명 수준

沿着 yánzhe ～을 따라서[동작의 경로 표시]

沿着这条河开满了美丽的花儿。 이 강을 따라 아름다운 꽃들이 가득 피었다.

> 단어 河 hé 명 강 | 开 kāi 통 (꽃이) 피다 | 美丽 měilì 형 아름답다

跟着 gēnzhe ～을 따라서(덩달아서)

我笑，我妹妹也跟着我笑。 내가 웃으면, 내 여동생도 따라서 웃는다.

按照 ànzhào (규정이나 원칙에) 따라서 ✿

按照公司的规定，不能穿牛仔裤。 회사의 규정에 따라, 청바지를 입을 수 없다.

> 단어 公司 gōngsī 명 회사 | ★规定 guīdìng 명통 규정(하다) | 牛仔裤 niúzǎikù 명 청바지

공략 트레이닝 3

想	在家	看书	我	也

해설 및 정답 **문제 분석▼** 부사어의 순서인 [부사→조동사→개사구] 순으로 어휘를 배열한다. 더불어 부사어는 주어 와 술어 사이에 위치한다는 것 역시 반드시 숙지해야 한다.

Step 1. 부사어 정리(부사+조동사+개사구) 　　　　也+想+在家

Step 2. 주어+부사어+술어 　　　　　　　　　　　我+也想在家+看书

정답 我也想在家看书。 나도 집에서 책을 보고 싶다.

이것만은 꼭! 함정에 빠지기 쉬운 부사

Point 1 부사의 기본 순서

한 문장에 여러 부사가 동시에 등장하는 경우가 있는데, 기본적인 순서는 다음과 같다.

시간부사 + 어기부사 + 기타부사

今天　确实　很　好。 오늘 확실히 매우 좋다.
시간　어기　정도

他们　明天　肯定　一起　来。 그들은 내일 틀림없이 함께 온다.
　　　시간　어기　범위

단어 确实 quèshí 휘 확실히 | 肯定 kěndìng 휘 틀림없이

Point 2 정도부사 稍微와 有点儿

정도부사인 稍微와 有点儿은 '약간, 조금'이라는 비슷한 의미를 가지고 있다. 따라서 짝꿍처럼 자주 함께 쓰이는데, 두 부사가 동시에 출연하는 경우에는 순서가 정해져 있다.

稍微 + 有点儿

这瓶酒稍微有点儿贵。 이 술은 약간 좀 비싸다.
汉字稍微有点儿难。 한자는 약간 좀 어렵다.

단어 瓶 píng 양 병 | 稍微 shāowēi 휘 약간 | 汉字 Hànzì 명 한자

Point 3 부정부사와 친한 부사

부사 중에는 부정부사 앞에 놓이는 부사가 따로 있는데, 쓰기 제1부분뿐만 아니라 쓰기 제2부분에서도 활용도가 높으니 반드시 숙지한다.

并	从来✦	根本	千万	绝对✦
bìng	cónglái	gēnběn	qiānwàn	juéduì
결코	여태껏	전혀	절대	절대

他并不是好人。 그는 결코 좋은 사람이 아니다.
我从来没去过中国。 나는 여태껏 중국에 가본 적이 없다.
我根本听不懂你的话。 나는 너의 말을 전혀 알아들을 수 없다.
千万别喜欢他。 절대 그를 좋아하지 마라.
这绝对不是他的作品。 이것은 절대 그의 작품이 아니다.

단어 懂 dǒng 동 이해하다 | 喜欢 xǐhuan 동 좋아하다 | 作品 zuòpǐn 명 작품

일부 부사는 부사어[부사+조동사+~地+개사]의 순서와 상관없이 항상 동사 앞에 위치한다.

及时　　立刻　　随便✿　　重新　　互相✿　　轻易　　按时✿
jíshí　　lìkè　　suíbiàn　　chóngxīn　　hùxiāng　　qīngyì　　ànshí
즉시　　즉시　　멋대로　　새로, 다시　　서로　　쉽게　　제때

我们要及时(立刻)解决问题。 우리는 즉시 문제를 해결해야 한다.

你不要在教室随便说话。 너는 교실에서 함부로 얘기하지 마라.

你把作业重新写一遍。 너는 숙제를 다시 한 번 써라.

我们一定要互相帮助。 우리는 반드시 서로 도와야 한다.

千万别轻易放弃。 절대 쉽게 포기하지 마라.

医生说一定要按时吃药。 의사가 반드시 제때 약을 먹으라고 말했다.

단어 ★解决 jiějué 동 해결하다 | 问题 wèntí 명 문제 | 教室 jiàoshì 명 교실 | 作业 zuòyè 명 숙제 | 遍 biàn 양 번 | ★帮助 bāngzhù 동 돕다 | 千万 qiānwàn 부 절대 | ★放弃 fàngqì 동 포기하다 | 医生 yīshēng 명 의사 | 药 yào 명 약

문제 적응 훈련

★ 完成句子。

┤ 실전 트레이닝 1 ├

1. 那本书　　把　　88页　　请　　翻到

2. 公司　　进行了　　对这个员工　　严厉的　　批评

3. 做　　他　　肯定　　不会　　这种事

4. 买玩具　　从来　　不　　妈妈　　给我

5. 音乐　　喜欢　　中国　　我　　听　　很

정답 및 해설_ 해설집 128쪽

┤ 실전 트레이닝 2 ├

1. 回国　　不想　　吗　　难道你　　跟他

2. 鸡蛋　　吃光了　　的　　已经都　　冰箱里

3. 相信　　自己的　　能力　　不应该　　你

4. 我　　练习　　跟朋友　　常常　　书法

5. 对　　为什么　　文学　　你　　感　　兴趣

정답 및 해설_ 해설집 131쪽

4 관형어의 어순

新HSK에는 이렇게 출제된다! ▼

★ **관형어**는 주어나 목적어 앞에 위치하여 **주어**나 **목적어**의 **의미를 한정**시켜 주는 역할을 한다.

★ 술어의 종류와 상관없이 주어와 목적어만 있으면 적용할 수 있는 문장 성분이기 때문에 **출제 빈도**가 **높을** 수밖에 없다. 따라서 위치와 순서, 특징 등을 정확하게 파악하도록 한다.

1 관형어의 위치

관형어는 주어나 목적어를 수식하고 제한하는 문장 성분으로 한정어라고도 부른다. 관형어의 역할은 부사어처럼 특정 품사가 담당하는 것이 아니라, 시간, 장소, 소유, 수량 등 여러 성분들이 담당할 수 있기 때문에 형태 파악에 특히 신경 써야 한다.

관형어 + 주어 + 술어 + 관형어 + 목적어

那位先生是老板。 저 신사분이 사장님이다.

这是很漂亮的衣服。 이것은 매우 예쁜 옷이다.

这个商人赚了很多钱。 이 상인은 돈을 많이 벌었다.

단어 老板 lǎobǎn 몡 사장, 주인 | 商人 shāngrén 몡 상인 | 赚钱 zhuàn qián 동 돈을 벌다

공략 트레이닝 1

| 看 | 风景 | 爸爸 | 美丽的 | 着 |

해설 및 정답 **문제 분석▼** [的+명사], [동사+着] 구조만 파악하면 쉽게 정답을 유추할 수 있다.

Step 1. 관형어+的+명사 　　　　美丽+的+风景

Step 2. 동사+着 　　　　　　　 看+着

Step 3. 주어+술어+목적어 　　　 爸爸+看着+美丽的风景

정답 爸爸看着美丽的风景。 아버지는 아름다운 풍경을 보고 계신다.

단어 着 zhe 조 ~하고 있다 | 美丽 měilì 형 아름답다 | 风景 fēngjǐng 몡 풍경

2 관형어의 순서

장소/시간 + 소유명사/대명사 + 지시대명사 + 수량사 + 기타

你的　　那　一件　红色　外套　在　哪儿? 너의 그 빨간색 외투는 어디 있니?
(소유)(지시)(수량)(기타)　주어　술어　목적어

这　是　我的　一张　照片。이것은 저의 한 장의 사진입니다.
주어 술어 (소유)(수량) 목적어

他家对面的　那家　咖啡店　很　大。그의 집 건너편에 그 커피숍은 매우 크다.
(장소)(지시, 수량)　주어　부사어 술어

他　是　当代　最有名的　画家。그는 당대에 가장 유명한 화가다.
주어 술어 (시간)(기타)　목적어

단어 外套 wàitào 몡 외투 | 当代 dāngdài 몡 당대 | 有名 yǒumíng 혱 유명하다 | 画家 huàjiā 몡 화가

공략 트레이닝 2

那条　　狗　　聪明　　你家的　　非常

해설 및 정답 문제 분석▼ 관형어의 순서에 따라 [소유→지시→수량] 순으로 배열한다.

Step 1. 소유+지시 수량　　　　　你家的+那条
Step 2. 관형어+주어　　　　　　你家的那条+狗
Step 3. 주어+부사어+술어　　　你家的那条狗+非常+聪明

정답 你家的那条狗非常聪明。너희 집의 그 개는 굉장히 똑똑하다.

단어 条 tiáo 양 마리[일부 동물 혹은 곤충을 세는 단위] | 狗 gǒu 몡 개 | 聪明 cōngming 혱 똑똑하다, 총명하다

3 관형어와 구조조사 的의 관계

구조조사 的는 관형어와 주어 또는 목적어를 연결해 주는 접착제 같은 역할을 한다.

$$\boxed{\text{관형어}} \ + \ \text{的} \ + \ \boxed{\text{주어/목적어}}$$

瓶子里 的 水 满了。 병 안에 물이 찼다.

他是 我 的 男朋友。 그는 나의 남자친구다.

단어 瓶子 píngzi 몡 병 | 满 mǎn 혱 가득 차다

4 구조조사 的를 생략하는 경우

1. 명사 + 的 + 명사

'명사+的+명사' 구조의 문장은 소유관계, 인간관계, 소속관계로 분류할 수 있다. 소유관계인 경우에는 반드시 的를 사용해야 하지만, 인간관계나 소속관계에서는 的를 생략할 수 있다.

这是我的书。 이것은 나의 책이다. (소유관계 → 的 생략 불가능)
我(的)妈妈是教授。 나의 어머니는 교수다. (인간관계 → 的 생략 가능)
我们(的)公司提供午饭。 우리 회사는 점심밥을 제공한다. (소속관계 → 的 생략 가능)

2. 지시대명사 + 수량

这本 书 很有意思。 이 책은 매우 재미있다.
관형어 주어

3. 什么

这是 什么 意思? 이것은 무슨 뜻입니까?
관형어 목적어

4. 多少

一共是 <u>多少</u> <u>钱</u>? 모두 합해 얼마입니까?
　　　 관형어　목적어

5. 1음절 형용사

小李是 <u>好</u> <u>学生</u>。샤오리는 좋은 학생이다.
　　　관형어　목적어

6. 숙어와 같은 고정형식

我家有 <u>世界</u> <u>地图</u>。우리 집에 세계 지도가 있다.
　　　 관형어　 목적어

7. 부사 + 多/少

发生了 <u>不少</u> <u>问题</u>。적지 않은 문제가 발생했다.
　　　 관형어　목적어

⚠ 주의 多와 少를 제외한 형용사는 부사와 함께 쓰일 경우 반드시 的로 연결해야 한다.

他是很好学生。(X) / 他是很好的学生。(O) 그는 아주 좋은 학생이다.

공략 트레이닝 3

水果	已经	完了	那些	吃

문제 분석▼ 那些(그것들)은 지시대명사와 양사가 결합된 어휘다. 양사 뒤에는 반드시 명사가 위치한다는 것을 기억한다.

Step 1. 양사＋명사	那些＋水果
Step 2. 주어＋부사	那些水果＋已经
Step 3. 주어＋부사어＋술어＋보어	那些水果＋已经＋吃＋完了

정답 那些水果已经吃完了。그 과일들은 이미 다 먹었다.

단어 水果 shuǐguǒ 몡 과일

이것만은 꼭! 관형어의 또 다른 역할

Point 1 관형어로 파악하는 了의 위치

了는 동사 뒤에 위치하는 동태조사와 문장 마지막에 위치하는 어기조사로 나눌 수 있다.

동태조사	어기조사
我 看 了 一本 书。 주어 술어 동태조사 관형어 목적어 나는 책 한 권을 보았다.	我看书了。 나는 책을 보았다. (완료) 我感冒了。 나는 감기에 걸렸다. (출현) 我胖了。 나는 살이 쪘다. (변화)

동태조사는 동작의 완료만을 나타내는 반면, 어기조사는 완료뿐만 아니라 출현, 변화, 강조 등의 의미를 표현할 수 있는데, 쓰기 제1부분에서는 了가 단독으로 출현할 경우 了의 위치가 동사 뒤인지 문장의 마지막인지는 관형어의 유무로 판단할 수 있다.

1. 관형어가 없다면 어기조사

주어 + 술어 + 목적어 + 了(어기조사)

我吃面包了。 나는 빵을 먹었다.

2. 관형어가 있다면 동태조사

주어 + 술어 + 了(동태조사) + 관형어 + 목적어

我吃了一个面包。 나는 빵 하나를 먹었다.

⚠️ 주의 관형어의 유무로 了의 위치를 파악하는 것은 了가 완료의 의미를 나타내는 경우에만 가능하다. 어기조사 了는 완료 외에도 다른 의미를 내포할 수 있기 때문에 문장 속 동사의 의미가 완료가 아니라면 관형어의 유무와 상관없이 了는 문장의 마지막에만 위치할 수 있다.

我会做了这种菜。(X)
我会做这种菜了。(O) 나는 이런 종류의 음식을 만들 수 있게 되었다.
　　　　　변화의 了

Point 2 관형어의 또 다른 위치

我 [在 一家 商店] 工作。 나는 한 상점에서 일한다.
　　개사 관형어 명사
주어　　개사구　　술어

我 [跟 这位漂亮的 女人] 结婚。 나는 이 아름다운 여자와 결혼한다.
　　개사 관형어 명사
주어　　개사구　　술어

실전에
강한

제한 시간
10분

문제 적응 훈련

학습일 ____/____

맞은 개수 _____

★ 完成句子。

┤ 실전 트레이닝 1 ├

1. 不合格　　　瓶子的　　　那些　　　质量

2. 那个　　　呢　　　座位　　　窗户旁边　　　空着

3. 著名的　　　这家饭店的　　　是位　　　演员　　　老板

4. 有　　　问题的　　　答案　　　这道　　　两个

5. 招聘范围　　　要　　　我们公司　　　扩大　　　将

정답 및 해설_ 해설집 133쪽

┤ 실전 트레이닝 2 ├

1. 点儿　　　前天买的　　　手机　　　问题　　　有

2. 没有　　　我的意见　　　支持　　　大家的　　　得到

3. 申请　　　他的　　　留学　　　通过　　　没

4. 飞机　　　最安全的　　　是　　　我觉得　　　交通工具

5. 他的　　　我　　　观点　　　不能　　　接受

정답 및 해설_ 해설집 136쪽

5 보어의 종류

★ **보어**는 **술어의 정도**나 **결과, 동작의 횟수**나 **동작이 지속되는 시간** 등을 보충 설명하는 문장 성분으로 종류가 다양하다.

★ **보어**는 부사어, 관형어와 더불어 **기본 어순**에 해당하는 **문장 성분**이기 때문에 **출제 빈도**가 **높을** 수밖에 없다. **단순**하게 **보어**의 **위치**를 잘 **파악**하고 있는가를 테스트하는 **기본적인 문제**도 **자주 출제**되니 보어의 위치와 종류를 꼼꼼하게 파악하자.

1 보어의 위치와 종류

보어는 술어를 보충하는 문장 성분으로 술어 뒤에 위치한다. 중국어는 정도보어, 결과보어, 방향보어, 가능보어, 수량보어(동량보어, 시량보어) 총 6가지로 분류된다.

주어 + 술어 + 보어 + 목적어

他跑<u>得很快</u>。 그는 매우 빨리 달린다.
　　　정도보어

我用<u>光</u>了这个月的工资。 나는 이번 달 월급을 다 썼다.
　　결과보어

把包里的东西都拿<u>出来</u>。 가방 안에 물건을 모두 꺼내라.
　　　　　　　　　방향보어

我听<u>不懂</u>他的话。 나는 그의 말을 알아들을 수 없다.
　　가능보어

他去过<u>一次</u>美国。 그는 미국에 한 번 가본 적이 있다.
　　동량보어

我昨晚只睡了<u>三个小时</u>。 나는 어젯밤에 겨우 세 시간 잤다.
　　　　　　시량보어

단어 工资 gōngzī 명 급여 | 包 bāo 명 가방 | 懂 dǒng 동 이해하다 | 只 zhǐ 부 겨우, 단지 | 睡 shuì 동 자다

2 정도보어

정도보어는 술어 뒤에서 동작이나 상태의 정도를 나타내며, 주로 이미 발생한 동작의 정도를 나타낸다.

1. 기본 형식

$$\boxed{술어} \; + \; 得 \; + \; \boxed{정도보어}$$

她唱得很好。그녀는 잘 부른다. (긍정)
她唱得不好。그녀는 못 부른다. (부정)

2. 목적어가 있는 형식

$$\boxed{술어} \; + \; \boxed{목적어} \; + \; \boxed{술어} \; + \; 得 \; + \; \boxed{정도보어}$$

她(唱)歌唱得不怎么样。그녀는 노래를 별로 잘하지 못한다.

*첫 번째 술어는 생략이 가능하다.

3. 술어 뒤에 올 수 있는 기타 형식

$$\boxed{술어} \; + \; 得 \; + \; 很(엄청) \,/\, 要命(심하게) \,/\, 不得了(대단히) \,/\, 要死(죽도록)$$

$$\boxed{술어} \; + \; 极了(지극히) \,/\, 透了(매우) \,/\, 死了(죽도록) \,/\, 坏了(상하다)$$

我最近忙得很。나는 요즘 엄청 바쁘다.
天气热死了。날씨가 더워 죽겠다.
你别累坏了。너는 피곤해서 몸을 상하게 하지 마라.

단어 最近 zuìjìn 명 최근, 요즘 | 天气 tiānqì 명 날씨 | 热 rè 형 덥다 | 累 lèi 형 지치다, 피곤하다

得	文章	不好	翻译	这篇

해설 및 정답 **문제 분석▼** [양사+명사], [동사+得+정도보어] 순으로 배열한다.

Step 1. 양사+명사   这篇+文章

Step 2. 동사+得   翻译+得

Step 3. 주어+술어+보어   这篇文章+翻译得+不好

정답   这篇文章翻译得不好。이 글은 번역을 잘 못했다.

단어 篇 piān 양 편, 장[문장·종이 등을 세는 단위] | 文章 wénzhāng 명 글, 문장 | 翻译 fānyì 동 번역하다

3 결과보어

결과보어는 술어 뒤에서 동작의 결과를 나타낸다.

1. 기본 형식(긍정)

[술어] + **결과보어**(동사/형용사)

我听懂了你的话。나는 너의 말을 알아들었다.

2. 기본 형식(부정)

没 + [술어] + **결과보어**(동사/형용사)

我没听懂你的话。나는 너의 말을 알아듣지 못했다.

3. 자주 사용하는 결과보어

完 ✱   我写完了今天的作业。나는 오늘의 숙제를 다 썼다. (동작의 완료)

好 ✹	你准备好了吗? 너 준비가 됐니? (동작의 완성 → 만족스러운 완성을 나타냄)
懂 ✹	我看懂了说明书。 나는 설명서를 보고 이해했다. (이해함)
着	他八点就睡着了。 그는 8시에 바로 잠이 들었다. (완성, 목적 도달)
到 ✹	你找到了那本书吗? 너는 그 책을 찾아냈니? (목적 달성) 我们复习到晚上十点。 우리는 밤 10시까지 복습했다. (도달 시점) 我们的语文课学到第三课了。 우리의 국어 수업은 3과까지 배웠다. (도달 시점)
见	你听见雨声了吗? 너는 빗소리를 들었니? (대상 감지, 인지)
给 ✹	我想把这件衣服送给他。 나는 이 옷을 그에게 주고 싶다. (대상에게 전달)
住	地铁突然停住了。 지하철이 갑자기 멈춰 섰다. (고정)
光	我已经吃光了冰箱里的水果。 나는 이미 냉장고 안의 과일을 남김없이 먹었다. (남김없이)
上	你快穿上衣服。 너는 빨리 옷을 입어라. (봉합) 他考上大学了。 그는 대학에 붙었다. (접착)

단어 准备 zhǔnbèi 图 준비하다 | 说明书 shuōmíngshū 명 설명서 | 语文 yǔwén 명 언어와 문자, 국어 | 雨声 yǔshēng 명 빗소리 | 停 tíng 图 멈추다 | 水果 shuǐguǒ 명 과일

⚠ **주의** 동사와 결과보어 사이에는 어떤 성분도 들어갈 수 없다.
我看书完了。(X)
我看了完书。(X)
我看完书了。(O) 나는 책을 다 봤다.

공략 트레이닝 2

吗	还没	好	准备	你

해설 및 정답 **문제 분석▼** 형용사와 동사가 동시에 출연한 경우, 동사가 술어 역할을 담당할 가능성이 크다. 한 문장에 술어는 하나이기 때문에 형용사는 관형어나 부사어, 보어와 같은 다른 문장 성분을 담당하게 된다. 여기서 好는 결과보어로 쓰였다.

Step 1. 부사어+술어   还没+准备
Step 2. 동사+보어   准备+好
Step 3. 주어+부사어+술어+보어   你+还没+准备+好

정답 你还没准备好吗? 너는 아직 준비를 다 못 했어?

단어 还 hái 图 아직 | 没 méi 图 ~하지 않다 | ★准备 zhǔnbèi 图 준비하다

4 방향보어

방향보어는 술어 뒤에서 동작의 방향을 나타낸다. 기본적인 용법 외에 파생된 용법이 있으며 목적어에 따라 목적어의 위치가 달라지기 때문에 각별히 주의해야 한다.

1. 기본 형식

① 단순 방향보어

$$\boxed{동사} \; + \; 来/去$$

你带来手机了吗？ 너는 휴대폰을 가져왔니?

$$\boxed{동사} \; + \; \boxed{방향동사(上/下/进/出/回/过/起)}$$

大家能一口气跑上十楼吗？ 모두들 단숨에 10층을 달려 올라갈 수 있습니까?

단어 一口气 yìkǒuqì 图 단숨에 │ 楼 lóu 양 층

② 복합 방향보어

$$\boxed{동사} \; + \; \boxed{방향동사(上/下/进/出/回/过/起)} \; + \; 来/去$$

他从楼上跑下来了。 그는 위층에서 달려 내려왔다.
王老师急忙地走进去了。 왕 선생님은 급하게 걸어 들어가셨다.

단어 急忙 jímáng 형 급하다

2. 목적어가 있는 형식

① 단순 방향보어

$$\boxed{동사} \; + \; \boxed{방향동사(上/下/进/出/回/过/起)} \; + \; \boxed{목적어}$$

孩子掉下水里了。 아이가 물에 빠졌다.

$$\boxed{동사} \; + \; \boxed{장소 목적어} \; + \; 来/去$$

我们明天回韩国去。 우리는 내일 한국으로 돌아간다.

孩子 háizi 명 아이 | 掉 diào 동 떨어지다

② 복합 방향보어

$$\boxed{동사} + \boxed{방향동사} + 来/去 + \boxed{목적어}$$

写出来一篇文章。글 한 편을 써내다.

$$\boxed{동사} + \boxed{방향동사} + \boxed{목적어} + 来/去$$

写出一篇文章来。글 한 편을 써내다.

$$\boxed{동사} + \boxed{방향동사} + \boxed{장소 목적어} + 来/去$$

跑出宿舍来。기숙사에서 달려 나오다.

⚠ 이합사(离合词)와 방향보어가 함께 쓰일 경우, 목적어는 방향보어 중간에 들어간다.
주의
  唱起歌来。노래하기 시작하다.
  下起雨来。비가 내리기 시작하다.

3. 복합 방향보어의 본 의미와 파생된 의미

上来	① 낮은 곳에서 높은 곳으로 올라오는 것을 의미한다. 他跑上楼来了。그가 위층으로 달려 올라왔다. ② 어떠한 일을 훌륭하게 완성함을 의미한다. 这些题她都答上来了。이 문제들을 그녀는 모두 답했다.
下来	① 높은 곳에서 낮은 곳으로 내려오는 것을 의미한다. 他们从车上跳下来了。그들은 차에서 뛰어내렸다. ② 과거에서 현재까지의 지속을 의미한다. 真可惜我没坚持下来。내가 꾸준히 해나가지 못한 것이 정말 아쉽다. ③ 동작이 멈추거나 움직임이 없는 정적인 상태를 의미한다. 火车慢慢停下来了。기차가 천천히 멈춰 섰다. ④ 동작의 결과가 남는 것을 의미한다. 他把经理说的话都记下来了。그는 사장님이 하신 말씀을 모두 기재했다.

下去	① 높은 곳에서 낮은 곳으로 내려가는 것을 의미한다. 小李扶着老人走<u>下</u>楼<u>去</u>。 라오리는 노인을 부축하며 아래층으로 걸어 내려간다.
	② 현재에서 미래까지의 지속을 의미한다. 这些工作都很难做<u>下去</u>。 이 일들은 모두 해나가기가 매우 어렵다.
出来	① 안에서 밖으로 나오는 것을 의미한다. 小张从包里拿<u>出</u>一本书<u>来</u>。 샤오장은 가방 안에서 책 한 권을 꺼냈다.
	② 판별해 내는 것을 의미한다. 他一进门，我就认<u>出来</u>是谁了。 그가 들어오자마자, 나는 누구인지를 알아봤다.
	③ 무(無)에서 유(有)가 됨을 의미한다. 我想<u>出来</u>了一个好办法! 나는 좋은 방법을 하나 생각해 냈다.
过来	① 먼 곳에서 다가오는 것을 의미한다. 他向我跑<u>过来</u>了。 그는 나를 향해 달려왔다.
	② 정상적인 상태로 돌아오는 것을 의미한다. 她醒<u>过来</u>了。 그녀는 깨어났다.
过去	① 이쪽에서 건너편으로 건너가는 것을 의미한다. 鸭子游<u>过</u>河<u>去</u>了。 오리가 강을 헤엄쳐 건너갔다.
	② 정상적인 상태를 잃는 것을 의미한다. 爷爷晕<u>过去</u>了。 할아버지가 기절하셨다.
起来	① 낮은 곳에서 높은 곳으로 향하는 것을 의미한다. 他站<u>起来</u>了。 그가 일어섰다.
	② 동작이나 정황이 시작되는 것을 의미한다. 她唱<u>起</u>歌<u>来</u>了。 그녀가 노래를 부르기 시작했다.
	③ 분산되어 있던 것이 집중되는 것을 의미한다. 大家团结<u>起来</u>，一定能克服困难。 모두가 단결하면, 반드시 어려움을 극복할 수 있다.
	④ 실제로 그 동작을 행하는 것을 의미한다. 这件衣服穿<u>起来</u>一定很漂亮。 이 옷을 입으면 분명히 매우 예쁠 것이다.
	⑤ 평가를 나타낸다. 这件衣服看<u>起来</u>不太好看。 이 옷은 보기에는 별로 예쁘지 않다.
	⑥ '형용사+起来'는 좋은 방향으로의 변화를 의미한다. 他的病情慢慢好<u>起来</u>了。 그의 병세가 천천히 좋아졌다.

단어 题 tí 명 문제 | 答 dá 동 답하다 | 跳 tiào 동 뛰다, 튀어 오르다 | ★可惜 kěxī 형 아쉽다 | ★坚持 jiānchí 동 고수하다, 견지하다 | 火车 huǒchē 명 기차 | 停 tíng 동 멈추다 | 经理 jīnglǐ 명 사장, 매니저 | 记 jì 동 기재하다 | 扶 fú 동 부축하다 | 包 bāo 명 가방 | ★办法 bànfǎ 명 방법 | 醒 xǐng 동 깨다 | 鸭子 yāzi 명 오리 | 游 yóu 동 헤엄치다 | 河 hé 명 강 | 爷爷 yéye 명 할아버지 | 晕 yūn 동 기절하다 | 站 zhàn 동 서다 | 团结 tuánjié 동

단결하다 | ★克服 kèfú 图 극복하다 | ★困难 kùnnan 명 어려움 | 漂亮 piàoliang 형 예쁘다 | 好看 hǎokàn 형
보기 좋다 | 病情 bìngqíng 명 병세

渐渐　　　起来　　　了　　　家庭情况　　　好

(해설 및 정답) **문제 분석▼** 起来는 방향을 의미하는 동사로 방향보어 역할을 담당할 수 있다. 주어가 家庭情况(가정 형편)이기 때문에 술어는 好(좋다)가 되므로 起来는 좋은 방향으로의 변화를 의미하는 파생 용법으로 쓰였다.

Step 1. 주어+부사어　　　　　　　　　　　　家庭情况+渐渐

Step 2. 술어+보어　　　　　　　　　　　　好+起来

Step 3. 주어+부사어+술어+보어+어기조사　　家庭情况+渐渐+好+起来+了

(정답) 家庭情况渐渐好起来了。 가정 형편이 점점 좋아졌다.

(단어) 家庭 jiātíng 명 가정 | ★情况 qíngkuàng 명 상황, 형편 | 渐渐 jiànjiàn 부 점점

5 가능보어

가능보어는 술어 뒤에서 동작의 가능과 불가능을 나타낸다.

1. 기본 형식

술어 + 得/不 + 가능보어(결과보어/방향보어)

你听得懂吧？ 너 알아들을 수 있지?

你听不懂吧？ 너 못 알아듣지?

你站得起来吗？ 너 일어설 수 있겠니?

我站不起来。 나는 못 일어서겠어.

2. 목적어가 있는 형식

술어 + 得/不 + 가능보어(결과보어/방향보어) + 목적어

作业这么多，怎么做得完呢? 숙제가 이렇게 많은데, 어떻게 다 할 수 있겠니?
工作太多，做不完怎么办? 일이 너무 많아서, 다 하지 못하면 어떡하지?
你买得起这件衣服吗? 너는 이 옷을 살 수 있니?
我买不起那件衣服。 나는 그 옷을 살 수 없다.

3. 자주 쓰이는 가능보어 형식

不了	你怎么搬不了一台电视机? 너는 왜 텔레비전 한 대도 못 옮기니? (할 수 없다) 我吃不了这么多东西。 나는 이렇게 많은 음식을 다 먹을 수 없다. (많아서 다 할 수 없다)
不下	我的包里装不下那么大的笔记本电脑。 내 가방에는 그렇게 큰 노트북을 담을 수 없어. (공간 수용 능력이 되지 않아 할 수 없다)
不起	他上不起大学。 그는 대학을 다닐 수 없다. (경제적 조건이 되지 않아 할 수 없다)
不动	我一个人拿不动这么重的家具。 나 혼자 이렇게 무거운 가구를 들 수 없다. (무겁거나 힘들어서 할 수 없다)

단어 ★搬 bān 图 옮기다 | 电视机 diànshìjī 図 텔레비전 | 装 zhuāng 图 담다 | 笔记本电脑 bǐjìběn diànnǎo 図
노트북 컴퓨터 | 家具 jiājù 図 가구

주의 위의 형식에서 '가능'을 나타낼 경우 不를 得로 변경한다.

공략 트레이닝 4

就   我   睡   不着   一紧张

해설 및 정답 **문제 분석▼** [주어+一…就+동사] 구문으로, '~만 하면 ~하다'라는 의미이다. [동사+不着]는 '(동사)하지 못한다'의 의미로 가능보어 구문이다.

Step 1. 주어+一   我+一紧张
Step 2. 就+동사   就+睡
Step 3. 주어+부사어+술어+보어   我+一紧张就+睡+不着

정답 我一紧张就睡不着。 나는 긴장만 하면 잠을 못 잔다.

단어 ★紧张 jǐnzhāng 형 긴장하다

6 수량보어

수량보어는 크게 **시량보어**와 **동량보어**로 나눌 수 있다. **시량보어**는 동작이 지속되는 시간을 나타내며, **동량보어**는 동작이 진행된 횟수를 나타낸다.

1. 기본 형식

> 술어 ＋ 시량/동량보어

[시량] 想了半天。 반나절을 생각했다.
[동량] 打了一顿。 한 대 때렸다

2. 목적어가 있는 형식

① 시량보어

> 술어 ＋ 일반 목적어 ＋ 술어 ＋ 시량보어
> 술어 ＋ 시량보어(+的) ＋ 일반 목적어

我坐车坐了两个小时。 = 我坐了两个小时的车。 나는 차를 두 시간 탔다.

> 술어 ＋ 대명사 목적어 ＋ 시량보어

我找你一下午了。 나는 너를 오후 내내 찾았다.

> 술어 ＋ 장소 목적어 ＋ 시량보어

我来韩国三年了。 나는 한국에 온 지 3년이 됐다.

| 술어 | + | 인명 목적어 | + | **시량보어** |

| 술어 | + | **시량보어** | + | 인명 목적어 |

我找了<u>王明</u>半天。= 我找了半天<u>王明</u>。 나는 왕밍을 반나절 동안 찾았다.

② 동량보어

| 술어 | + | **동량보어** | + | 일반 목적어 |

我读过<u>一遍</u>小说。 나는 소설을 한 번 읽은 적이 있다.

| 술어 | + | 대명사 목적어 | + | **동량보어** |

我见过<u>她</u>好几次。 나는 그녀를 여러 번 만난 적이 있다.

| 술어 | + | 인명/지명 목적어 | + | **동량보어** |

| 술어 | + | **동량보어** | + | 인명/지명 목적어 |

我见过<u>王明</u>几次。 / 我见过几次<u>王明</u>。 나는 왕밍을 몇 번 만났었다.
我去过<u>中国</u>一次。 / 我去过一次<u>中国</u>。 나는 중국에 한 번 가본 적이 있다.

3. 부정 형식

수량보어(시량/동량보어)의 부정형은 문장의 부사어 역할을 담당한다.

| **시량/동량보어** | + | 没/不 | + | 술어 |

[시량 부정]　我　一个星期没　吃　米饭。 나는 일주일 동안 쌀밥을 안 먹었다.
　　　　　　주어　　부사어　　술어　목적어

[동량 부정]　我　一次也没　去过　中国。 나는 한 번도 중국에 가본 적이 없다.
　　　　　　주어　　부사어　　술어　목적어

4. 了의 위치

$$\boxed{술어} \; + \; 了 \; + \; \boxed{수량보어} \; + \; 了$$

완료를 나타냄   지속을 나타냄

我等了一个小时。 나는 한 시간을 기다렸다.

我等了一个小时了。 나는 한 시간째 기다리고 있다.

공략 트레이닝 5

> 我　　　三个小时　　　昨晚　　　睡了　　　只

(해설 및 정답) **문제 분석▼** 시간명사는 주어 앞이나 뒤에 모두 위치할 수 있으므로 我昨晚 또는 昨晚我 모두 가능하며, [술어+시량보어] 순으로 배열한다.

Step 1. 주어+부사어　　　　　　　　　　　　　我+昨晚只

Step 2. 술어+보어　　　　　　　　　　　　　睡了+三个小时

Step 3. 주어+부사어+술어+보어　　　　　　　我+昨晚只+睡了+三个小时

(정답) 我昨晚只睡了三个小时。 / 昨晚我只睡了三个小时。 나는 어젯밤에 겨우 세 시간 잤다.

(단어) 昨晚 zuówǎn 명 어제저녁

이것만은 꼭! 구조조사의 위치

Point 1 的의 위치

的는 관형어와 주어, 혹은 관형어와 목적어를 연결해 주는 접착제 역할을 담당한다.

관형어 + 的 + 주어/목적어

我的　钱包　在　哪儿? 내 지갑이 어디에 있지?
관형어+的　주어　술어　목적어

我　想　听听　你的　意见。나는 너의 의견을 좀 듣고 싶다.
주어　부사어　술어　관형어+的　목적어

개사구 속 관형어 + 的 + 명사

你　[在　他的　房间]　做　什么? 너는 그의 방에서 무엇을 하고 있는 거야?
주어　개사　관형어+的　명사　술어　목적어

(단어) 钱包 qiánbāo 명 지갑 | ★意见 yìjiàn 명 의견 | 房间 fángjiān 명 방

Point 2 地의 위치

地는 부사어의 하나로 형용사나 감정동사 등이 부사어를 담당할 때 쓰인다.

주어 + 부사어(부사+조동사+~地+개사구) + 술어 + 목적어

她　高兴地　跟我　说。그녀는 기뻐하며 나에게 말했다.
주어　형용사+地　개사구　술어

我　在　仔细地　研究。나는 자세하게 연구하고 있다.
주어　부사　형용사+地　술어

(단어) ★仔细 zǐxì 형 자세하다 | ★研究 yánjiū 동 연구하다

Point 3 得의 위치

得는 술어와 정도보어, 혹은 술어와 가능보어를 연결해 주는 역할을 한다.

주어 + 술어 + 得 + 정도보어/가능보어

他们　聊得　很开心。그들은 매우 즐겁게 얘기한다.
주어　술어+得　정도보어

你　拿得　动吗? 너는 들 수 있니?
주어　술어+得　가능보어

실전에
강한

문제 적응 훈련

학습일 ____ / ____
맞은 개수 _____

★ 完成句子。

┤ 실전 트레이닝 1 ├

1. 主要　　　生长在　　　梅花　　　哪里

2. 下去　　　你们　　　继续　　　我希望　　　坚持

3. 吃不下饭　　　她　　　得　　　紧张

4. 这些文件　　　你　　　重新　　　一下　　　整理

5. 他　　　作业　　　肯定　　　这么多的　　　做不了

정답 및 해설_ 해설집 138쪽

┤ 실전 트레이닝 2 ├

1. 了　　　姐姐　　　感动　　　哭　　　得

2. 你　　　要　　　什么时候　　　说到　　　到底

3. 十年　　　在　　　王老师　　　外地　　　生活了

4. 数学　　　我们　　　不开　　　在日常生活中　　　离

5. 字　　　我　　　不见　　　看　　　黑板上的

정답 및 해설_ 해설집 140쪽

6 연동문과 겸어문

新HSK에는 이렇게 출제된다! ▼

★ **연동문**은 **하나의 주어가 한 가지 이상의 동작을 표현**하는 경우의 문장을 말한다. 동사가 여러 개인 경우 **순서**를 어떻게 배열할 것인지, **동태조사의 위치**는 어디인지를 확실히 파악해 두어야 한다.

★ **겸어문**은 한 문장에 두 개 이상의 동사가 있으며, **첫 번째 동사의 목적어가 두 번째 동사의 주어 역할**을 겸하는 문장이다. 쓰기 제1부분에 **동사가 여러 개 출현**하는 문제는 **연동문**이나 **겸어문**일 가능성이 높다.

1 연동문

주어는 분명 하나인데 주어가 여러 동작을 하는 경우, 동사의 순서는 반드시 다음과 같이 나열해야 한다.

/. 동사의 순서

시간 순서에 따른다

他骑车去图书馆学习。 그는 자전거를 타고 도서관에 가서 공부한다.
我每天去健身房锻炼身体。 나는 매일 헬스클럽에 가서 신체를 단련한다.

단어 骑 qí 동 타다, 몰다 | 图书馆 túshūguǎn 명 도서관 | 健身房 jiànshēnfáng 명 헬스클럽 | ★锻炼 duànliàn 동 단련하다

수단→목적 순서에 따른다

老师用英语讲课。 선생님은 영어로 수업을 하신다.
　　　수단　목적

공략 트레이닝 1

用歌声　　人生　　歌手　　表达　　这位

해설 및 정답 〉 문제 분석▼ 시간 순서가 모호한 경우에는 [수단→목적] 순으로 배열한다.

Step 1. 양사+명사　　　　　这位+歌手

Step 2. 수단+목적　　　　　用歌声+表达人生

Step 3. 주어+술어　　　　　这位歌手+用歌声表达人生

정답 这位歌手用歌声表达人生。 이 가수는 노래로 인생을 표현한다.

단어 歌手 gēshǒu 몡 가수 | 歌声 gēshēng 몡 노랫소리 | ★表达 biǎodá 통 표현하다 | 人生 rénshēng 몡 인생

2. 동태조사의 위치

동사1 + 着

小猫躺着睡觉。 고양이가 누워서 잠을 잔다.
他笑着说话。 그는 웃으며 말한다.

단어 小猫 xiǎomāo 몡 고양이 | ★躺 tǎng 통 눕다 | 笑 xiào 통 웃다

마지막 동사 + 了/过

妈妈开门出去了。 엄마는 문을 열고 나갔다.
他去中国旅行过。 그는 중국에 여행을 갔었다.

단어 ★旅行 lǚxíng 통 여행하다

| 眼镜 | 看报纸 | 着 | 爷爷 | 戴 |

해설 및 정답 **문제 분석▼** 동작은 시간 순서에 따라 배열해야 하며, 동태조사 着는 동사1 뒤에 위치한다.

Step 1. 동사1+着 戴+着

Step 2. 동사1+목적어+동사2+목적어 戴着+眼镜+看+报纸

Step 3. 주어+술어 爷爷+戴着眼镜看报纸

정답 **爷爷戴着眼镜看报纸。** 할아버지는 안경을 쓰고 신문을 보신다.

단어 爷爷 yéye 명 할아버지 | ★戴 dài 동 쓰다, 착용하다 | 眼镜 yǎnjìng 명 안경 | 报纸 bàozhǐ 명 신문

3. 有, 没有의 위치

有와 没有는 동사지만 동작을 의미하는 동사가 아니기 때문에 목적이 될 수 없으므로 항상 동사1 위치에 와야 한다.

주어 + 有/没有 + 목적어1 + 동사2 + 목적어2

你有时间看电影吗？ 너 영화 볼 시간이 니?

我没有理由告诉你。 나는 너에게 알려줄 이유가 없다.

단어 时间 shíjiān 명 시간 | 电影 diànyǐng 명 영화 | 理由 lǐyóu 명 이유

| 没有 | 总是 | 学习 | 考试期间 | 地方 |

해설 및 정답 **문제 분석▼** 연동문에서 没有는 동사1 위치에 와야 한다.

Step 1. 시간부사+빈도부사 考试期间+总是

Step 2. 没有+목적어 没有+地方

Step 3. 부사어+동사1+목적어+동사2 考试期间总是+没有+地方+学习

정답 **考试期间总是没有地方学习。** 시험 기간에는 항상 공부할 곳이 없다.

단어 ★考试 kǎoshì 명 시험 | 期间 qījiān 명 기간 | 总是 zǒngshì 부 항상 | 地方 dìfang 명 곳, 장소

2 겸어문

겸어문은 앞 문장의 목적어가 뒤 문장의 주어 역할을 겸하는 문장을 말한다.

1. 기본 어순

주어 + 동사1 + **겸어** + 동사2 + 목적어

동사1의 목적어/동사2의 주어

爸爸	叫	我	帮	妈妈。	아빠는 나에게 엄마를 도우라고 했다.
주어	동사1	목적어/주어	동사2	목적어	

我	喜欢	她	穿	裙子。	나는 그녀가 치마를 입는 것이 좋다.
주어	동사1	목적어/주어	동사2	목적어	

단어 帮 bāng 통 돕다 | 喜欢 xǐhuan 통 좋아하다 | 裙子 qúnzi 명 치마

2. 동사1의 종류

명령이나 요구, 부탁의 의미를 나타내는 사역동사

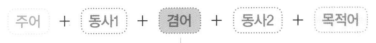

让	叫	令	使	派	劝	请
ràng	jiào	lìng	shǐ	pài	quàn	qǐng
~하게 하다	~하게 하다	~하게 하다	~하게 하다	파견하다	권하다	청하다

运动使我们健康。 운동은 우리를 건강하게 한다.
公司派我去美国。 회사에서 나를 미국으로 파견했다.
李先生请我吃饭。 이 선생이 나에게 식사를 대접했다.

단어 ★运动 yùndòng 명 운동 | ★健康 jiànkāng 형 건강하다 | 公司 gōngsī 명 회사

칭찬이나 비판, 좋고 싫음을 나타내는 동사

喜欢	爱	表扬 ✦	讨厌
xǐhuan	ài	biǎoyáng	tǎoyàn
좋아하다	사랑하다	칭찬하다	싫어하다

我喜欢他唱歌。 나는 그가 노래하는 것을 좋아한다.
老师表扬我英语说得很流利。 선생님은 나의 영어가 매우 유창하다고 칭찬하셨다.
我们讨厌班长说大话。 우리는 반장이 허풍 떠는 것을 싫어한다.

단어 ★流利 liúlì 형 유창하다 | 班长 bānzhǎng 명 반장 | 说大话 shuō dàhuà 허풍 떨다

쓰기 제1부분

유무 여부를 나타내는 동사 ⇒ 有, 没有

办公室没有人接电话。 사무실에 전화를 받는 사람이 없다.

🔊 办公室 bàngōngshì 몡 사무실 | 接电话 jiē diànhuà 전화를 받다

행위자를 강조하는 동사 ⇒ 是

是你给了我勇气。 바로 네가 나에게 용기를 주었다.

🔊 勇气 yǒngqì 몡 용기

공략 트레이닝 4

| 换钱 | 让我 | 去银行 | 哥哥 |

해설 및 정답 **문제 분석▼** 사역동사 让으로 겸어문임을 알 수 있다. 让은 동사1 역할을 담당한다. 또한 동사가 여러 개 있기 때문에 겸어문과 연동문이 결합된 문제임을 파악해야 한다.

Step 1. 주어+동사1   哥哥+让我

Step 2. 수단(이동)+목적   去银行+换钱

Step 3. 주어+동사1+겸어+동사2   哥哥+让+我+去银行换钱

정답 哥哥让我去银行换钱。 형(오빠)은 나에게 은행에 가서 환전을 하라고 했다.

🔊 银行 yínháng 몡 은행 | 换钱 huànqián 통 환전하다

---

3. 동태조사의 위치

주어 + 동사1 + 겸어 + 동사2 + 동태조사(了/着/过) + 목적어
                  ↓
            동사1의 목적어/동사2의 주어

我叫他写了一封信。 나는 그에게 편지를 한 통 쓰라고 했다.
他让你拿着这本书。 그가 너에게 이 책을 들고 있으라고 했다.
他请我吃过饭。 그는 나에게 밥을 사준 적이 있다.

4. 부사어의 위치

겸어문의 부사어는 의미에 따라 위치가 달라질 수 있으나, 동사1이 사역동사인 경우의 위치는 다음과 같다.

동사1의 목적어/동사2의 주어
↓

주어 + 부사 + 조동사 + 동사1 + 겸어 + 동사2 + 목적어

↑
사역동사

妈妈不让我说这件事。 엄마는 나에게 이 일을 말하지 말라고 하셨다.
我想请她教我汉语。 나는 그녀에게 중국어를 가르쳐 달라고 청하고 싶다.
我不想让你失望。 나는 너를 실망시키고 싶지 않다.

단어 敎 jiāo 동 가르치다 | ★失望 shīwàng 동 실망하다

공략 **트레이닝 5**

| 小黄 | 让我 | 用 | 竟然 | 她的笔记本 |

해설 및 정답 **문제 분석▼** [주어+부사+동사1+겸어+동사2+목적어] 형식을 파악한다.

Step 1. 주어+부사+동사1	小黄+竟然+让我
Step 2. 동사2+목적어	用+她的笔记本
Step 3. 주어+동사1+겸어+동사2	小黄+让+我+用她的笔记本

정답 **小黄竟然让我用她的笔记本。** 샤오황은 뜻밖에도 나에게 그녀의 노트를 쓰도록 했다.

단어 ★竟然 jìngrán 부 뜻밖에도 | 笔记本 bǐjìběn 명 노트

이것만은 꼭! 연동문에서 부사어의 위치

일반적인 문장과 같이 연동문 역시 부사어(부사+조동사+개사구)는 주어와 술어 사이에 위치하지만, 연동문의 첫 번째 술어가 (没)有인 경우에는 부사어의 위치가 달라지니 주의해야 한다.

Point 1 일반 문장

주어 + 부사어(부사+조동사+개사구) + 술어 + 목적어

他常常看电影。그는 자주 영화를 본다.
我要搬家。나는 이사해야 한다.
他在对面等你。그가 건너편에서 너를 기다린다.
我不想在家吃饭。나는 집에서 밥을 먹고 싶지 않다.

단어 电影 diànyǐng 몡 영화 | 搬 bān 동 옮기다 | 对面 duìmiàn 몡 건너편

Point 2 일반 연동문

주어 + 부사어(부사+조동사+개사구) + 동사1 + 목적어1 + 동사2 + 목적어2

他偶尔去图书馆看书。그는 가끔 도서관에 가서 책을 본다.
我想坐火车去北京。나는 기차를 타고 베이징에 가고 싶다.
我跟妈妈用电脑看电视。나는 엄마와 컴퓨터로 TV를 본다.
我明天要跟她开车上班。나는 내일 운전해서 그녀와 출근해야 한다.

단어 ★偶尔 ǒu'ěr 튀 가끔 | 图书馆 túshūguǎn 몡 도서관 | 火车 huǒchē 몡 기차 | 电脑 diànnǎo 몡 컴퓨터 | 电视 diànshì 몡 텔레비전 | 开车 kāichē 동 차를 몰다, 운전하다 | ★上班 shàngbān 동 출근하다

Point 3 (没)有가 있는 연동문

주어 + 부사 + (没)有 + 목적어1 + 조동사 + 개사구 + 동사2 + 목적어2

我一直没有机会跟他说话。나는 줄곧 그와 말할 기회가 없었다.
我实在没有时间跟你聊天儿。나는 정말 너랑 잡담할 시간이 없다.
我其实有事想跟你商量。나는 사실 너와 상의하고 싶은 일이 있다.

단어 一直 yìzhí 튀 줄곧 | 机会 jīhuì 몡 기회 | 实在 shízài 튀 정말로, 참으로 | 时间 shíjiān 몡 시간 | 聊天儿 liáotiānr 동 잡담하다 | ★其实 qíshí 튀 사실 | ★商量 shāngliang 동 상의하다

실전에
강한

제한 시간
10분

문제 적응 훈련

학습일 _____/_____

맞은 개수 _____

★ 完成句子。

┤ **실전 트레이닝 1** ├

1. 班长　　　这次比赛　　　参加　　　让我

2. 去买菜　　　肯定　　　爷爷　　　叫我　　　会

3. 去　　　明天坐　　　飞机　　　加拿大　　　姐姐

4. 请我　　　吃　　　几顿饭　　　过　　　李先生

5. 没有　　　跟他　　　时间　　　我　　　见面

정답 및 해설_ 해설집 143쪽

┤ **실전 트레이닝 2** ├

1. 抽烟　　　加油站　　　禁止　　　客人

2. 陪妈妈　　　你　　　散散步　　　去公园　　　吧

3. 感动　　　这些礼物　　　一定　　　使大家　　　能

4. 会　　　孩子　　　吃饭　　　邻居家的　　　用筷子

5. 通知大家　　　老师　　　让我　　　明天八点出发

정답 및 해설_ 해설집 145쪽

7 존현문

新HSK에는 이렇게 출제된다! ▼

★ **존현문**은 정체불명 대상의 **존재**나 **출현, 소실**을 **표현**하는 문장으로, **주어**가 **장소명사**이거나 **시간명사**
   라는 특징이 있다.

★ 新HSK 4급에서는 대부분 **장소**가 **주어**로 나오는 **존현문**이 주로 **출제**되기 때문에 장소명사와 함께 **동
   태조사**나 **방향보어**가 나열되어 있는 경우에는 **존현문**일 가능성이 매우 크다.

1 존현문의 어순

1. '人来了'와 '来人了'의 차이

'人来了'와 '来人了'라는 이 두 문장을 한국어로 해석하면 두 문장 모두 '사람이 왔다'라는
똑같은 문장이 된다. 하지만 문장 속에 출현한 사람이 주어로 쓰였는지 아니면 목적어로 쓰
였는지에 따라 특정 대상과 불특정 대상으로 의미가 달라진다.

[일반 문장] 人来了。(아는) 사람이 왔다.
           주어(특정 대상)

[존현문] 来人了。(모르는) 사람이 왔다.
         목적어(불특정 대상)

2. 기본 어순

주어(장소/시간) + 술어 + **동태조사/방향보어** + 관형어 + 목적어

墙上	挂着	几幅画。벽에 그림이 몇 폭 걸려 있다.
주어(장소)	술어+동태조사	관형어+목적어

前边	开过来	一辆出租车。앞에서 택시 한 대가 온다.
주어(장소)	술어+방향보어	관형어+목적어

昨天	来了	一位新老师。어제 새로운 선생님 한 분이 오셨다.
주어(시간)	술어+동태조사	관형어+목적어

一只	游	水里	着	小鱼

해설 및 정답 **문제 분석▼** 장소명사(水里)와 동태조사(着)가 함께 나열되어 있다면 존현문일 확률이 높다.

Step 1. 양사+명사　　　　　一只+小鱼

Step 2. 동사+동태조사　　　　游+着

Step 3. 주어+술어+목적어　　水里+游着+一只小鱼

정답 水里游着一只小鱼。 물 속에 작은 물고기 한 마리가 헤엄치고 있다.

단어 ★游 yóu 동 헤엄치다 | 鱼 yú 명 물고기

2 존현문의 특징

1. 주어는 장소나 시간을 의미하는 명사다.

从前边跑过来一个人。(X)
前边跑过来一个人。(O) 앞에서 한 사람이 달려온다.

在椅子上坐着一个孩子。(X)
椅子上坐着一个孩子。(O) 의자 위에 한 아이가 앉아 있다.

⚠ **주의** 존현문은 주어로 개사구를 사용하지 않는다.

2. 술어 뒤에 동태조사나 방향보어를 취한다.

那儿住着一位奶奶。 그곳에는 할머니 한 분이 살고 계신다.
昨天来了一位商人。 어제 상인 한 분이 오셨다.
楼上走下来一只狗。 위층에서 개 한 마리가 걸어 내려온다.

⚠ **주의** 술어가 有나 没有인 경우에는 술어 뒤에 바로 목적어를 취한다.

那家商店有很多东西。 그 상점에는 많은 물건이 있다.
沙发上有一本书。 소파 위에 책 한 권이 있다.

3. 목적어는 대체로 관형어를 취하며, 특정명사는 존현문의 목적어가 될 수 없다.

今天来了<u>王老师</u>。(X)
　　　　　특정명사

[존현문]　　今天来了一位老师。(O) 오늘 선생님 한 분이 오셨다.
[일반 문장]　王老师今天来了。(O) 왕 선생님은 오늘 오셨다.

공략 트레이닝 2

一道	天空中	出现	彩虹	了

해설 및 정답　문제 분석▼ 장소명사(天空中)와 동태조사 了가 함께 나열되어 있다면 존현문일 확률이 높다.

Step 1. 양사+명사　　　　　　一道+彩虹
Step 2. 동사+동태조사　　　　出现+了
Step 3. 주어+술어+목적어　　　天空中+出现了+一道彩虹

정답　天空中出现了一道彩虹。하늘에 무지개가 나타났다.

단어　天空 tiānkōng 명 하늘 | ★出现 chūxiàn 동 나타나다 | 道 dào 양 줄[가늘고 긴 모양을 세는 단위] | 彩虹 cǎihóng
명 무지개

3 자주 출제되는 동사

존현문은 일반적으로 존재나 출현, 소실을 나타내는 문장이기 때문에 당연히 존재나 출현을 나타내는 동사들이 출제되므로 존현문을 나타내는 상용동사들은 별도로 암기한다.

	有 있다 ✦	教室里有很多学生。교실에 학생이 아주 많다.
	站 서다	旁边站着一个小伙子。옆에 한 청년이 서있다.
	坐 앉다	门口坐着很多人。입구에 많은 사람들이 앉아 있다.
	躺 눕다	床上躺着一个小孩子。침대에 한 아이가 누워 있다.
존재	放 놓다 ✦	桌子上放着一件蓝色衣服。책상 위에 파란색 옷 한 벌이 놓여 있다.
	拿 들다	手里拿着几支铅笔。손에 연필 몇 자루를 들고 있다.
	挂 걸다 ✦	墙上挂着一幅画。벽에 그림 한 폭이 걸려 있다.
	住 살다	楼上住着一对夫妻。위층에는 부부 한 쌍이 살고 있다.
	写 쓰다	黑板上写着很多字。칠판에는 글자가 많이 쓰여 있다.
	来 오다	学校来了一个新同学。학교에 새 학우가 한 명 왔다.
출현	出现 출현하다 ✦	最近出现了很多问题。최근에 문제가 많이 생겼다.
	发生 발생하다 ✦	那边发生了一起交通事故。그쪽에 교통사고가 한 건 발생했다.

有	苹果	很多	冰箱里	绿色的

해설 및 정답 **문제 분석▼** 장소명사(冰箱里)와 동사 有가 함께 있는 문장은 존현문일 확률이 매우 높다. 존현문에서 有 뒤에 바로 목적어가 온다.

Step 1. 的+명사   绿色的+苹果

Step 2. 관형어+목적어   很多绿色的+苹果

Step 3. 주어+술어+관형어+목적어   冰箱里+有+很多绿色的+苹果

정답 冰箱里有很多绿色的苹果。냉장고 안에 초록색 사과가 매우 많다.

단어 ★冰箱 bīngxiāng 명 냉장고 | 绿色 lǜsè 명 초록색 | 苹果 píngguǒ 명 사과

1 学校来了一位新老师。

학교	오다	~했다	한 분의 새로운	선생님
学校	来	了	一位新	老师。
주어	술어	동태조사	관형어	목적어

位 wèi 양 분[사람을 높여서 세는 단위] | 新 xīn 형 새롭다

문장 연습 학교에 새로운 선생님이 한 분 오셨다.

✎ _____

2 办公室里有很多职员。

사무실 안	~이 있다	아주 많은	직원
办公室里	有	很多	职员。
주어	술어	관형어	목적어

办公室 bàngōngshì 명 사무실 | 职员 zhíyuán 명 직원

문장 연습 사무실에 많은 직원이 있다.

✎ _____

3 门口坐着一个小孩子。

입구	앉다	~해 있다	한 명	아이
门口	坐	着	一个	小孩子。
주어	술어	동태조사	관형어	목적어

门口 ménkǒu 명 입구 | 孩子 háizi 명 아이

문장 연습 입구에 아이가 한 명 앉아 있다.

✎ _____

4 森林里住着一群老虎。

숲속	살다	~해 있다	한 무리	호랑이
森林里	住	着	一群	老虎。
주어	술어	동태조사	관형어	목적어

森林 sēnlín 명 숲 | 群 qún 양 무리, 떼 | 老虎 lǎohǔ 명 호랑이

문장 연습 숲속에 호랑이 한 무리가 살고 있다.

✎ _____

5 宿舍的墙上挂着很多图画。

기숙사의	벽 위	걸다	~해 있다	많은	그림
宿舍的	墙上	挂	着	很多	图画。
관형어	주어	술어	동태조사	관형어	목적어

宿舍 sùshè 명 기숙사 | 墙 qiáng 명 벽 | ★挂 guà 동 걸다 | 图画 túhuà 명 그림

문장 연습 기숙사 벽에 그림이 많이 걸려 있다.

✎ _____

6 窗台上放着一盆红色的花。

창문턱 위	놓다	~해 있다	한 빨간색의 화분	꽃
窗台上	放	着	一盆红色的	花。
주어	술어	동태조사	관형어	목적어

窗台 chuāngtái 명
창문턱 | 盆 pén 양
화분이나 대야에 담은
수량을 세는 단위

문장 연습 창문턱에 빨간색 꽃 화분 하나가 놓여 있다.

✎ _____

---

7 前边开来了一辆出租车。

앞쪽	몰다	오다	~했다	한 대	택시
前边	开	来	了	一辆	出租车。
주어	술어	방향보어	동태조사	관형어	목적어

辆 liàng 양 대[차량을
세는 단위] | 出租车
chūzūchē 명 택시

문장 연습 앞에서 택시 한 대가 (운전해) 왔다.

✎ _____

---

8 最近发生了不少问题。

최근	발생하다	~했다	적지 않은	문제
最近	发生	了	不少	问题。
주어	술어	동태조사	관형어	목적어

最近 zuìjìn 명 최근
| ★发生 fāshēng 동
발생하다 | ★问题
wèntí 명 문제

문장 연습 최근에 적지 않은 문제들이 발생했다.

✎ _____

---

9 桌面上出现了一个奇怪的东西。

바탕화면 위	나타나다	~했다	하나의 이상한	것
桌面上	出现	了	一个奇怪的	东西。
주어	술어	동태조사	관형어	목적어

桌面 zhuōmiàn 명
(컴퓨터의) 바탕화면 |
★出现 chūxiàn 동
나타나다 | ★奇怪
qíguài 형 이상하다

문장 연습 바탕화면에 이상한 것이 나타났다.

✎ _____

---

10 他们班走了一个学生。

그들 반	가다	~했다	한 명	학생
他们班	走	了	一个	学生。
주어	술어	동태조사	관형어	목적어

走 zǒu 동 가다, 걷다

문장 연습 그들 반에서 학생 한 명이 떠났다.

✎ _____

실전에
강한

제한 시간
10분

문제 적응 훈련

학습일 _____ / _____

맞은 개수 _____

★ 完成句子。

┤ 실전 트레이닝 1 ├

1. 一个　　　跑　　　过来　　　男孩子　　　前边

2. 几个　　　汉字　　　写　　　字条上　　　着

3. 礼物　　　也　　　行李箱里　　　有　　　几个

4. 几件　　　盒子里　　　有　　　毛衣　　　漂亮的

5. 剩了　　　水　　　还　　　一瓶　　　冰箱里

정답 및 해설_ 해설집 147쪽

┤ 실전 트레이닝 2 ├

1. 站　　　火车站　　　着　　　外国游客　　　很多

2. 一把　　　昨天　　　钥匙　　　丢了

3. 奇怪的　　　发生了　　　很多　　　最近　　　事情

4. 男人　　　搬　　　楼上　　　来了　　　个子高高的

5. 公园的　　　坐着　　　的孩子　　　两个可爱　　　长椅子上

정답 및 해설_ 해설집 150쪽

8 비교문

★ **비교문**은 둘 이상의 사람이나 사물을 비교하여 그 **특징**이나 **정도**의 **차이**를 **표현**하는 문장이다.

★ **비교문**은 매회 출제되는 문형은 아니지만 **쓰기 제2부분**에서 활용도가 상당히 **높은 구문**이기 때문에 꼼꼼하게 정리하여 숙지해야 한다.

비교문이란?
두 개의 사물 혹은 사실을 비교하는 문장은 자연히 비교문이 된다. 비교문은 개사 比가 있는 문장과 比가 없는 문장으로 나눌 수 있다.

1 개사 比가 있는 비교문

A + 比 + B + 술어

我比你高。 나는 너보다 (키가) 크다.
这瓶酒比那瓶贵。 이 술이 저 술보다 비싸다.

A + 不比 + B + 술어

我不比你高。 나는 너보다 (키가) 크지 않다.
这本小说不比那本有意思。 이 소설은 저 소설보다 재미있지 않다.

⚠️ 주의 比는 개사이므로 부정부사 不는 比 앞에 놓인다.

A + 比 + B + 비교부사(更/还/再) + 술어

我比你更(还)高。 나는 너보다 더 크다.
这里没有比我再高的了。 여기에 나보다 더 큰 사람은 없다.

比	今年春节	热闹	去年	更

해설 및 정답 **문제 분석▼** 비교문에서 비교부사 更은 술어 앞에 위치한다는 것에 주의해야 한다.

Step 1. 주어+개사구	今年春节+比去年
Step 2. 비교부사+술어	更+热闹
Step 3. 주어+개사구+술어	今年春节+比去年+更热闹

정답 今年春节比去年更热闹。 올해 춘절이 작년보다 더 떠들썩하다.

단어 春节 Chūnjié 고유 춘절, 음력설 | ★热闹 rènao 형 떠들썩하다

2 비교문의 정도 표현

A + 比 + B + 술어 + 多/多了/得多(보어)

今天比昨天冷多了。 오늘이 어제보다 훨씬 춥다.
你比他聪明得多。 당신이 그보다 훨씬 똑똑하다.

A + 比 + B + 술어 + 一些/一点儿(보어)

这个箱子比那个重一些。 이 상자가 저것보다 약간 무겁다.
颜色比图片深一点儿。 색깔이 사진보다 조금 진하다.

A + 比 + B + 술어 + 구체적 수량(보어)

我比你高五厘米。 나는 너보다 5cm 더 크다.
你比我多吃了三个。 네가 나보다 3개 더 먹었다.

단어 图片 túpiàn 명 사진, 그림 | 深 shēn 형 짙다, 깊다 | 厘米 límǐ 양 센티미터

一半   参加人数   去年   减少了   比

해설 및 정답 **문제 분석▼** 기본 어순에 따라 개사인 比는 부사어 위치에 배열한다. 一半(절반)은 의미상 减少(감소하다)를 보충하는 역할을 하기 때문에 수량보어 역할을 담당한다는 것을 알 수 있다.

Step 1. 주어+개사구   参加人数+比去年
Step 2. 술어+수량보어   减少了+一半
Step 3. 주어+개사구+술어+보어   参加人数+比去年+减少了+一半

정답 参加人数比去年减少了一半。 참가 인수가 작년보다 절반 줄었다.

단어 ★参加 cānjiā 통 참가하다 | 人数 rénshù 명 인수 | ★减少 jiǎnshǎo 통 감소하다

3 개사 比가 없는 비교문

1. A와 B는 같다(다르다)

A + 和/跟/与 + B + 一样/相似(不一样/不同)

这个字的发音跟那个字一样。 이 글자의 발음은 저 글자와 같다.
我的手机跟他的不一样。 내 휴대폰은 그의 것과 다르다.

단어 与 yǔ 접 ~와 | 一样 yíyàng 형 같다 | 相似 xiāngsì 형 비슷하다 | 不同 bùtóng 형 다르다 | 字 zì 명 글자 | 发音 fāyīn 명 발음 | 手机 shǒujī 명 휴대폰

2. A는 B만큼 (이렇게/그렇게) ~하다(하지 않다)

A + (没)有 + B + (这么/那么) + 술어

他有你这么优秀吗? 그가 너만큼 이렇게 우수하니?
我没有你那么喜欢看电影。 나는 너만큼 그렇게 영화 보는 것을 좋아하지 않는다.

단어 有 yǒu 통 ~에 견줄 만하다, ~만큼 되다 | 没有 méiyǒu 통 ~에 미치지 못하다 | ★优秀 yōuxiù 형 우수하다 | 喜欢 xǐhuan 통 좋아하다 | 电影 diànyǐng 명 영화

3. A는 B처럼 (이렇게/그렇게) ~하다(하지 않다)

$$\boxed{A} \; + \; (不)像 \; + \; \boxed{B} \; + \; (这样/那样) \; + \; \boxed{술어}$$

你像孩子那样可爱。 너는 아이처럼 그렇게 귀엽다.
我不像你那样聪明。 나는 너처럼 그렇게 똑똑하지 않다.

단어 可爱 kě'ài 형 귀엽다 | 聪明 cōngming 형 똑똑하다, 총명하다

4. A는 B만 못하다

$$\boxed{A} \; + \; 不如 \; + \; \boxed{B}$$

这么好的天，在家看电视不如到外边走走。
이렇게 좋은 날에, 집에서 TV를 보는 것은 밖에 나가서 걷는 것만 못하다.

단어 不如 bùrú 동 ~만 못하다 | 电视 diànshì 명 텔레비전 | 外边 wàibian 명 밖

공략 **트레이닝 3**

> 有意思　　　那本　　　不如　　　这本书

해설 및 정답 **문제 분석▼** 不如를 사용한 비교문, 즉 [A+不如+B]에 따라 배열한다.

Step 1. A+不如+B　　　　　　　　　　　　这本书+不如+那本
Step 2. 주어+부사어+술어　　　　　　　　　这本书+不如那本+有意思

정답 这本书不如那本有意思。 이 책은 저 책만큼 재미있지 않다.

단어 有意思 yǒu yìsi 형 재미있다

공략 **트레이닝 4**

> 优秀　　　产品质量　　　没有这家　　　这么　　　那家公司的

문제 분석▼ 비교문 [A+没有+B+这么+술어] 문형에 따라 배열한다.

Step 1. 的+명사   那家公司的+产品质量

Step 2. 没有…+这么   没有这家+这么

Step 3. 주어+부사어+술어   那家公司的产品质量+没有这家这么+优秀

정답   那家公司的产品质量没有这家这么优秀。저 회사 상품의 품질은 여기만큼 이렇게 우수하지 않다.

단어   公司 gōngsī 몡 회사 | 产品 chǎnpǐn 몡 상품 | 质量 zhìliàng 몡 품질 | ★优秀 yōuxiù 톙 우수하다

4 비교문의 최상급 표현

1. B보다 더 ~한 A는 없다

没有 ＋ A ＋ 比 ＋ B ＋ 再(更) ＋ 술어 ＋ (的了)

没有人比他再(更)好的了。그보다 더 좋은 사람은 없다.

2. 더 ~한 것은 없다

再(最) ＋ 술어 ＋ 不过了/没有了

再(最)好不过了。더 좋은 것은 없다.
再(最)好没有了。더 좋은 것은 없다.

3. 이보다 더 ~할 수는 없다

술어 ＋ 得 ＋ 不能 ＋ 再(更) ＋ 술어 ＋ (的)了

好得不能再(更)好了。이보다 더 좋을 수는 없다.

이것만은 꼭! A+跟+B+(不)一样 문형에서 품사별 위치

'A+和/跟/与+B+一样/相似/不一样/不同' 문형은 함께 쓰이는 술어의 품사에 따라 술어의 위치가 달라진다.

Point 1 명사(주어) 비교

A + 和/跟/与 + B + 명사 + (不)一样

这件衣服和那件颜色一样。 이 옷은 그 옷과 색깔이 같다.
我跟她性格不一样。 나는 그녀와 성격이 다르다.
我的书包与他的大小不同。 나의 책가방은 그의 것과 크기가 다르다.

(단어) 颜色 yánsè 뎽 색깔 | ★性格 xìnggé 뎽 성격 | 书包 shūbāo 뎽 책가방 | 大小 dàxiǎo 뎽 크기

Point 2 형용사(술어) 비교

A + 和/跟/与 + B + (不)一样 + 형용사

她跟你一样漂亮。 그녀와 너는 똑같이 예쁘다.
这瓶酒与那瓶一样好喝。 이 술과 저 술은 똑같이 맛있다.
我的个子和他不一样高。 나의 키는 그와 다르다.

(단어) 漂亮 piàoliang 혱 예쁘다 | 瓶 píng 양 병 | 个子 gèzi 뎽 키

Point 3 동사(술어) 비교

동사 비교에는 대체적으로 부정문을 잘 사용하지 않는다.

A + 和/跟/与 + B + 一样 + 동사

我跟他不一样喜欢音乐。(X)
我跟他一样喜欢音乐。(O) 나는 그와 똑같이 음악을 좋아한다.

他的英语跟你一样说得流利。 그는 영어를 너와 똑같이 유창하게 말한다.

(단어) 喜欢 xǐhuan 동 좋아하다 | 音乐 yīnyuè 뎽 음악 | ★流利 liúlì 혱 유창하다

제한 시간 10분

문제 적응 훈련

학습일 _____/_____

맞은 개수 _____

★ 完成句子。

┤ 실전 트레이닝 1 ├

1. 好看　　　　你比　　　　长得　　　　别人

2. 比火车　　　　速度　　　　得多　　　　飞机的　　　　快

3. 优秀　　　　一样　　　　成绩　　　　跟上个学期　　　　这个学期的

4. 比我　　　　他的心情　　　　会　　　　肯定　　　　难过

5. 大　　　　的厨房　　　　新房子　　　　原来的　　　　不比

정답 및 해설_ 해설집 152쪽

┤ 실전 트레이닝 2 ├

1. 比结果　　　　过程　　　　重要　　　　更

2. 性格　　　　活泼　　　　没有你　　　　我的　　　　那么

3. 考生的　　　　增长了　　　　两倍　　　　数量　　　　比前年

4. 内容　　　　无聊　　　　这本杂志的　　　　比那本　　　　还

5. 有你想象的　　　　吗　　　　那么　　　　这件事　　　　严重

정답 및 해설_ 해설집 154쪽

9 把자문과 被자문

新HSK에는 이렇게 출제된다! ▼

★ **把자문**은 쓰기 제1부분에서 거의 **매회 출제**되는 **문형**으로 상당히 중요하다. 기본 어순은 물론 특징과 주의사항을 꼼꼼히 숙지하여 쓰기 제2부분에도 적용할 수 있도록 한다.

★ **被자문**은 **把자문**만큼은 아니지만 역시 **출제 빈도**가 **높은** 문형이다. 기본 어순이 **把자문**과 유사하기 때문에 공통점과 차이점을 잘 구분하여 알아두자.

1 把자문

把자문은 개사 把를 사용하여 목적어를 동사 앞으로 전치시켜 처치를 강조하는 문형으로 '처치문'이라고도 부른다.

1. 기본 어순

주어	+	부사	+	조동사	+	把	+	명사(목적어)	+	술어	+	기타성분

张教授 已经 把材料 准备 好了。 장 교수님은 이미 자료를 다 준비하셨다.
주어   부사   개사구   술어   기타성분(보어)

我 不 想 把这些报纸 放 在桌子上。 나는 이 신문들을 책상에 두고 싶지 않다.
주어 부사 조동사   개사구   술어   기타성분(보어)

공략 트레이닝 1

把我的衣服   不小心   脏了   他   弄

해설 및 정답 **문제 분석**▼ 把자문에서 부사는 把 앞에 위치하며, 술어 뒤에는 기타성분이 반드시 있어야 한다.

Step 1. 부사+개사   不小心+把我的衣服

Step 2. 주어+술어+보어   他+弄+脏了

Step 3. 주어+부사어+술어+보어   他+不小心把我的衣服+弄+脏了

정답 他不小心把我的衣服弄脏了。 그는 실수로 나의 옷을 더럽혔다.

不小心 bù xiǎoxīn 실수로 | 弄 nòng 图 하다 | ★脏 zāng 图 더럽다

2. 把자문의 특징

把 + 특정명사

我把一个面包吃了。(X)

我把这个面包吃了。(O) 나는 이 빵을 먹었다.

⚠️ 개사 把 뒤에는 화자와 청자가 모두 알 수 있는 특정명사만 와야 한다. 一个面包와 같은 불특정 명사는
把자문에 사용할 수 없다.

把자문은 처치문이다

我把长城看了。(X)

我把衣服洗了。(O) 나는 옷을 빨았다.

我把面包吃了。(O) 나는 빵을 먹었다.

⚠️ 위에 세 문장은 완전히 똑같은 구조를 가지고 있지만 '我把长城看了.'는 把자문이 성립될 수
없다. 把자문은 처치문이기 때문에 동작의 결과가 제시되거나 목적어에 변화가 발생해야 한다.
'我把衣服洗了.'의 경우, '내가 옷을 빨았기 때문에 옷은 깨끗해졌고', '我把面包吃了.' 역시 '내가 빵을
먹었기 때문에 빵은 뱃속으로 이동했다'. 하지만 '我把长城看了.'의 경우, '내가 만리장성을 본다고
만리장성이 이동하거나 변화하지는 않는다'. 동작의 결과가 제시되거나 목적어에 변화가 발생하지
못하면 把자문을 쓸 수 없다.

쓰기 제1부분

공략 트레이닝 2

> 干净　　　你去　　　打扫　　　把房间

🗨️ 해설 및 정답 **문제 분석▼** 동사와 형용사가 동시에 출현할 경우 대체로 동사가 술어 역할을 담당한다. 개사구인 把房
间(방을)은 부사어 위치인 술어 앞에 나열하고, 동사 打扫(청소하다)는 술어 위치에, 형용사인 干净(깨끗
하다)는 결과보어 역할을 담당하도록 술어 뒤에 나열한다.

Step 1. 주절＋부사어　　　　　　你去＋把房间

Step 2. 술어＋보어　　　　　　　打扫＋干净

Step 3. 주절＋부사어＋술어　　　你去＋把房间＋打扫干净

🔵정답 你去把房间打扫干净。너는 방을 깨끗하게 청소해라.

📝단어 房间 fángjiān 图 방 | ★打扫 dǎsǎo 图 청소하다 | ★干净 gānjìng 图 깨끗하다

3. 把자문의 기타성분

把자문은 술어 뒤에 반드시 기타성분을 취해야 한다. 기타성분의 종류는 다음과 같다.

동태조사 了, 着

孩子把糖吃了。 아이가 사탕을 먹었다.
你把门开着。 너는 문을 열어 두어라.

⚠️ _{주의} 동태조사 过는 把자문의 기타성분이 될 수 없다.

동사 중첩

你把窗户擦擦。 너는 창문을 좀 닦아라.
你把这双鞋试试。 너는 이 신발을 좀 신어 봐라.

보어

[결과보어] 你先把作业写完。 너는 우선 숙제를 다 써라.
[방향보어] 请把护照拿出来。 여권을 꺼내 주세요.
[정도보어] 他把房间打扫得干干净净。 그는 방을 매우 깨끗하게 청소했다.
[동량보어] 我已经把这份材料看了好几遍。 나는 이미 이 자료를 여러 번 보았다.
[시량보어] 经理把会议时间提前了一个小时。 사장님이 회의 시간을 한 시간 앞당겼다.

⚠️ _{주의} 가능보어는 把자문의 기타성분이 될 수 없다.

목적어

你把那件衣服给我。 너는 그 옷을 나에게 줘.
我不想把这件事告诉妈妈。 나는 이 일을 엄마에게 알리고 싶지 않다.

공략 트레이닝 3

我们	把	旅行日程	你	告诉

해설 및 정답 **문제 분석▼** 개사 把 뒤에는 명사를 나열해야 한다. 술어가 告诉(알려주다)이기 때문에 의미상 '여행 일정을 우리에게 알려달라'는 내용이 되도록 문장을 구성해야 한다.

Step 1. 把+명사   把+旅行日程
Step 2. 주어+부사어   你[我们]+把旅行日程
Step 3. 주어+부사어+술어+목적어   你[我们]+把旅行日程+告诉+我们[你]

정답 你把旅行日程告诉我们。당신은 여행 일정을 우리에게 알려주세요.
我们把旅行日程告诉你。우리가 여행 일정을 당신에게 알려줄게요.

단어 ★旅行 lǚxíng 동 여행하다 | 日程 rìchéng 명 일정 | 告诉 gàosu 동 알려주다

2 被자문

被는 '~에게 ~를 당하다'라는 뜻으로 피동문을 만드는 개사이다.

/. 기본 어순

주어 + 부사 + 조동사 + 被 + 명사(행위자) + 술어 + 기타성분

钱包   被小偷   偷   走了。지갑을 도둑이 훔쳐갔다.
주어   개사구   술어   기타성분

帽子   被风   刮   跑了。모자가 바람에 날아갔다.
주어   개사구   술어   기타성분

공략 트레이닝 4

打破   不小心   花瓶   了   被我

해설 및 정답 **문제 분석▼** 被자문 문제에서 학습자들이 가장 많이 혼동하는 것이 주어다. 피동문에서는 동작자가 주어 역할을 하지 않는다는 것을 반드시 숙지하고 있어야 한다.

Step 1. 부사어 순서 배열   不小心＋被我

Step 2. 주어＋술어＋기타성분   花瓶＋打破＋了

Step 3. 주어＋부사어＋술어＋기타성분   花瓶＋不小心被我＋打破＋了

정답 花瓶不小心被我打破了。꽃병을 실수로 내가 깨부쉈다.

단어 花瓶 huāpíng 명 꽃병 | 不小心 bù xiǎoxīn 실수로 | 打破 dǎpò 동 때려 부수다

2. 被자문의 특징

被자문의 주어는 특정명사다

一个词典被他拿走了。(X)

我的词典被他拿走了。(O) 내 사전을 그가 가져갔다.

⚠️ 주의 被자문의 주어는 반드시 특정인물이나 특정사물이어야만 한다.

被자문은 행위자를 생략할 수 있다

일반적인 개사는 반드시 뒤에 명사가 위치하여 개사구로 사용된다. 하지만 被는 개사임에도 불구하고 뒤에 명사(행위자)를 생략하고 사용할 수 있으며 생략 가능한 경우는 다음과 같다.

• 행위자가 분명한 경우

钱包被偷走了。지갑을 훔쳐갔다. (행위자: 도둑)

他又被骗了。그는 또 속았다. (행위자: 사기꾼)

🔵 단어 钱包 qiánbāo 몡 지갑 | 偷 tōu 동 훔치다 | 骗 piàn 동 속이다

• 행위자를 알 수 없는 경우

她的手被烫伤了。그녀의 손이 데었다.

门突然被拉开了。문이 갑자기 열렸다.

🔵 단어 烫伤 tàngshāng 동 화상을 입다 | ★突然 tūrán 뮈 갑자기 | 拉开 lākāi 동 열다

• 행위자가 일반적인 대중인 경우

云南昆明被称为春城。윈난의 쿤밍은 봄의 도시라고 불린다.

他被选为总统了。그가 대통령으로 선출됐다.

🔵 단어 云南 Yúnnán 고유 윈난, 운남 | 昆明 Kūnmíng 고유 쿤밍, 곤명 | 称为 chēngwéi 동 ~라고 불리다 | 春城 chūnchéng 몡 봄의 도시 | 选为 xuǎnwéi 동 ~로 선출되다 | 总统 zǒngtǒng 몡 대통령

3. 被字文의 기타성분

被자문은 대체적으로 술어 뒤에 기타성분을 취하며, 기타성분의 종류는 다음과 같다.

동태조사 了, 着, 过

你被他骗了。 너는 그에게 속았다.

他总是被朋友们围绕着。 그는 항상 친구들에게 둘러싸여 있다.

你被妈妈打过吗? 너는 엄마한테 맞아봤니?

🔤 骗 piàn 동 속이다 | 总是 zǒngshì 부 항상 | 围绕 wéirào 동 둘러싸다 | 打 dǎ 동 때리다

⚠ 동태조사 着가 被자문의 기타성분으로 쓰이는 경우는 매우 드물다.

보어

[결과보어] 刚买的手机被他弄丢了。 방금 산 휴대폰을 그가 잃어버렸다.

[방향보어] 我的笔记本被他藏起来了。 나의 노트를 그가 숨겼다.

[정도보어] 我被你气得头疼。 나는 너 때문에 머리가 아플 정도로 화가 났다.

[동량보어] 哥哥被爸爸打了一顿。 오빠는 아빠한테 한 대 맞았다.

[시량보어] 航班被推迟了一天。 항공편이 하루 연기됐다.

🔤 手机 shǒujī 명 휴대폰 | 弄 nòng 동 하다 | 丢 diū 동 잃어버리다 | 笔记本 bǐjìběn 명 노트 | 藏 cáng 동 숨기다 | 气 qì 동 화내다 | 疼 téng 형 아프다 | 打 dǎ 동 때리다 | ★航班 hángbān 명 항공편 | 推迟 tuīchí 동 연기하다

⚠ 가능보어는 被자문의 기타성분이 될 수 없다.

공략 트레이닝 5

称为	中国国宝	被	大熊猫

해설 및 정답 **문제 분석▼** 被자문에서 행위자가 일반적인 대중인 경우 개사 被 뒤의 행위자는 생략할 수 있다.

Step 1. 술어 찾기	称为
Step 2. 주어+술어+목적어	大熊猫+称为+中国国宝
Step 3. 주어+부사어+술어+목적어	大熊猫+被+称为+中国国宝

정답 大熊猫被称为中国国宝。 판다는 중국의 국보라고 불린다.

🔤 大熊猫 dàxióngmāo 명 판다 | 称为 chēngwéi 동 ~라고 불리다 | 国宝 guóbǎo 명 국보

이것만은 꼭! 작문할 때 활용하기 좋은 고급 문형

Point 1 활용도 높은 把자문 문형

주어 + 부사 + 조동사 + 把 + 명사 + 술어 + 在/到 + 장소/시간

我不想把钥匙放在桌子上。 나는 열쇠를 책상 위에 두고 싶지 않다.
可以把时间推到明天上午吗? 시간을 내일 오전으로 미룰 수 있을까요?

주어 + 부사 + 조동사 + 把 + 명사 + 술어 + 给 + 대상

他肯定会把快乐带给你。 그는 틀림없이 당신에게 즐거움을 가져다줄 것이다.

주어 + 부사 + 조동사 + 把 + 명사 + 술어 + 成 + 변화된 결과

请把美元换成人民币。 달러를 인민폐로 바꿔 주세요.

단어 推 tuī 동 미루다 | 美元 měiyuán 명 달러 | 换 huàn 동 바꾸다, 교환하다 | 人民币 rénmínbì 명 인민폐[중국 화폐]

⚠️ 주의 把는 개사이기 때문에 부사 뒤에 위치해야 하지만 부사 都와 全部는 경우가 다르다.

주어 + 부사 + 조동사 + 把 + 명사 + 都/全部 + 술어 + 기타성분

他把钱都用光了。 그는 돈을 다 썼다.
我把作业全部做完了。 나는 숙제를 전부 다 했다.

Point 2 활용도 높은 被자문 문형

주어 + 부사 + 조동사 + 被称为/被誉为/被列为 + 목적어

昆明被称为春城。 쿤밍은 봄의 도시라고 불린다.
他被誉为伟大的发明家。 그는 위대한 발명가라 칭해진다.
长城已经被列为世界文化遗产。 만리장성은 이미 세계 문화유산에 들었다(등재되었다).

단어 誉为 yùwéi 동 ~라고 칭송되다 | 伟大 wěidà 형 위대하다 | 发明家 fāmíngjiā 명 발명가 | 列为 lièwéi 동 (어떤 부류에 속하여) ~가 되다 | 世界文化遗产 shìjiè wénhuà yíchǎn 명 세계 문화유산

주어 + 부사 + 조동사 + 被认为 + 목적어

他被认为是最好的老师。 그는 가장 좋은 선생님으로 여겨진다.

실전에 강한 문제 적응 훈련

제한 시간 10분

학습일 ____ / ____

맞은 개수 _____

★ 完成句子。

실전 트레이닝 1

1. 把桌子上的　　　小张　　　打破了　　　杯子

2. 刚买的手机　　　丢了　　　弄　　　被他　　　我

3. 不想　　　这件事　　　我　　　搞复杂　　　把

4. 完了　　　我们　　　已经　　　打印　　　把这份文件

5. 一顿　　　又　　　批评了　　　被老师　　　弟弟

정답 및 해설_ 해설집 157쪽

실전 트레이닝 2

1. 密码　　　她　　　改了　　　把手机的　　　突然

2. 感动了　　　他的话　　　我　　　被　　　竟然

3. 我们　　　吧　　　对面　　　把这个花盆　　　搬到

4. 被自己的　　　要命　　　他　　　孩子　　　气得

5. 好　　　请把　　　排列　　　按照日期顺序　　　这些材料

정답 및 해설_ 해설집 159쪽

쓰기

书写

제2부분

최신 기출 문제 분석

출제 비율

난이도 ★★★★☆

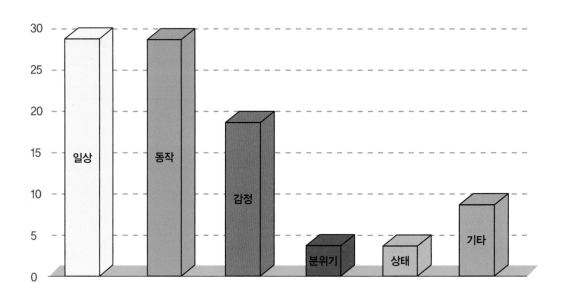

新HSK 4급 쓰기 제2부분은 기본적으로 사물의 명칭, 사람의 동작이나 감정, 상태 등을 의미하는 어휘를 숙지하고 있어야 한다. 중국어의 기본 어순에 맞춰 올바른 문장을 만드는 연습을 해야 하며, 고득점을 노린다면 문장을 풍부하게 표현하는 연습도 함께 해야 한다. 출제 빈도를 품사 순으로 배열하면 동사→명사→형용사→양사 순이다.

핵심1 쉬운 문장 만들기부터 시작한다

쓰기 제2부분은 제시된 어휘를 사용하여 문장을 만드는 문제 유형이다. 주관식 문제이다 보니 학습자의 입장에서는 어디서부터 어떻게 시작해야 좋을지 막막해서 포기하고 싶은 문제이기도 하지만, 점수 배점이 높기 때문에 절대 간과할 수 없는 문제이기도 하다. 많은 학습자들이 처음부터 고급 문장을 만들려는 부담을 갖고 있어 오히려 시작조차 힘들어 하는 경우가 많은데 일단은 부담을 내려놓고 주술목 구조에 맞춰서 기본적인 쉬운 문장을 만드는 연습부터 시작해야 한다. 그런 뒤에 차츰차츰 살을 붙여 나가는 연습을 꾸준히 하다 보면 어느새 훌륭한 문장을 완성할 수 있는 실력을 갖추게 될 것이다.

핵심2 제시된 그림을 관찰한다

어휘만 보고 문장을 만들면 제시된 그림에 전혀 부합하지 않는 문장이 만들어질 수 있다. 따라서 만일 '깨끗하게 정돈된 방'이 그림으로 제시되고 干净이라는 어휘가 주어졌다면 '房间打扫得很干净。'과 같은 문장으로 '방'이나 '청소'와 같은 그림과 관련된 어휘를 사용하여 문장을 만드는 것에 주의해야 한다.

핵심3 목적절을 활용한다

주어, 술어, 목적어 구조로 이루어진 간단한 문장을 만들더라도 목적절을 활용하면 효과적으로 보다 더 근사한 문장을 만들 수 있다. 예를 들면 喜欢과 같은 HSK 1급 수준의 쉬운 어휘를 사용한다고 해도 '妈妈喜欢我。'와 같이 기본적인 목적어를 갖는 단순한 문장보다는 '妈妈喜欢我笑。', '妈妈喜欢我穿裙子。', '妈妈喜欢我学习汉语。'와 같이 목적절을 활용하면 보다 짜임새 있는 문장이 가능하다. 목적절을 어렵게 생각하지 말고 '주어+술어+(주어+술어+목적어)'처럼 형식을 암기하는 것도 하나의 방법이 될 수 있다. 알고 보면 한 문장 안에 주술목이 두 개 들어 있는 만들기 쉬운 문형이다.

핵심4 관형어, 부사어, 보어와 같은 문장 성분을 다양하게 활용한다

중국어는 총 6가지 문장 성분을 가지고 있기 때문에 문장 성분들을 다양하게 활용하는 것이 고득점 비법이 될 수 있다. 물론 한 문장에 무조건 모든 문장 성분을 다 활용해야 하는 것은 아니다. 문장을 만들기 전에 어휘를 확인하고 '이 어휘에는 정도보어를 사용할 수 있겠다!', '把자문을 사용해 보자!'와 같은 문장 구성을 미리 결정하고 문장 만들기에 임하면 작문하기가 더 수월해진다.

10 제시어 명사로 문장 만들기

新HSK에는 이렇게 출제된다! ▼

★ **쓰기 제2부분**에는 주로 **일상생활**과 관련된 **어휘**들이 출제된다. 따라서 평소에 생활 관련 어휘 암기에 특히 신경 써야 한다.

★ **명사**는 **주어**나 **목적어, 관형어** 등 다양한 역할을 하는 품사이기 때문에 활용도가 높고 **출제 빈도** 역시 높다.

沙发

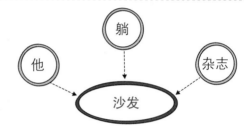

他躺在沙发上看杂志。 그는 소파에 누워서 잡지를 본다.

1 자주 출제되는 사물명사

쓰기 제2부분에는 주로 추상명사보다는 구체적인 사물명사가 출제된다. 그림과 어휘를 보고 작문하는 유형이기 때문에 주어진 어휘를 사용하여 그림과 관련된 문장을 작성하는 것이 가장 이상적인 답안이다.

桌子 zhuōzi	탁자	妈妈让我把桌子上的书整理一下。 엄마는 나에게 책상 위의 책을 좀 정리하라고 하셨다.
冰箱 bīngxiāng	냉장고	这款冰箱质量好，价钱也不贵。 이 냉장고는 품질도 좋고, 가격도 비싸지 않다.
巧克力 qiǎokèlì	초콜릿	人生就像一盒巧克力，不知道下一块会是什么味道。 인생은 다음 조각이 무슨 맛일지 알 수 없는 초콜릿 상자와 같다.
毛巾 ✱ máojīn	타월, 수건	他让我用毛巾擦擦脸上的汗水。 그는 나에게 수건으로 얼굴에 땀을 닦아 달라고 했다.
沙发 ✱ shāfā	소파	爸爸每天早上坐在沙发上看报纸。 아빠는 매일 아침 소파에 앉아 신문을 보신다.
洗衣机 ✱ xǐyījī	세탁기	新买的洗衣机有很多功能。 새로 산 세탁기에는 많은 기능이 있다.

植物 zhíwù	식물	植物生长需要阳光、水分和空气。 식물의 생장에는 햇살, 수분과 공기가 필요하다.
信用卡 ✄ xìnyòngkǎ	신용카드	信用卡给人们带来了许多好处。 신용카드는 사람들에게 많은 이점을 가져다주었다.
牙膏 yágāo	치약	别用过期的牙膏刷牙。 기한이 지난 치약으로 양치하지 마라.
材料 cáiliào	재료, 자료	为了写好论文，我参考了很多材料。 논문을 잘 쓰기 위해서, 나는 많은 자료를 참고했다.
窗户 ✄ chuānghu	창문	他把窗户擦得非常干净。 그는 창문을 매우 깨끗하게 닦았다.
啤酒 píjiǔ	맥주	他一口气喝掉了一大杯啤酒。 그는 단숨에 맥주 큰 컵 한 잔을 마셔 버렸다.
垃圾桶 lājītǒng	쓰레기통	他把地上的垃圾扔到垃圾桶去了。 그는 땅에 있던 쓰레기를 휴지통에 던져 넣었다.
表格 biǎogé	표, 서식, 양식	请填写一下这张表格。 이 표를 좀 기입해 주세요.
盒子 ✄ hézi	상자, 케이스	盒子里面装满了食物。 상자 안에 음식이 가득 담겨 있다.
航班 hángbān	(여객기의) 항공편	飞往北京的航班被取消了。 베이징으로 비행하는 항공편이 취소됐다.
杂志 ✄ zázhì	잡지	这本杂志很适合青少年看。 이 잡지는 청소년이 보기에 매우 적합하다.
盐 yán	소금	请不要在我的菜里放很多盐。 제 음식에 너무 많은 소금을 넣지 마세요.
笔记本 ✄ bǐjìběn	노트, 공책	好学生把老师的话都记在笔记本上。 모범생은 선생님의 말씀을 모두 노트에 기록한다.
袜子 ✄ wàzi	양말	昨天我去百货店买了一双袜子。 어제 나는 백화점에 가서 양말을 한 켤레 샀다.
词典 cídiǎn	사전	多看词典可以理解很多单词。 사전을 많이 보면 많은 단어를 이해할 수 있다.
钥匙 yàoshi	열쇠	因为我丢了钥匙，所以我被妈妈骂了。 내가 열쇠를 잃어버려서 엄마에게 혼이 났다.
镜子 jìngzi	거울	我非常喜欢照镜子。 나는 거울 보는 것을 매우 좋아한다.
饼干 bǐnggān	비스킷, 크래커	弟弟把这包饼干都吃光了。 남동생은 이 비스킷 한 봉지를 다 먹어버렸다.
椅子 ✄ yǐzi	의자	他坐在椅子上休息了很长时间。 그는 의자에 앉아 오랜 시간을 쉬었다.

杯子 bēizi	컵	我妹妹已经喝完了杯子里的牛奶。 내 여동생은 이미 컵에 있던 우유를 다 마셨다.
照相机 zhàoxiàngjī	카메라	他用照相机记录了旅行中的美丽风景。 그는 카메라로 여행 중에 아름다운 풍경을 기록했다.
电脑 diànnǎo	컴퓨터	我常常用电脑玩游戏。 나는 자주 컴퓨터로 게임을 한다.

단어 ★整理 zhěnglǐ 图 정리하다 | 质量 zhìliàng 图 품질 | 价钱 jiàqian 图 가격 | ★味道 wèidao 图 맛 | ★擦 cā 图 닦다 | 汗水 hànshuǐ 图 땀 | 报纸 bàozhǐ 图 신문 | 功能 gōngnéng 图 기능 | 生长 shēngzhǎng 图 생장하다 | 阳光 yángguāng 图 햇빛 | 水分 shuǐfèn 图 수분 | 空气 kōngqì 图 공기 | 好处 hǎochù 图 장점 | 过期 guòqī 图 기한이 지나다 | ★刷牙 shuāyá 图 양치하다 | 论文 lùnwén 图 논문 | ★参考 cānkǎo 图 참고하다 | ★干净 gānjìng 图 깨끗하다 | 一口气 yìkǒuqì 图 단숨에 | ★垃圾 lājī 图 쓰레기 | 填写 tiánxiě 图 기입하다 | 装 zhuāng 图 담다 | 取消 qǔxiāo 图 취소하다 | ★适合 shìhé 图 적합하다 | 青少年 qīngshàonián 图 청소년 | 百货店 bǎihuòdiàn 图 백화점 | ★理解 lǐjiě 图 이해하다 | 单词 dāncí 图 단어 | ★丢 diū 图 잃어버리다 | 骂 mà 图 욕하다 | 牛奶 niúnǎi 图 우유 | 记录 jìlù 图 기록하다 | ★旅行 lǚxíng 图 여행하다 | 美丽 měilì 图 아름답다 | 风景 fēngjǐng 图 풍경 | 游戏 yóuxì 图 게임

笔记本电脑

해설 및 정답 **그림 및 어휘 분석▼** 남자가 **노트북**으로 무엇인가를 **쓴다**.

Step 1. **연상 단어** 他(그), 笔记本电脑(노트북), 写(쓰다)
Step 2. **기본 문장** 他用笔记本电脑写论文。그는 노트북으로 논문을 쓴다.
Step 3. **확장 문장** 他用笔记本电脑写一篇论文。그는 노트북으로 논문을 한 편 쓴다.

단어 笔记本电脑 bǐjìběn diànnǎo 图 노트북 | 论文 lùnwén 图 논문 | 篇 piān 图 편[글이나 문장을 세는 단위]

照相机

해설 및 정답 **그림 및 어휘 분석▼ 카메라를 들고 있다.**

Step 1. **연상 단어** 照相机(카메라), 拿(들다)

Step 2. **기본 문장** 她拿着照相机。 그녀는 카메라를 들고 있다.

Step 3. **확장 문장** 她小心地拿着高级照相机。 그녀가 고급 카메라를 조심스럽게 들고 있다.

단어 照相机 zhàoxiàngjī 명 카메라 | 拿 ná 동 들다 | 小心 xiǎoxīn 형 조심스럽다 | 高级 gāojí 형 고급의

2 혼동되는 명사

중국어는 하나의 단어가 여러 가지 품사에 해당되는 경우가 상당히 많다. 따라서 학습자들이 품사를 혼동하는 경우가 있을 수밖에 없다. 예를 들면 演出(공연)의 경우, 사전에는 동사와 명사가 모두 표기되어 있지만 실제로는 대체로 명사 역할을 담당하며, 表演 역시 동사와 명사로 모두 활용 가능하지만 '공연하다'라는 동사 의미로 주로 사용된다. 이처럼 혼동되기 쉬운 어휘들은 따로 분류하여 암기하고 직접 문장을 만들어 보며 완벽하게 숙지한다.

笑话 xiàohua	농담	听了他的笑话，我的心情变好了。 그의 농담을 듣고, 나는 기분이 좋아졌다.
演出 ✹ yǎnchū	공연	如果以后赚很多钱，我就会天天看音乐剧演出。 나중에 돈을 많이 벌면, 나는 날마다 뮤지컬 공연을 볼 것이다.
密码 ✹ mìmǎ	비밀번호	为了安全，经常要修改密码。 안전을 위해 비밀번호를 자주 바꿔야 한다.
活动 ✹ huódòng	활동, 행사	明天我去参加学校举行的活动。 내일 나는 학교에서 주최하는 행사에 참가한다.
礼貌 ✹ lǐmào	예의	家人之间也要有礼貌。 가족끼리도 예의를 지켜야 한다.
信心 ✹ xìnxīn	믿음	我已经对他没有信心了。 그에 대한 나의 믿음은 이미 없어졌다.
新闻 ✹ xīnwén	뉴스	通过新闻听到了世界各地的消息。 뉴스를 통해 세계 각지의 소식을 들었다.

基础 jīchǔ	기초	无论什么基础是最重要的。 무엇이든지 기초가 제일 중요하다.
广告 guǎnggào	광고	我的梦想是在广告公司工作。 나의 꿈은 광고 회사에서 일하는 것이다.
广播 guǎngbō	방송	有孩子的家庭总是看儿童广播节目。 아이가 있는 집에서는 항상 어린이 방송 프로그램을 시청한다.
消息 xiāoxi	소식	我今天告诉你一个好消息。 내가 오늘 너에게 좋은 소식 한 가지를 알려줄게.

단어 心情 xīnqíng 명 기분 | 赚 zhuàn 동 벌다 | 音乐剧 yīnyuèjù 명 뮤지컬 | ★安全 ānquán 형 안전하다 | 修改 xiūgǎi 동 수정하다 | ★参加 cānjiā 동 참가하다 | ★举行 jǔxíng 동 개최하다 | 之间 zhījiān 명 사이 | 通过 tōngguò 동 통하다 개 ~을 통하여 | 各地 gèdì 명 각지 | 无论 wúlùn 접 ~를 막론하고 | ★重要 zhòngyào 형 중요하다 | 梦想 mèngxiǎng 명 꿈 | 公司 gōngsī 명 회사 | 孩子 háizi 명 아이 | 家庭 jiātíng 명 가정 | 儿童 értóng 명 어린이 | 节目 jiémù 명 프로그램

演出

해설 및 정답 **그림 및 어휘 분석▼ 경극 공연**을 하고 있다.

Step 1. **연상 단어** 京剧(경극), 演出(공연), 精彩(근사하다)

Step 2. **기본 문장** 演出非常精彩。공연은 굉장히 근사하다.

Step 3. **확장 문장** 京剧表演艺术家的演出非常精彩。경극 공연 예술가의 공연은 굉장히 근사하다.

단어 京剧 jīngjù 명 경극 | 演出 yǎnchū 명 공연 | ★精彩 jīngcǎi 형 근사하다 | ★表演 biǎoyǎn 동 공연하다 | 艺术家 yìshùjiā 명 예술

[TIP] 精彩는 '근사하다'라는 뜻의 형용사로, '공연이나 스포츠 경기 등이 멋지다'고 표현할 때 쓴다. 사람에게는 사용하지 않으니 주의하자!

3 빈출 추상명사 및 자연 관련 명사

쓰기 제2부분은 사진과 어휘가 함께 제시되기 때문에 구체적인 사물에 관련된 어휘가 주로 출제되지만 자주 출제되는 추상명사도 있으니 간과해서는 안 된다.

价格 jiàgé	가격	这朵花又美又香，价格也很不错。 이 꽃은 아름답고 향기도 좋은데, 가격도 괜찮다.
距离 ✤ jùlí	거리	从我家到公司距离很远。 우리 집에서 회사까지 거리는 매우 멀다.
理想 lǐxiǎng	이상, 꿈	到现在他还分不清理想和现实。 지금까지도 그는 이상과 현실을 구분하지 못한다.
味道 ✤ wèidao	맛	我喜欢吃巧克力，因为我喜欢甜甜的味道。 나는 달콤한 맛을 좋아하기 때문에 초콜릿을 매우 좋아한다.
性格 xìnggé	성격	我喜欢她活泼开朗的性格。 나는 그녀의 활발하고 명랑한 성격을 좋아한다.
速度 sùdù	속도	在高速公路开车时要加快速度。 고속도로에서 차를 운전할 때는 속도를 내야 한다.
收入 shōurù	수입	我的收入虽然不高，但我爱我的职业。 나의 수입은 높지 않지만, 나는 나의 직업을 사랑한다.
重点 ✤ zhòngdiǎn	중점	他说的话总是没有意思，而且也没有重点。 그가 하는 이야기는 늘 재미도 없고 게다가 중점도 없다.
海洋 hǎiyáng	해양, 바다	夜的海洋又是那么美。 밤바다가 또 그렇게 아름답다.
温度 wēndù	온도	温度降到零下了，多穿衣服要小心感冒。 기온이 영하로 내려가서, 옷을 많이 입어 감기를 조심해야 한다.
艺术 yìshù	예술	对我来说，艺术总觉得很难。 나에게 예술은 언제나 어렵게 느껴진다.
质量 zhìliàng	품질, 질량	虽然有点儿贵，可是质量很好。 비록 조금 비싸지만 품질은 매우 좋다.
风景 fēngjǐng	풍경, 경치	济州岛因风景优美而有名。 제주도는 아름다운 풍경으로 유명하다.
压力 yālì	스트레스	明天就要考试了，很多学生的压力很大。 내일이면 곧 시험을 봐서, 많은 학생들의 스트레스가 매우 심하다.
自然 zìrán	자연	我的故乡的自然风景很美丽。 내 고향의 자연 풍경은 매우 아름답다.

단어 分不清 fēnbuqīng 확실히 구분하지 못하다 | 现实 xiànshí 명 현실 | ★甜 tián 형 달다 | ★活泼 huópo 형 활발하다 | 开朗 kāilǎng 형 명랑하다 | 高速公路 gāosù gōnglù 명 고속도로 | 加快 jiākuài 통 빠르게 하다 | 职业 zhíyè 명 직업 | 夜 yè 명 밤 | ★降 jiàng 통 떨어지다 | 零下 língxià 영하 | 小心 xiǎoxīn 통 조심하다 | 感冒 gǎnmào 명통 감기(에 걸리다) | 济州岛 Jìzhōudǎo 고유 제주도 | 优美 yōuměi 형 아름답다 | 有名

yǒumíng 휑 유명하다 | ★考试 kǎoshì 맹똥 시험(을 치다) | 故乡 gùxiāng 맹 고향 | 美丽 měilì 휑 아름답다

[TIP] ① '对…来说'는 '~에게 있어서'라는 표현으로 문장 첫머리에 활용하기 좋은 문형이다.
② '因…而… yīn…ér…'은 '~때문에 ~하다'라는 표현으로 원인과 결과를 나열할 때 사용한다.

공략 트레이닝 4

海洋

해설 및 정답 **그림 및 어휘 분석▼** 작은 배가 **바다** 위에 떠있다.

Step 1. **연상 단어**   小船(작은 배), 海洋(바다), 迷失(잃다), 方向(방향)
Step 2. **기본 문장**   海洋中的小船迷失了方向。
바다에 작은 배가 방향을 잃었다.
Step 3. **확장 문장**   海洋中的小船只有找对方向，才能到达目的地。
바다에 작은 배는 맞는 방향을 찾아야만 목적지에 도달할 수 있다.

단어 船 chuán 맹 배 | 海洋 hǎiyáng 맹 바다 | 迷失 míshī 똥 잃다 | 方向 fāngxiàng 맹 방향 | ★到达 dàodá 똥
도달하다 | 目的地 mùdìdì 맹 목적지

[TIP] '只有…才能… zhǐyǒu…cái néng…'은 '~해야지만 ~할 수 있다'라는 의미의 접속사 문형으로 고득점
표현이다.

味道

해설 및 정답 **그림 및 어휘 분석▼ 맛있어** 보이는 **음식**이 놓여 있다.

Step 1. **연상 단어**   菜(음식), 味道(맛), 好吃(맛있다)

Step 2. **기본 문장**   这道菜的味道很不错，很好吃。
　　　　　　　　　이 음식의 맛이 매우 좋아서, 아주 맛있다.

Step 3. **확장 문장**   这道菜酸酸甜甜的，像是青春的味道。
　　　　　　　　　이 음식은 새콤달콤한 것이 청춘의 맛과 닮았다.

단어 味道 wèidao 몡 맛 | 道 dào 양 음식을 세는 양사 | 菜 cài 몡 음식 | 不错 búcuò 혱 좋다, 괜찮다 | 酸 suān 혱
시다 | ★甜 tián 혱 달다 | 像 xiàng 뿐 마치 ~와 같다 | 青春 qīngchūn 몡 청춘

[TIP] 확장 문장은 고급 수준의 문장이다. 고급 어휘를 사용하는 것도 물론 중요하지만 중국인들은 시(诗)적인
문장이나 비유법을 사용한 문장을 선호하는 경향이 있기 때문에 '음식의 맛'을 '청춘'에 비유하여 완성한 문장에
좋은 점수를 줄 것이다.

고득점 문장 명사 제시어

1

西红柿

我妹妹很喜欢吃西红柿。
내 여동생은 토마토를 아주 좋아한다.

西红柿对身体健康有很多好处。
토마토는 신체 건강에 많은 이점이 있다.

西红柿含有丰富的维生素，营养价值很高。
토마토는 풍부한 비타민을 함유하고 있고, 영양가가 매우 높다.

西红柿 xīhóngshì 몡 토마토 | ★健康 jiànkāng 몡 건강 | ★好处 hǎochù 몡 장점, 이점 | ★丰富 fēngfù 혱 풍부하다 | ★营养 yíngyǎng 몡 영양

연습 _____

2

手机

手机能借我一下吗？
휴대폰 좀 빌려 줄 수 있나요?

我用手机给妈妈打电话。
나는 휴대폰으로 엄마에게 전화를 한다.

现代人离不开手机。
현대인을 휴대폰을 떠날 수 없다.

借 jiè 통 빌리다 | 现代人 xiàndàirén 몡 현대인 | 离不开 líbukāi 떠날 수 없다, 없으면 안 된다

연습 _____

3

信用卡

我丢了信用卡。
나는 신용카드를 잃어버렸다.

可以用信用卡结账(付款)吗？
신용카드로 결제할 수 있나요?

信用卡给我们的生活带来了方便。
신용카드는 우리의 생활에 편리함을 가져다주었다.

★信用卡 xìnyòngkǎ 몡 신용카드 | 结账 jiézhàng 통 결제하다 | ★方便 fāngbiàn 혱 편리하다

연습 _____

4

心情

孩子最近心情总是很好。
아이는 요즘 기분이 항상 좋다.

心情好的时候，这世界看起来更美好。
기분이 좋을 때는 이 세상이 더욱 아름다워 보인다.

看着孩子愉快的表情，我的心情也很快乐。
아이의 유쾌한 표정을 보니, 나의 기분도 즐겁다.

★心情 xīnqíng 몡 기분 | 世界 shìjiè 몡 세계 | 美好 měihǎo 혱 아름답다 | 愉快 yúkuài 혱 유쾌하다 | 表情 biǎoqíng 몡 표정

연습 _____

5

复印机

复印机坏了。
복사기가 고장 났다.

请把这台复印机修理一下。
이 복사기를 좀 수리해 주세요.

我们公司的复印机经常需要修理。
우리 회사의 복사기는 자주 수리해야 한다.

★复印机 fùyìnjī 몡 복사기 | 坏 huài 혱 고장 나다 | ★修理 xiūlǐ 통 수리하다 | 经常 jīngcháng 児 자주 | 需要 xūyào 통 필요하다

연습 _____

这是我最喜欢看的杂志。
이것은 내가 가장 좋아하는 잡지다.

很多女人喜欢看时装杂志。
많은 여성들은 패션 잡지 보는 것을 좋아한다.

看着旅行杂志，我也想去旅行。
여행 잡지를 보고 있으니, 나도 여행을 가고 싶다.

杂志

★杂志 zázhì 명 잡지 | 时装 shízhuāng 명 패션 | ★旅行 lǚxíng 동 여행하다

연습 _____

这是一双很可爱的袜子。
이것은 아주 귀여운 양말이다.

我的爱好是收集袜子。
내 취미는 양말을 수집하는 것이다.

他的旧袜子让我感到心痛。
그의 낡은 양말이 내 마음을 아프게 한다.

袜子

★袜子 wàzi 명 양말 | 可爱 kě'ài 형 귀엽다 | ★收集 shōují 동 수집하다 | 旧 jiù 형 낡다 | 心痛 xīntòng 형 마음이 아프다

연습 _____

他一边喝咖啡一边看新闻。
그는 커피를 마시며 뉴스를 본다.

今天的新闻引起了他的兴趣。
오늘의 뉴스가 그의 흥미를 유발시켰다.

爸爸在仔细地看重要的新闻。
아버지가 중요한 뉴스를 자세히 보고 계신다.

新闻

★新闻 xīnwén 명 뉴스 | ★引起 yǐnqǐ 동 일으키다 | 兴趣 xìngqù 명 흥미 | ★报道 bàodào 명 보도 | 仔细 zǐxì 형 자세하다

연습 _____

请您填写一下这张表格。
이 표를 기입해 주세요.

我在表格上填写了我的个人信息。
나는 표에 나의 개인 정보를 기입했다.

请先填写这张表格，并签上你的名字。
우선 이 표를 기입하시고, 서명해 주십시오.

表格

★表格 biǎogé 명 표, 서식 | ★填写 tiánxiě 동 기입하다 | 个人 gèrén 명 개인 | 签 qiān 동 서명하다

연습 _____

她非常喜欢看小说。
그녀는 소설 보는 것을 매우 좋아한다.

她喜欢小说里面的男主角。
그녀는 소설 속 남자 주인공을 좋아한다.

这篇小说她已经读了好几遍。
이 소설을 그녀는 이미 몇 번이나 읽었다.

小说

★小说 xiǎoshuō 명 소설 | 主角 zhǔjué 명 주인공 | 好几遍 hǎo jǐ biàn 여러 번

연습 _____

실전에 강한
체한 시간 25분

문제 적응 훈련

학습일 ____ / ____

맞은 개수 _____

★ 看图，用词造句。

┤ 실전 트레이닝 1 ├

1.

巧克力

2.

椅子

3.

重点

4.

压力

정답 및 해설_ 해설집 162쪽

┤ 실전 트레이닝 2 ├

1.

啤酒

2.

箱子

3.

植物

4.

钥匙

정답 및 해설_ 해설집 164쪽

11 제시어 동사로 문장 만들기

★ 쓰기 **제2부분**에는 **동사**의 출제 빈도가 **가장 높다**.

★ 동사는 기본적으로 **동작**을 의미하는 **일반 동사**와 이미 **목적어를 가지고** 있는 **이합동사** 등이 있다. 모두 출제 범위에 속하기 때문에 빈출 어휘를 중심으로 암기하고 호응할 수 있는 표현들도 숙지하여 수준 있는 문장을 완성하는 연습을 한다.

赢

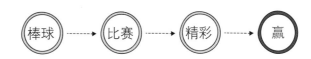

这场棒球比赛赢得很精彩。
이번 야구 경기는 매우 멋지게 이겼다.

1 자주 출제되는 1음절 동사

동사 문제는 제시된 그림의 내용과 어휘의 의미가 대체로 일치하기 때문에 혹 모르는 어휘가 출제된다고 해도 그림을 보고 동사의 의미를 유추할 수 있다. 1음절 동사는 오히려 외우기 더 힘들기 때문에 따로 암기해 두는 것이 좋으며, 또 동사 문제의 경우 그림 속 동작을 묘사하는 문장을 완성하는 것이 가장 바람직하다.

赢 yíng	이기다	我相信我们会赢得很漂亮。 나는 우리가 매우 아름답게 이길 것이라 믿는다.
挂 ✱ guà	걸다	他家的客厅里挂着全家福。 그의 집 거실에는 가족사진이 걸려 있다.
猜 ✱ cāi	추측하다	我能猜出你在想什么。 나는 당신이 무슨 생각을 하는지 추측할 수 있다.
搬 bān	옮기다	把会议室里的电脑搬到办公室吧。 회의실에 있는 컴퓨터를 사무실로 옮겨줘.
擦 ✱ cā	닦다	吃饭以前要把餐桌擦干净。 식사 전에는 식탁을 깨끗이 닦아야 한다.

尝 cháng	맛보다	这次出差我第一次尝到了白酒。 이번 출장에서 나는 처음 백주를 맛보았다.
戴 dài	착용하다, 쓰다	因为视力不好，所以我从去年开始戴上了眼镜。 시력이 좋지 않아서, 나는 작년부터 안경을 썼다.
开 kāi	열다, 켜다	太热了，开一下门，换一下空气吧。 너무 더우니 문을 열고 환기를 좀 시키자.
关 guān	닫다, 끄다	出去时千万别忘了关窗户。 나갈 때는 창문을 잠그는 걸 절대 잊지 마세요.
逛 guàng	구경하다	周末我常常和朋友逛街买衣服。 주말에 나는 친구와 자주 길거리를 구경하며 옷을 산다.
画 huà	그리다	天气晴的时候，她喜欢在外边画画儿。 날씨가 맑을 때, 그녀는 야외에서 그림 그리는 것을 좋아한다.
寄 jì	(우편으로) 부치다	前几天我给她寄了一封信，但她还没给我回信。 며칠 전 나는 그녀에게 편지 한 통을 보냈지만, 그녀는 아직 답장이 없다.
扔 rēng	던지다, 버리다	不要把袜子扔到房间里。 양말을 방 안에 던져 놓지 마세요.
抬 ✱ tái	들다	这个家具太重了，我一个人抬不动。 이 가구는 너무 무거워서 저 혼자 들 수 없어요.
弹 tán	(피아노를) 치다	在那儿弹钢琴的孩子就是我的女儿。 저기서 피아노를 치는 아이가 바로 제 딸입니다.
躺 ✱ tǎng	눕다	吃饭以后不要马上躺下。 식사 후에 바로 눕지 마세요.
踢 tī	(발로) 차다	我男朋友长得帅，而且球也踢得好。 내 남자친구는 잘생겼고, 게다가 공도 아주 잘 찬다.
醒 xǐng	(잠에서) 깨다	幸好你叫醒了我，不然我会迟到的。 네가 나를 깨워서 다행이야, 그렇지 않으면 난 지각했을 거야.
脱 tuō	벗다	我的外国朋友不习惯在室内脱鞋。 내 외국인 친구는 실내에서 신발 벗는 것에 익숙하지 않다.
算 suàn	계산하다	对我来说这道数学题很难，我怎么也算不出来。 나에게 이 수학 문제는 너무 어려워서 어떻게 해도 풀 수 없다.
敲 qiāo	두드리다	昨晚有人不停地敲我家的门。 간밤에 누군가 우리 집 문을 계속 두드렸다.
谈 tán	이야기하다	谈谈对中国文化的看法。 중국 문화에 대한 견해를 이야기해 보자.

🔤 단어 ★相信 xiāngxìn 동 믿다 | 客厅 kètīng 명 거실 | 全家福 quánjiāfú 명 가족사진 | 会议室 huìyìshì 명 회의실
| 电脑 diànnǎo 명 컴퓨터 | 办公室 bàngōngshì 명 사무실 | 餐桌 cānzhuō 명 식탁 | ★干净 gānjìng 형
깨끗하다 | 出差 chūchāi 동 출장 가다 | 白酒 báijiǔ 명 백주, 배갈 | 视力 shìlì 명 시력 | 眼镜 yǎnjìng 명 안경
| 换 huàn 동 바꾸다 | 空气 kōngqì 명 공기 | ★窗户 chuānghu 명 창문 | 周末 zhōumò 명 주말 | ★逛街
guàngjiē 동 구경하다 | 天气 tiānqì 명 날씨 | 晴 qíng 형 맑다 | 封 fēng 양 통[편지를 세는 단위] | 信 xìn 명 편지

| 回信 huíxìn 몡용 답장(하다) | ★袜子 wàzi 몡 양말 | 房间 fángjiān 몡 방 | ★家具 jiājù 몡 가구 | ★钢琴 gāngqín 몡 피아노 | 马上 mǎshàng 뮈 바로 | 帅 shuài 휑 잘생기다 | 幸好 xìnghǎo 뮈 다행히 | 不然 bùrán 졉 그렇지 않으면 | 迟到 chídào 용 지각하다 | ★习惯 xíguàn 용 익숙하다, 습관이 되다 | 室内 shìnèi 몡 실내 | 鞋 xié 몡 신발 | 数学 shùxué 몡 수학 | 文化 wénhuà 몡 문화 | 看法 kànfǎ 몡 견해

戴

해설 및 정답 **그림 및 어휘 분석▼ 여자가 모자를 쓰고 있다.**

Step 1. **연상 단어** 她(그녀), 戴(쓰다), 帽子(모자)

Step 2. **기본 문장** 她戴着帽子。그녀는 모자를 쓰고 있다.

Step 3. **확장 문장** 她适合戴着大大的帽子。그녀는 커다란 모자를 쓰는 것이 잘 어울린다.

단어 ★戴 dài 용 착용하다, 쓰다 | 帽子 màozi 몡 모자 | ★适合 shìhé 용 어울리다

2 자주 출제되는 다음절 동사 ✦ 필수체크

출제 빈도가 상당히 높은 어휘들이므로 예시를 참고하여 의미뿐만 아니라 용법까지 완벽히 숙지하자.

打扮 ✱ dǎban	치장하다	我喜欢把自己打扮得漂漂亮亮的。 나는 자신을 예쁘게 치장하는 것을 좋아한다.
打扫 dǎsǎo	청소하다	全家人都在打扫自己的房间。 온 식구들이 각자의 방을 청소하고 있다.
咳嗽 ✱ késou	기침하다	她因为感冒所以咳嗽得很厉害。 그녀는 감기 때문에 기침을 매우 심하게 한다.
收拾 ✱ shōushi	정리하다	老师让迟到的学生收拾仓库里的东西。 선생님은 지각한 학생에게 창고에 있는 물건을 정리하라고 하셨다.
节约 jiéyuē	절약하다	我这个月花了很多钱，下个月要节约生活费了。 이번 달에 돈을 너무 많이 써서 다음 달에는 생활비를 절약해야 한다.
复印 fùyìn	복사하다	能帮我复印一下这些文件吗？ 이 서류들을 복사해 주실 수 있나요?

商量 shāngliang	상의하다	我想跟你们商量一下公司问题。 당신들과 회사 문제에 대해 좀 상의하고 싶다.
讨论 ✖ tǎolùn	토론하다	我们对环境问题进行了讨论。 우리는 환경 문제에 대해 토론을 진행했다.
预习 yùxí	예습하다	成绩好的学生一般都预习。 성적이 좋은 학생들은 일반적으로 모두 예습한다.
降落 jiàngluò	착륙하다	金先生乘坐的飞机一个小时以后降落。 김 선생님이 탑승한 비행기가 한 시간 뒤에 착륙한다.
误会 wùhuì	오해하다	我们被人误会时，要说明清楚事情的真相。 우리가 오해를 받았을 때는 사건의 진상을 명확히 설명해야 한다.
乘坐 chéngzuò	탑승하다	乘坐公交车的时候，要排队。 버스를 탈 때는 줄을 서야 한다.
来不及 ✖ láibují	(시간이 부족하여) 늦다	今天起得很晚，所以来不及吃早饭。 오늘 너무 늦게 일어나서 아침밥을 먹기에는 늦었다.
保护 ✖ bǎohù	보호하다	保护地球是我们大家共同的责任。 지구를 보호하는 것은 우리 모두의 공동 책임이다.
解决 jiějué	해결하다	我想提高解决问题的能力。 나는 문제 해결 능력을 향상시키고 싶다.
放弃 fàngqì	포기하다	只要不放弃，什么都可以做成。 포기하지만 않으면 무엇이든 해낼 수 있다.
调查 ✖ diàochá	조사하다	昨天公司调查了职员们的工作满意度。 어제 회사에서 직원들의 근무 만족도를 조사했다.
拒绝 jùjué	거절하다	不知道什么原因，她拒绝了我的求婚。 어떤 이유에서인지 그녀는 나의 청혼을 거절했다.
使用 ✖ shǐyòng	사용하다	为了保护环境，我们应该减少使用一次性用品。 환경을 보호하기 위해 우리는 일회용품 사용을 줄여야 한다.
适应 shìyìng	적응하다	我能很快适应新的环境。 나는 새로운 환경에 매우 빨리 적응할 수 있다.
提供 ✖ tígōng	제공하다	这个服务只提供给正式会员。 이 서비스는 정식 회원에게만 제공된다.
推迟 tuīchí	연기하다	不好意思，会议可以推迟到明天下午吗？ 죄송하지만, 회의를 내일 오후로 연기할 수 있을까요?
注意 ✖ zhùyì	주의하다	今天天气很冷，要注意感冒。 오늘 날씨가 추우니 감기 조심하세요.
联系 liánxì	연락하다	因为长时间没有联系，我们的关系越来越远了。 장시간 연락하지 않아서, 우리의 관계는 점점 멀어졌다.
禁止 ✖ jìnzhǐ	금지하다	韩国餐厅禁止吸烟。 한국 식당은 흡연을 금지한다.

提醒 ✹ tíxǐng	일깨우다	老师提醒大家要注意安全。 선생님은 모두에게 안전에 주의해야 한다는 것을 일깨워 주셨다.
准备 ✹ zhǔnbèi	준비하다	朋友正在为我准备晚饭。 친구가 나를 위해 저녁을 준비하고 있다.
害怕 ✹ hàipà	무서워하다	遇到什么困难也不要害怕。 어떤 어려움을 만나도 두려워하지 마라.
努力 nǔlì	노력하다	如果你更加努力，我们相信你肯定能做到。 만약 당신이 더욱 노력한다면, 꼭 해낼 수 있으리라 우리는 믿는다.

단어 喜欢 xǐhuan 통 좋아하다 | 自己 zìjǐ 명 자신 | 房间 fángjiān 명 방 | 感冒 gǎnmào 명통 감기(에 걸리다) | ★厉害 lìhai 형 심하다 | 迟到 chídào 통 지각하다 | 仓库 cāngkù 명 창고 | 东西 dōngxi 명 물건 | 花 huā 통 소비하다 | 生活费 shēnghuófèi 명 생활비 | 文件 wénjiàn 명 문서, 서류 | 公司 gōngsī 명 회사 | 问题 wèntí 명 문제 | ★环境 huánjìng 명 환경 | ★成绩 chéngjì 명 성적 | 一般 yìbān 형 일반적이다 | 乘坐 chéngzuò 통 탑승하다 | ★说明 shuōmíng 통 설명하다 | ★清楚 qīngchu 형 뚜렷하다, 명확하다 | 事情 shìqing 명 일, 사정 | 真相 zhēnxiàng 명 진상 | 公交车 gōngjiāochē 명 버스 | ★排队 páiduì 통 줄을 서다 | ★保护 bǎohù 통 보호하다 | 地球 dìqiú 명 지구 | 共同 gòngtóng 형 공동의 | ★责任 zérèn 명 책임 | ★提高 tígāo 통 향상시키다 | 能力 nénglì 명 능력 | 职员 zhíyuán 명 직원 | 满意度 mǎnyìdù 명 만족도 | 原因 yuányīn 명 원인 | 求婚 qiúhūn 통 프러포즈하다 | 减少 jiǎnshǎo 통 감소하다 | 一次性 yícìxìng 명 일회성 | 用品 yòngpǐn 명 용품 | ★服务 fúwù 명 서비스 | ★正式 zhèngshì 형 정식의 | 会员 huìyuán 명 회원 | 会议 huìyì 명 회의 | 天气 tiānqì 명 날씨 | 关系 guānxi 명 관계 | ★餐厅 cāntīng 명 식당 | 吸烟 xīyān 통 흡연하다 | ★安全 ānquán 형 안전하다 | 晚饭 wǎnfàn 명 저녁 식사 | 遇到 yùdào 통 만나다 | ★困难 kùnnan 명 어려움

공략 트레이닝 2

提供

해설 및 정답 **그림 및 어휘 분석▼** 식당에서 **종업원**이 서비스를 제공한다.

Step 1. **연상 단어** 餐厅(식당), 服务员(종업원), 服务(서비스하다), 提供(제공하다)

Step 2. **기본 문장** 餐厅的服务员提供服务。
식당 종업원이 서비스를 제공한다.

Step 3. **확장 문장** 餐厅的服务员热情地为客人提供服务。
식당 종업원이 친절하게 손님들을 위해 서비스를 제공한다.

단어 ★餐厅 cāntīng 명 식당 | 服务员 fúwùyuán 명 종업원 | ★服务 fúwù 명 서비스하다 | ★提供 tígōng 통 제공하다 | 热情 rèqíng 형 열정적이다, 친절하다 | 为 wèi 개 ~을 위해 | 客人 kèrén 명 손님

[TIP] 부사어를 다양하게 활용하여 풍부한 내용의 문장을 만들 수 있다. 예를 들어 '他在学习。(그는 공부하고 있다.)'라는 문장을 만들 경우에도 형용사를 사용하여 '他在认真(地)学习。(그는 성실히 공부한다.), 他在努力(地)学习。(그는 열심히 공부한다.)' 등의 표현으로 부사어를 써서 문장을 보다 풍부하게 꾸밀 수 있다.

공략 트레이닝 3

打扮

해설 및 정답 **그림 및 어휘 분석▾** 여자가 **거울**을 보며 **치장**을 하고 있다.

Step 1. **연상 단어**   她(그녀), 镜子(거울), 打扮(치장하다)
Step 2. **기본 문장**   她正在镜子前打扮自己。
그녀는 거울 앞에서 자신을 치장하고 있다.
Step 3. **확장 문장**   很多女人喜欢在镜子前打扮自己。
많은 여자들이 거울 앞에서 자신을 치장하는 것을 좋아한다.

단어 镜子 jìngzi 명 거울 | ★打扮 dǎban 통 치장하다, 꾸미다 | 喜欢 xǐhuan 통 좋아하다 | 自己 zìjǐ 대 자신

3 빈출 이합동사

이합동사란 2음절로 구성된 어휘로 1음절 동사와 1음절 명사가 짝이 되어 이루어져 있다. 일반동사와는 달리 이미 목적어를 가지고 있기 때문에 따로 목적어를 첨가해서는 안 된다.

毕业 bìyè	졸업하다	我要毕业了，真舍不得离开学校。 나는 곧 졸업한다. 학교를 떠나는 것이 정말 아쉽다.
堵车 dǔchē	차가 밀리다	上下班时间总是堵车。 출퇴근 시간에는 언제나 차가 밀린다.
结婚 jiéhūn	결혼하다	结婚不是必需的，而是一种选择。 결혼은 필수가 아닌 하나의 선택이다.
聊天 ✱ liáotiān	잡담하다	聊天聊得太多了，现在我嘴都疼了。 잡담을 너무 많이 했더니, 지금 나는 입이 다 아프다.
散步 ✱ sànbù	산책하다	她每天在公园里和小狗一起散步。 그녀는 매일 공원에서 강아지와 함께 산책한다.

刷牙 ✱ shuāyá	양치하다	从小要养成刷牙的好习惯。 어렸을 때부터 양치하는 좋은 습관을 길러야 한다.
上网 ✱ shàngwǎng	인터넷을 하다	前天开始我教妈妈上网的方法。 그제부터 나는 엄마에게 인터넷 하는 방법을 가르쳐 주고 있다.
打针 ✱ dǎzhēn	주사를 맞다	我好像感冒了，明天得去医院打针。 난 감기에 걸린 것 같아서, 내일 병원에 가서 주사를 맞아야겠다.
请假 qǐngjià	휴가를 신청하다	我打算下周向公司请假去中国旅游。 다음 주에 나는 회사에 휴가를 내고 중국 여행을 갈 예정이다.
干杯 ✱ gānbēi	건배하다	为我们的友谊，为我们的未来干杯。 우리의 우정을 위해, 우리의 미래를 위해 건배하자.
排队 páiduì	줄을 서다	在好吃的餐厅吃饭，总是要排队。 맛있는 식당에서 밥을 먹으려면 항상 줄을 서야 한다.
理发 ✱ lǐfà	이발하다	孩子的头发长了，我要带他去理发。 아이의 머리카락이 길어서, 나는 그를 데리고 이발을 하러 가야 한다.

단어 舍不得 shěbude 휑 아쉽다 | ★离开 líkāi 휑 떠나다 | 必需 bìxū 휑 꼭 필요하다 | ★选择 xuǎnzé 휑 선택하다 | 嘴 zuǐ 휑 입 | 疼 téng 휑 아프다 | 公园 gōngyuán 휑 공원 | 小狗 xiǎogǒu 휑 강아지 | ★养成 yǎngchéng 휑 기르다 | ★习惯 xíguàn 휑 습관 | 教 jiāo 휑 가르치다 | 方法 fāngfǎ 휑 방법 | 好像 hǎoxiàng 휑 마치 ~과 같다 | 感冒 gǎnmào 휑휑 감기(에 걸리다) | 医院 yīyuàn 휑 병원 | ★打算 dǎsuan 휑 ~할 예정이다, 계획하다 | 公司 gōngsī 휑 회사 | ★旅游 lǚyóu 휑 여행하다 | 友谊 yǒuyì 휑 우정 | 未来 wèilái 휑 미래 | ★餐厅 cāntīng 휑 식당 | 孩子 háizi 휑 아이 | 头发 tóufa 휑 머리카락

[TIP] '不是A而是B' 문형은 'A가 아니라 B다'라는 의미이다. '不是A就是B' 문형과 혼동하여 사용하는 경우를 많이 볼 수 있는데, '不是A就是B'는 'A 아니면 B다'라는 의미로 'A或者B(A 혹은 B다)'와 유사한 표현이다.

공략 트레이닝 4

干杯

해설 및 정답 **그림 및 어휘 분석▾** 두 사람이 **건배**를 하고 있다.

Step 1. **연상 단어** 他们(그들), 干杯(건배하다)

Step 2. **기본 문장** 我们为健康干杯。 우리 건강을 위해 건배합시다.

Step 3. **확장 문장** 为了庆祝我们的合作成功，干杯！ 우리의 협력 성공을 축하하기 위하여, 건배!

단어 ★干杯 gānbēi 휑 건배하다 | ★健康 jiànkāng 휑 건강하다 | 为(了)…干杯 wèi(le)…gānbēi ~을 위하여 건배하다 | 庆祝 qìngzhù 휑 경축하다 | 合作 hézuò 휑 협력하다 | ★成功 chénggōng 휑 성공하다

쓰기 **11** 제시어 동사로 문장 만들기 289

1

禁止

公共场所禁止吸烟。
공공장소에서는 흡연을 금지한다.

国家禁止在公共场所吸烟。
국가는 공공장소에서 흡연하는 것을 금지한다.

越来越多的国家禁止人们在公共场所吸烟。
점점 더 많은 국가가 사람들이 공공장소에서 흡연하는 것을 금지한다.

★禁止 jìnzhǐ 동 금지
하다 | 公共场所
gōnggòng chǎngsuǒ
명 공공장소 | ★吸烟
xīyān 동 흡연하다 |
国家 guójiā 명 국가

연습 ✎ _____

2

堵车

因大雪而堵车。 폭설로 인해 길이 막힌다.

路上堵车，结果我迟到了。
길이 막혀서 결국 난 지각했다.

春节期间路上堵车很厉害，我回家乡花了十个小
时。
설 연휴 기간에 교통 체증이 너무 심해, 나는 10시간 만에 고향에 갔다.

★堵车 dǔchē 동 차
가 막히다 | ★结果
jiéguǒ 명 결과 | 迟到
chídào 동 지각하다 |
期间 qījiān 명 기간 |
家乡 jiāxiāng 명 고향
| 花 huā 동 소비하다

연습 ✎ _____

3

聊天

我很喜欢在公园聊天。
나는 공원에서 수다 떠는 걸 매우 좋아한다.

女儿是可以和妈妈聊天的朋友。
딸은 엄마와 수다를 떨 수 있는 친구다.

我们坐在公园的长椅上聊天，感觉非常舒服。
우리가 공원 벤치에 앉아 이야기를 하니, 느낌이 굉장히 편안하다.

★聊天 liáotiān 동
잡담하다 | 公园
gōngyuán 명 공원 |
长椅 chángyǐ 명 벤치
| 感觉 gǎnjué 명 느낌
| ★舒服 shūfu 형 편
안하다

연습 ✎ _____

4

理发

她坐在椅子上理发。 그녀는 의자에 앉아 머리를 한다.

他的理发手艺很好。 그의 이발 솜씨는 매우 좋다.

我很喜欢理发，只要剪完头发就觉得自己很漂亮。
나는 머리 하는 것을 매우 좋아한다. 머리카락만 자르고 나면 자신이 매
우 예쁘게 느껴진다.

★理发 lǐfà 동 이발
하다 | ★椅子 yǐzi 명
의자 | 手艺 shǒuyì 명
솜씨

연습 ✎ _____

5

使用

她使用手机上网。
그녀는 휴대폰을 사용하여 인터넷을 한다.

她不知道怎么使用手机上网。
그녀는 어떻게 휴대폰을 사용해서 인터넷을 하는지 모른다.

使用手机上网的比例越来越高了。
휴대폰을 사용해서 인터넷을 하는 비율이 갈수록 높아진다.

★使用 shǐyòng 동
사용하다 | 手机
shǒujī 명 휴대폰 | 上
网 shàngwǎng 동 인
터넷을 하다 | 比例 bǐlì
명 비율

연습 ✎ _____

6

散步

秋天是散步的好季节。
가을은 산책하기 좋은 계절이다.

他们经常一起去公园散步。
그들은 자주 함께 공원에 가서 산책한다.

老两口牵着手散步的样子让人很感动。
노부부가 손을 잡고 산책하는 모습이 매우 감동적이다.

★散步 sànbù 통 산책하다 | 季节 jìjié 명 계절 | 老两口 lǎoliǎngkǒu 명 노부부 | 牵手 qiān shǒu 통 손을 잡다 | 样子 yàngzi 명 모습 | 感动 gǎndòng 통 감동하다

연습 ✎ _____

7

擦

要把窗户擦干净。
창문을 깨끗하게 닦아야 한다.

她一整天都在擦窗户。
그녀는 온종일 창문을 닦고 있다.

她把家里的窗户擦得干干净净的。
그녀는 집 안의 창문을 매우 깨끗하게 닦았다.

★擦 cā 통 닦다 | ★窗户 chuānghu 명 창문 | ★干净 gānjìng 형 깨끗하다 | 一整天 yìzhěngtiān 명 온종일

연습 ✎ _____

8

打扫

她每天早上打扫房间。 그녀는 매일 아침 방을 청소한다.

每星期六是我家打扫卫生的日子。
매주 토요일은 우리 집의 청소하는 날이다.

打扫不是妈妈一个人的事，而是全家人要一起做的。
청소는 엄마 혼자만의 일이 아니라, 온 가족이 함께 해야 하는 것이다.

★打扫 dǎsǎo 통 청소하다 | 房间 fángjiān 명 방 | 卫生 wèishēng 명 위생 | 日子 rìzi 명 날 | 全家人 quánjiārén 명 온 가족

연습 ✎ _____

9

打针

很多人怕打针。
많은 사람들이 주사 맞는 것을 무서워한다.

她每次打针都很紧张。
그녀는 매번 주사를 맞을 때마다 매우 긴장한다.

她害怕打针是因为她怕痛。
그녀가 주사를 무서워하는 것은 그녀가 아픈 것을 무서워하기 때문이다.

★打针 dǎzhēn 통 주사를 맞다 | ★紧张 jǐnzhāng 형 긴장하다 | ★害怕 hàipà 통 무서워하다 | 痛 tòng 형 아프다

연습 ✎ _____

10

踢

他的爱好是踢足球。
그의 취미는 축구다.

他们足球踢得很精彩。
그들은 매우 멋지게 축구를 한다.

他踢的球飞向了天空，然后打破了邻居家的窗户。
그가 찬 공이 하늘로 날아올라 이웃집의 창문을 깨뜨렸다.

★踢 tī 통 차다 | 爱好 àihào 명 취미 | 天空 tiānkōng 명 하늘 | 打破 dǎpò 통 깨다 | ★邻居 línjū 명 이웃

연습 ✎ _____

실전에
강한
제한 시간
25분

문제 적응 훈련

학습일 _____ / _____
맞은 개수 _____

★ 看图，用词造句。

┤ 실전 트레이닝 1 ├

1.
躺

2.
咳嗽

3.
弹

4.
讨论

정답 및 해설_ 해설집 166쪽

┤ 실전 트레이닝 2 ├

1.
联系

2.
关

3.
画

4.
结婚

정답 및 해설_ 해설집 168쪽

12 제시어 형용사로 문장 만들기

★ 쓰기 제2부분에는 사람의 **감정**이나 **태도**, **자세** 혹은 **상태**를 나타내는 **형용사**가 주로 출제된다.

★ **형용사**는 대표적으로는 **술어** 역할을 하지만 **관형어**나 **부사어** 역할도 담당할 수 있기 때문에 형용사의 위치와 용법을 확실하게 익히고 활용할 수 있도록 연습한다.

害羞

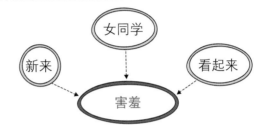

那位新来的女同学看起来很害羞。
저 새로 온 여학생은 매우 수줍어 보인다.

1 감정을 나타내는 단어

사람의 감정을 의미하는 형용사는 가장 기본적인 단어이므로 반드시 철저하게 암기해야 한다. 동사 중에도 감정을 나타내는 감정동사가 있는데, 형용사와 쓰임이 비슷하므로 여기서 함께 학습한다.

失望 shīwàng	실망하다	他这次考试的成绩不太好，但他并不失望。 그의 이번 시험 성적이 별로 좋지 않지만, 그는 결코 실망하지 않는다.
难受 nánshòu	괴롭다	这几天一直觉得难受，可能是感冒了。 요 며칠 계속 괴로운데, 아마 감기에 걸린 것 같다.
伤心 ✽ shāngxīn	상심하다	爷爷生病后，我一直很伤心。 할아버지가 편찮으신 후, 나는 줄곧 슬프다.
紧张 jǐnzhāng	긴장하다	明天的面试，真让人紧张。 내일의 면접이 정말 사람을 긴장시킨다.
激动 ✽ jīdòng	감격하다	他激动得一句话也说不出来。 그는 감격해서 한 마디도 말하지 못했다.
烦恼 fánnǎo	걱정하다	要做的事情太多了，所以现在我很烦恼。 할 일이 너무 많아서, 나는 지금 걱정이 많다.
吃惊 chījīng	놀라다	我听到了他结婚的消息，感到很吃惊。 나는 그의 결혼 소식을 듣고 놀랐다.

兴奋 ✒ xīngfèn	흥분하다	明天开始要放暑假了，所以同学们都很兴奋。 내일부터 여름방학이라 학생들은 매우 흥분했다.
幸福 xìngfú	행복하다	人生最重要的事情是让自己幸福。 인생에서 가장 중요한 일은 스스로 행복하게 하는 것이다.
开心 kāixīn	즐겁다	和你在一起我每天都很开心。 너와 함께 있으면 나는 매일이 즐겁다.
无聊 wúliáo	무료하다	太无聊了，我们去看看电影怎么样？ 너무 심심해, 우리 영화 보러 가는 게 어때?
满意 mǎnyì	만족하다	我对现在的生活感到很满意。 나는 지금의 생활에 만족한다.
愉快 yúkuài	유쾌하다	希望你在韩国度过愉快的假期，留下美好的回忆。 네가 한국에서 즐거운 휴가를 보내고 아름다운 추억을 남기길 바라.
着急 ✒ zháojí	조급해하다	你不用着急，我会帮你解决这个问题的。 조급해할 필요 없어, 내가 이 문제를 해결할 수 있게 도와줄 거야.
难过 ✒ nánguò	슬프다	看到你难过的样子，我也很难过。 네가 슬퍼하는 모습을 보니, 나도 너무 슬프다.
害羞 hàixiū	부끄럽다	因为他又害羞又安静，所以还没有交过女朋友。 그는 부끄러움을 많이 타고 조용하기 때문에 아직 여자친구를 사귀어 본 적이 없다.

(단어) ★考试 kǎoshì 명 시험 | ★成绩 chéngjì 명 성적 | 一直 yìzhí 부 줄곧, 계속 | 感冒 gǎnmào 명동 감기(에 걸리다) | 爷爷 yéye 명 할아버지 | ★面试 miànshì 명 면접 | 事情 shìqing 명 일 | 现在 xiànzài 명 현재 | ★结婚 jiéhūn 동 결혼하다 | 消息 xiāoxi 명 소식 | 暑假 shǔjià 명 여름방학 | 人生 rénshēng 명 인생 | ★重要 zhòngyào 형 중요하다 | 自己 zìjǐ 명 자신 | 电影 diànyǐng 명 영화 | 生活 shēnghuó 명 생활 | ★希望 xīwàng 동 희망하다, 바라다 | 度过 dùguò 동 보내다 | 假期 jiàqī 명 휴가 기간 | 留下 liúxià 동 남기다 | 美好 měihǎo 형 아름답다 | 回忆 huíyì 명 추억 | ★解决 jiějué 동 해결하다 | ★问题 wèntí 명 문제 | 样子 yàngzi 명 모습 | ★安静 ānjìng 형 조용하다 | 交 jiāo 동 사귀다

失望

🗨️ 해설 및 정답 **그림 및 어휘 분석▼ 아이**가 무엇인가에 **실망**한 모습이다.

Step 1. **연상 단어** 孩子(아이), 失望(실망하다), 成绩(성적)

Step 2. **기본 문장** 因为这次成绩，孩子对自己很失望。
이번 성적 때문에, 아이는 스스로에게 매우 실망했다.

Step 3. **확장 문장** 因为这次成绩，孩子担心父母会对他很失望。
이번 성적 때문에, 아이는 부모님이 그에게 실망할까 걱정이다.

🗨️ 단어 孩子 háizi 몡 아이 | ★失望 shīwàng 통 실망하다 | ★成绩 chéngjì 몡 성적 | ★担心 dānxīn 통 걱정하다 | 父母 fùmǔ 몡 부모

[TIP] 사진 속 사람에 따라 실망의 원인을 다르게 설정하는 것이 바람직하다. 예를 들면 학생은 '성적', 어른은 '업무 성과' 등의 원인을 들어 문장을 완성한다. 업무 관련 문장인 경우 '因为这次工作成绩不太好，因此他对自己很失望。(이번 업무 성과가 별로 좋지 않아서, 그는 자신에게 실망했다.)' 형식의 문장으로 바꿀 수 있다.

激动

🗨️ 해설 및 정답 **그림 및 어휘 분석▼ 여자**가 매우 **감격**한 모습을 보이고 있다.

Step 1. **연상 단어** 她(그녀), 激动(감격하다), 消息(소식)

Step 2. **기본 문장** 她听到那条消息后非常激动。
그녀는 그 소식을 듣고 매우 감격했다.

Step 3. **확장 문장** 她听到那条消息后激动得手舞足蹈。
그녀는 그 소식을 들은 뒤 기뻐서 어찌할 수 없을 정도로 감격했다.

🗨️ 단어 ★激动 jīdòng 통 감격하다 | 消息 xiāoxi 몡 소식 | 手舞足蹈 shǒuwǔ-zúdǎo 젱 기뻐서 어쩔 줄 모르다

[TIP] 감정의 정도를 표현하기 위해 '정도보어 형식(감정동사+得+정도보어)'을 활용한다. 예문에 제시된 手舞足蹈 같은 사자성어를 한두 개 정도 암기하여 활용할 수 있다면 더할 나위 없이 훌륭한 문장을 완성할

수 있겠지만 사자성어 암기가 부담이 된다면 '激动得哭了(감격해서 울었다)', '激动得睡不着觉(감격해서 잠을 이룰 수 없다)'와 같은 문장을 완성하는 것도 좋은 방법이다.

2 태도나 기질을 나타내는 형용사

사람의 태도나 기질을 나타내는 형용사 역시 빈출 형용사이므로 반드시 암기해 두자.

活泼 ✱ huópo	활발하다	我妹妹是个天真活泼的孩子。 내 여동생은 천진하고 활발한 아이다.
幽默 ✱ yōumò	유머러스한	她很幽默，所以很受大家的欢迎。 그녀는 유머러스해서 모든 사람들에게 인기가 있다.
优秀 ✱ yōuxiù	우수하다	她的学习态度非常好，成绩也一直很优秀。 그녀는 학습 태도가 매우 좋고, 성적도 줄곧 아주 우수하다.
诚实 chéngshí	착실하다	他是个诚实、聪明的员工。 그는 착실하고 똑똑한 직원이다.
成熟 ✱ chéngshú	성숙하다	一个人只有经历苦难，才能成熟起来。 사람은 고난을 겪어야만 성숙해질 수 있다.
聪明 cōngming	똑똑하다	她是在我们学校最聪明的学生。 그녀는 우리 학교에서 가장 똑똑한 학생이다.
笨 bèn	멍청하다	有时候我觉得我弟弟有点儿笨。 가끔 나는 내 남동생이 조금 멍청하다고 느낀다.
耐心 ✱ nàixīn	끈기 있다	我们要耐心做事，更要耐心生活。 우리는 끈기 있게 일해야 하고, 더욱이 끈기 있게 생활해야 한다.
谦虚 qiānxū	겸손하다	他虽然成功了，但真的很谦虚。 그는 성공했지만 매우 겸손하다.
骄傲 jiāo'ào	교만하다	要做好家庭教育，不然孩子会骄傲起来的。 가정 교육을 잘 받아야 한다. 그렇지 않으면 아이가 교만해질 수 있다.
认真 ✱ rènzhēn	성실하다	他在认真地学习汉语，因为他爱上了一位中国女人。 그는 중국 여자를 사랑하게 됐기 때문에, 성실하게 중국어를 공부하고 있다.
细心 ✱ xìxīn	세심하다	我妈妈是个细心勤劳的女人。 우리 엄마는 세심하고 부지런한 여성이다.
粗心 ✱ cūxīn	덜렁대다	你这么粗心，我怎么相信你。 네가 이렇게 덜렁대는데, 내가 어떻게 너를 믿을 수 있겠어.
勇敢 yǒnggǎn	용감하다	她勇敢地向他表白了。 그녀는 용감하게 그에게 고백했다.
马虎 mǎhu	무책임하다	做事马虎的人，肯定不会成功。 일을 무책임하게 하는 사람은 절대 성공할 수 없다.

友好 yǒuhǎo	우호적이다	全班同学都很喜欢王老师，因为王老师对学生非常友好。 왕 선생님은 학생들에게 매우 친근하게 대해서, 반 학생들 모두가 왕 선생님을 좋아한다.

단어 天真 tiānzhēn 형 천진하다 | 孩子 háizi 명 아이 | 受欢迎 shòu huānyíng 환영을 받다, 인기 있다 | 态度 tàidu 명 태도 | ★成绩 chéngjì 명 성적 | 员工 yuángōng 명 직원 | ★经历 jīnglì 동 겪다 | 苦难 kǔnàn 명 고난 | 生活 shēnghuó 동 생활하다 | ★成功 chénggōng 동 성공하다 | 家庭 jiātíng 명 가정 | 教育 jiàoyù 명 교육 | 不然 bùrán 접 그렇지 않으면 | 勤劳 qínláo 형 부지런하다 | 表白 biǎobái 동 고백하다

공략 트레이닝 3

活泼

해설 및 정답▼ **그림 및 어휘 분석▼** 아이들의 **활기차고 귀여운** 모습이 담긴 사진이다.

Step 1. **연상 단어** 孩子(아이), 活泼(활발하다), 可爱(귀엽다)

Step 2. **기본 문장** 孩子们又活泼、又可爱。
아이들이 활기차고 귀엽다.

Step 3. **확장 문장** 孩子们又活泼、又可爱，就像春天的小花。
아이들이 활기차고 귀여워 마치 봄날의 꽃 같다.

단어 孩子 háizi 명 아이 | ★活泼 huópo 형 활발하다 | 可爱 kě'ài 형 귀엽다 | 春天 chūntiān 명 봄 | 花 huā 명 꽃

[TIP] '又…又…'는 '~하면서 ~하다'라는 뜻으로 여러 가지 상황을 동시에 나타낸다.

3 상태를 나타내는 형용사

상태를 나타내는 형용사는 사람의 감정이나 태도를 나타내는 형용사에 비해 훨씬 다양하다. 하지만 동사만큼 자주 활용되는 어휘이기 때문에 신경 써서 숙지하자.

香 xiāng	향기롭다	你在哪儿买的香水？哇！怎么这么香？ 어디서 향수를 샀어? 왜! 어쩜 이렇게 향이 좋니?
窄 ✿ zhǎi	좁다	这条路太窄了，需要加宽。 이 길은 너무 좁아서 넓힐 필요가 있다.
吵 ✿ chǎo	시끄럽다	邻居家的那只狗，一天到晚叫个不停，吵得我睡不着。 이웃집의 그 개는 하루 종일 짖는다. 시끄러워서 나는 잠을 잘 수가 없다.
困 ✿ kùn	졸리다	对不起，我困得忍不住了。 미안해요. 난 졸려서 견딜 수가 없어요.
脏 zāng	더럽다	我把他的衣服弄脏了。 나는 그의 옷을 더럽혔다.
乱 luàn	무질서하다	收拾一下房间吧！你的房间太乱了。 방을 좀 치워라. 네 방은 너무 엉망이다.
厚 ✿ hòu	두껍다	天气突然变冷了，这种天气要穿厚外套。 날씨가 갑자기 추워졌다. 이런 날씨에는 두꺼운 외투를 입어야 한다.
重 zhòng	무겁다	这个包太重了，我一个人拿不动。 이 가방은 너무 무거워서 나 혼자 들 수가 없다.
帅 ✿ shuài	잘생기다	新来的数学老师长得像明星一样帅。 새로 오신 수학 선생님은 배우처럼 잘생겼다.
咸 ✿ xián	짜다	为了健康要少吃咸的东西。 건강을 위해 짠 음식을 적게 드세요.
苦 kǔ	쓰다	咖啡太苦了，我真不能理解喜欢喝咖啡的人。 커피는 너무 쓰다. 나는 커피 좋아하는 사람을 정말 이해할 수 없다.
酸 suān	시다	橘子还没熟，味道酸得不得了。 귤이 아직 덜 익어서 맛이 엄청나게 시다.
甜 tián	달다	这个苹果虽然长得不好看，但味道很甜。 이 사과는 비록 못생겼지만 맛은 매우 달다.
辣 là	맵다	我们家人都爱吃辣的菜，所以都有胃病。 우리 가족은 매운 음식을 좋아해서 모두 위장병이 있다.
精彩 ✿ jīngcǎi	근사하다	这场精彩的演出让我感动得流下眼泪了。 이 멋진 공연이 나를 감동시켜 눈물을 흘리게 했다.
暖和 nuǎnhuo	따뜻하다	天气变暖和了，春天马上就要到了。 날씨가 따뜻해졌으니, 곧 봄이 올 것이다.
新鲜 ✿ xīnxiān	신선하다	为了健康多吃点新鲜的水果吧。 건강을 위해 신선한 과일을 많이 먹어라.

热闹 rènao	떠들썩하다	春节全家人聚在一起，挺热闹的。 춘절에 온 가족이 함께 모이니 매우 떠들썩하다.
麻烦 máfan	번거롭다	那件麻烦的事，给我带来了很大的压力。 번거로운 그 일이 나에게 엄청난 스트레스를 가져다주었다.
凉快 liángkuai	시원하다	我很喜欢像秋天一样凉快的天气。 나는 가을과 같이 시원한 날씨를 좋아한다.
合适 héshì	적합하다	很多年轻人很难找到合适的工作。 많은 젊은이들이 적합한 일자리를 찾기가 매우 어렵다.
安静 ānjìng	조용하다	同学们！在图书馆应该要安静。 학생 여러분! 도서관에서는 조용히 해야 합니다.
危险 ✽ wēixiǎn	위험하다	开车时使用手机的习惯是非常危险的。 운전 중에 휴대폰을 사용하는 습관은 매우 위험한 것이다.
美丽 měilì	아름답다	认识你之后，这世界上的一切东西看起来都很美丽。 너를 알고 난 후, 이 세상의 모든 것들이 아름답게 보인다.
舒服 shūfu	편안하다	新买的这把椅子坐起来很舒服。 새로 산 이 의자는 앉아 보니 아주 편안하다.
有趣 yǒuqù	재미있다	到现在我还记得以前奶奶给我讲的有趣的故事。 지금까지도 나는 여전히 예전에 할머니가 들려 준 재미있는 이야기를 기억한다.
干净 ✽ gānjìng	깨끗하다	他帮妈妈把厨房打扫得很干净。 그는 엄마를 도와 주방을 매우 깨끗하게 청소했다.
安全 ānquán	안전하다	我们最担心的是你的安全。 우리가 제일 걱정하는 건 너의 안전이다.
丰富 fēngfù	풍부하다	水果含有丰富的维生素C。 과일에는 풍부한 비타민C가 함유되어 있다.
详细 ✽ xiángxì	상세하다	老师详细地向大家介绍了情况。 선생님은 모두에게 상황을 상세히 소개했다.
严重 yánzhòng	심각하다	环境问题越来越严重。 환경 문제가 갈수록 심각해지고 있다.
奇怪 qíguài	이상하다	这本书的内容很奇怪，不知道作者想说的是什么。 이 책의 내용은 매우 이상하다. 작가가 무엇을 말하고 싶은 건지 모르겠다.
正式 ✽ zhèngshì	정식의	公司正式通知我明天开始来上班。 회사에서 나에게 내일부터 출근하라고 정식으로 통지했다.
正确 zhèngquè	정확하다	李先生说的话总是很正确。 이 선생님이 하시는 말씀은 언제나 정확하다.
清楚 qīngchu	뚜렷하다	这件事情他记得比我清楚。 이 일은 그가 나보다 뚜렷하게 기억하고 있다.
流利 liúlì	유창하다	他汉语说得很流利，所以升职了。 그는 중국어를 유창하게 해서 승진했다.

厉害 lìhai	대단하다	她会说七个国家的语言，好厉害。 그녀는 7개 국어를 할 수 있는데, 정말 대단하다.
普遍 pǔbiàn	보편적이다	智能手机现在已经很普遍了。 스마트폰은 현재 이미 보편화되었다.
湿润 shīrùn	습하다	今天的小雨带来了湿润的空气。 오늘 내린 비가 습한 공기를 가져왔다.
干燥 gānzào	건조하다	冬季的空气很干燥，所以要好好儿保护皮肤。 겨울철 공기는 건조해서 피부를 잘 보호해야 한다.

단어 香水 xiāngshuǐ 명 향수 ┃ 需要 xūyào 동 필요하다 ┃ 加宽 jiākuān 동 넓히다 ┃ ★邻居 línjū 명 이웃 ┃ 叫 jiào 동 (동물이) 짖다 ┃ 忍不住 rěnbuzhù 동 참을 수 없다 ┃ 弄 nòng 동 하다 ┃ ★收拾 shōushi 동 정리하다 ┃ 房间 fángjiān 명 방 ┃ 天气 tiānqì 명 날씨 ┃ ★突然 tūrán 부 갑자기 ┃ 变 biàn 동 변하다 ┃ 外套 wàitào 명 외투 ┃ 数学 shùxué 명 수학 ┃ 长 zhǎng 동 생기다 ┃ 明星 míngxīng 명 스타 ┃ 健康 jiànkāng 명 건강 ┃ 咖啡 kāfēi 명 커피 ┃ ★理解 lǐjiě 동 이해하다 ┃ 喜欢 xǐhuan 동 좋아하다 ┃ 橘子 júzi 명 귤 ┃ 熟 shú 형 익다 ┃ ★味道 wèidao 명 맛 ┃ 不得了 bùdéliǎo 형 매우 심하다 ┃ 苹果 píngguǒ 명 사과 ┃ 虽然 suīrán 접 비록 ┃ 家人 jiārén 명 가족 ┃ 胃病 wèibìng 명 위장병 ┃ 演出 yǎnchū 명 공연 ┃ ★感动 gǎndòng 동 감동하다 ┃ 眼泪 yǎnlèi 명 눈물 ┃ 春天 chūntiān 명 봄 ┃ 马上 mǎshàng 부 바로 ┃ 水果 shuǐguǒ 명 과일 ┃ 春节 Chūnjié 고유 춘절, 음력설 ┃ 聚 jù 동 모이다 ┃ ★压力 yālì 명 스트레스 ┃ 秋天 qiūtiān 명 가을 ┃ 年轻人 niánqīngrén 명 젊은이 ┃ 图书馆 túshūguǎn 명 도서관 ┃ ★使用 shǐyòng 동 사용하다 ┃ 手机 shǒujī 명 휴대폰 ┃ ★习惯 xíguàn 명 습관 ┃ 认识 rènshi 동 인식하다, 알다 ┃ 世界 shìjiè 명 세계 ┃ 一切 yíqiè 형 모든 ┃ ★椅子 yǐzi 명 의자 ┃ 奶奶 nǎinai 명 할머니 ┃ 故事 gùshi 명 이야기 ┃ 厨房 chúfáng 명 주방 ┃ ★打扫 dǎsǎo 동 청소하다 ┃ ★担心 dānxīn 동 걱정하다 ┃ 含有 hányǒu 동 함유하다 ┃ 维生素 wéishēngsù 명 비타민 ┃ 介绍 jièshào 동 소개하다 ┃ ★情况 qíngkuàng 명 상황 ┃ ★环境 huánjìng 명 환경 ┃ ★问题 wèntí 명 문제 ┃ 越来越 yuèláiyuè 부 갈수록 ┃ 内容 nèiróng 명 내용 ┃ 作者 zuòzhě 명 작가 ┃ 公司 gōngsī 명 회사 ┃ ★通知 tōngzhī 동 통지하다 ┃ 上班 shàngbān 동 출근하다 ┃ 总是 zǒngshì 부 늘, 항상 ┃ 事情 shìqing 명 일 ┃ 升职 shēngzhí 동 승진하다 ┃ 国家 guójiā 명 국가 ┃ 语言 yǔyán 명 언어 ┃ 智能手机 zhìnéng shǒujī 명 스마트폰 ┃ 现在 xiànzài 명 현재 ┃ 空气 kōngqì 명 공기 ┃ 冬季 dōngjì 명 겨울철 ┃ ★保护 bǎohù 동 보호하다 ┃ 皮肤 pífū 명 피부

공략 트레이닝 4

新鲜

〈해설 및 정답〉 **그림 및 어휘 분석▼ 접시**에 **신선**한 **과일**이 담겨 있다.

Step 1. **연상 단어** 盘子(접시), 新鲜(신선하다), 水果(과일)

Step 2. **기본 문장** 盘子里的水果很新鲜。
접시 안의 과일이 매우 신선하다.

Step 3. **확장 문장** 盘子里有各种各样的水果，都很新鲜。
접시 안에 각종 과일이 있는데, 모두 매우 신선하다.

단어 盘子 pánzi 몡 (큰) 접시, 쟁반 | ★新鲜 xīnxiān 혱 신선하다 | 水果 shuǐguǒ 몡 과일 | 各种各样 gèzhǒng-gèyàng 셍 각종, 각양각색

공략 트레이닝 5

累

〈해설 및 정답〉 **그림 및 어휘 분석▼** 남자가 **업무**로 인해 **지쳐 잠**들었다.

Step 1. **연상 단어** 工作(일), 累(지치다), 睡着(잠들다)

Step 2. **기본 문장** 他累得睡着了。
그는 지쳐서 잠들었다.

Step 3. **확장 문장** 他最近工作很忙，累得在桌子上睡着了。
그는 요즘 일이 너무 바빠서, 지쳐서 책상에서 잠들었다.

단어 工作 gōngzuò 몡 일 | 累 lèi 혱 지치다 | 睡 shuì 동 자다 | 最近 zuìjìn 몡 요즘 | 忙 máng 혱 바쁘다 | 桌子 zhuōzi 몡 책상

[TIP] 부사어와 보어 등 문장 성분이 다양하게 포함된 문장이 좋은 점수를 얻는다.

결과보어
↳ 예 累得在桌子上睡着了。
정도보어

1

吵

别吵了! 马上就要上课了。
떠들지 마! 수업이 곧 시작돼.

邻居家的孩子们吵得很厉害。
이웃집 아이들이 매우 심하게 떠든다.

这儿太吵了, 听不清你的声音, 我们以后再说吧。
여긴 너무 시끄러워서, 네 목소리가 잘 들리지 않아. 우리 다음에 다시 이야기하자.

★吵 chǎo 형 시끄럽다 | 马上 mǎshàng 부 바로 | ★邻居 línjū 명 이웃 | 听不清 tīngbuqīng 뚜렷이 들리지 않는다 | 声音 shēngyīn 명 소리

 연습

2

干净

他把房间收拾得很干净。
그가 방을 아주 깨끗하게 정리했다.

我很喜欢这种又干净又安静的环境。
나는 이러한 깨끗하고 조용한 환경을 좋아한다.

虽然并不容易, 但我要找到既干净又便宜的房子。
비록 쉽지 않겠지만, 나는 깨끗하고 저렴한 집을 구할 것이다.

★干净 gānjìng 형 깨끗하다 | 房间 fángjiān 명 방 | ★收拾 shōushi 동 정리하다 | ★安静 ānjìng 형 조용하다 | ★环境 huánjìng 명 환경 | 容易 róngyì 형 쉽다

 연습

3

厚

这本书太厚了, 所以很重。
이 책은 너무 두꺼워서 무겁다.

这本书是世界上最厚的一本书。
이 책은 세상에서 가장 두꺼운 책이다.

我看到了那本厚书以后, 头就开始疼起来了。
나는 저 두꺼운 책을 보고 머리가 아프기 시작했다.

★厚 hòu 형 두껍다 | 世界 shìjiè 명 세계 | 开始 kāishǐ 동 시작하다 | 疼 téng 형 아프다

 연습

4

精彩

今天我看了一场精彩的演出。
오늘 나는 멋진 공연을 봤다.

他看了精彩的演出后, 感动得哭起来了。
그는 멋진 공연을 보고 감동해서 울어 버렸다.

为了这场精彩的演出, 他们辛苦地准备了一年。
멋진 공연을 위해, 그들은 1년간 고생하며 준비했다.

★精彩 jīngcǎi 형 근사하다 | ★演出 yǎnchū 명 공연 | 感动 gǎndòng 동 감동하다 | 哭 kū 동 울다 | 辛苦 xīnkǔ 형 고생하다 | ★准备 zhǔnbèi 동 준비하다

연습

5

难过

她听到了那条消息后, 感到非常难过。
그녀는 그 소식을 듣고 매우 괴로워했다.

孩子被妈妈骂后, 难过得哭起来了。
아이는 엄마에게 혼이 나고 슬퍼서 울기 시작했다.

奶奶要回乡下去了, 孩子难过得流下了眼泪。
할머니가 곧 시골로 내려가셔야 해서, 아이는 슬퍼서 눈물을 흘렸다.

★难过 nánguò 형 슬프다 | 消息 xiāoxi 명 소식 | 骂 mà 동 꾸짖다 | 乡下 xiāngxià 명 시골 | 流 liú 동 흐르다 | 眼泪 yǎnlèi 명 눈물

 연습

6

认真

学生们在认真地学习。
학생들은 성실히 공부하고 있다.

老师喜欢学生们认真地学习。
선생님은 학생들이 성실히 공부하는 것을 좋아한다.

只要认真学习，总有一天会成为优秀的人才。
성실히 공부하면, 언젠가는 우수한 인재가 될 수 있다.

★认真 rènzhēn 형 성실하다 | 总有一天 zǒng yǒu yì tiān 언젠가는 | ★成为 chéngwéi 동 ~이 되다 | 人才 réncái 명 인재

연습 ✎ _____

7

甜

我喜欢吃甜的。
나는 달콤한 것을 좋아한다.

吃那么多甜的食品，你肯定会胖的。
그렇게 단 음식을 많이 먹으면, 넌 분명히 살이 찔 거야.

甜甜的饼干能补充人体能量。
달콤한 비스킷은 인체에 에너지를 보충해 줄 수 있다.

★甜 tián 형 달다 | 胖 pàng 형 뚱뚱하다 | ★饼干 bǐnggān 명 비스킷 | 补充 bǔchōng 동 보충하다 | 人体 réntǐ 명 인체 | 能量 néngliàng 명 에너지

연습 ✎ _____

8

香

那束花很香。 저 꽃다발은 매우 향기롭다.

那束玫瑰花又香又美。 저 장미 꽃다발은 향기롭고 아름답다.

那束花和这束花一样香，一样漂亮，不知道要买哪束。
저 꽃과 이 꽃은 똑같이 향기롭고 예뻐서, 어느 것을 사야 할지 모르겠다.

★香 xiāng 형 향기롭다 | 束 shù 양 다발 | 玫瑰 méiguī 명 장미 | 美 měi 형 아름답다

연습 ✎ _____

9

优秀

他是个很优秀的学生。
그는 매우 우수한 학생이다.

他每天都很努力学习，所以成绩很优秀。
그는 매일 열심히 공부해서, 성적이 아주 우수하다.

正确的教育，能使每个孩子成为优秀的人才。
올바른 교육은 모든 아이를 우수한 인재로 만들 수 있다.

★优秀 yōuxiù 형 우수하다 | ★成绩 chéngjì 명 성적 | ★正确 zhèngquè 형 정확하다 | 教育 jiàoyù 명 교육

연습 ✎ _____

10

幽默

幽默是一个很大的优点。 유머는 매우 큰 장점이다.

如果没有幽默，这世界会很无聊的。
만약 유머가 없다면, 이 세상은 아주 무료해질 것이다.

他很幽默，对人也很亲切，所以不管走到哪里都很受欢迎。
그는 유머러스하고 사람들에게 친절해서, 어디를 가든지 환영을 받는다.

★幽默 yōumò 형 유머러스하다 | ★无聊 wúliáo 형 무료하다 | 不管 bùguǎn 접 ~와 상관없이 | 受欢迎 shòu huānyíng 환영을 받다, 인기 있다

연습 ✎ _____

실전에
강한

제한 시간
25분

문제 적응 훈련

학습일 _____ / _____

맞은 개수 _____

★ 看图，用词造句。

┤ 실전 트레이닝 1 ├

1.

愉快

2.

脏

3.

窄

4.

正式

정답 및 해설_ 해설집 170쪽

┤ 실전 트레이닝 2 ├

1.

细心

2.

干燥

3.

友好

4.

幸福

정답 및 해설_ 해설집 172쪽

13 기타 제시어 및 고득점 표현

★ 쓰기 제2부분에는 동사와 명사, 형용사 외에 **양사** 혹은 **부사**가 출제되는 경우도 있다.

★ **양사**와 **부사**는 3대 품사(명사, 동사, 형용사)에 비해 출제 빈도는 낮은 편이지만 **고득점**을 **목표**로 한다면 간과할 수 없다.

张

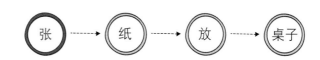

桌子上放着一张纸。
책상 위에 종이 한 장이 놓여 있다.

1 자주 출제되는 양사

양사는 사물이나 횟수를 세는 단위로 명사를 세는 **명량사**와 동작의 횟수를 세는 **동량사**로 나눌 수 있다.

只 ✹ zhī	마리	我想养一只小狗。 나는 강아지를 한 마리 기르고 싶다.
公里 ✹ gōnglǐ	킬로미터	我估计这段距离大约有50公里。 내 짐작에 이 거리는 대략 50킬로미터 정도이다.
页 ✹ yè	페이지	我最近看了一本300多页的书。 나는 최근에 300페이지가 넘는 책을 한 권 봤다.
台 tái	대 [전자제품을 세는 단위]	那家网吧只有三台电脑。 저 PC방에는 컴퓨터가 겨우 3대 있다.
朵 duǒ	송이	大家要爱护公园里的每一朵花，每一棵树。 모두가 공원 안의 꽃 한 송이, 나무 한 그루를 소중히 해야 한다.
张 zhāng	장[탁자·침대 등을 세는 단위]	教室里除了一张桌子什么也没有。 교실 안에 책상 하나를 제외하면 아무것도 없다.
盒 ✹ hé	상자	我想买一盒巧克力送给他。 나는 초콜릿 한 상자를 사서 그에게 주고 싶다.

秒 miǎo	초	喜欢一个人只需要一秒钟的时间。 한 사람을 좋아하는 데는 단지 1초의 시간이 필요하다.
趟 tàng	차례, 번 [왕래 횟수를 나타냄]	我们打算坐第一趟火车去北京。 우리는 첫 기차를 타고 베이징에 갈 계획이다.
遍 biàn	번, 회[동작의 전 과정을 나타냄]	这部电影我已经看了十遍。 이 영화를 나는 이미 10번 봤다.
俩 ✱ liǎ	두 사람, 두 개	他们俩牵着手走路。 그들 둘은 손을 잡고 걷는다.

(단어) 养 yǎng 图 기르다 | 小狗 xiǎogǒu 图 강아지 | ★估计 gūjì 图 짐작하다 | 距离 jùlí 图 거리 | ★大约 dàyuē 图 대략 | 最近 zuìjìn 图 최근 | 网吧 wǎngbā 图 PC방 | 电脑 diànnǎo 图 컴퓨터 | ★爱护 àihù 图 소중히 하다 | 公园 gōngyuán 图 공원 | 棵 kē 图 그루 | 树 shù 图 나무 | 教室 jiàoshì 图 교실 | 除了 chúle 图 ~를 제외하고 | ★桌子 zhuōzi 图 책상, 탁자 | ★巧克力 qiǎokèlì 图 초콜릿 | 喜欢 xǐhuan 图 좋아하다 | 需要 xūyào 图 필요하다 | 时间 shíjiān 图 시간 | ★打算 dǎsuan 图 ~할 예정이다, 계획하다 | 火车 huǒchē 图 기차 | 电影 diànyǐng 图 영화 | 牵手 qiān shǒu 图 손을 잡다

[TIP] 俩는 两个가 합성된 수량사이기 때문에 따로 양사를 붙일 필요가 없다.

↪ 예 我们俩人 = 我们两个人 우리 두 사람

공략 **트레이닝 1**

只

(해설 및 정답) **그림 및 어휘 분석▾ 호랑이** 한 **마리**가 나를 보고 있다.

Step 1. **연상 단어** 老虎(호랑이), 只(마리), 看(보다)
Step 2. **기본 문장** 这只老虎在看着我。이 호랑이가 나를 보고 있다.
Step 3. **확장 문장** 这只长得好看的老虎在看着我。이 잘생긴 호랑이가 나를 보고 있다.

(단어) 老虎 lǎohǔ 图 호랑이 | ★只 zhī 图 마리 | 长 zhǎng 图 자라다, 생기다 | 好看 hǎokàn 图 예쁘다

[TIP] 정도보어를 사용하여 주어를 수식하는 구조는 풍부한 문장을 표현하는 문형 중 하나다. 이런 문형을 활용하는 것 역시 고득점을 얻는 팁이 될 수 있다.

↪ 예 英语说得流利的那位 同学 很 漂亮。영어를 유창하게 하는 그 학우는 매우 예쁘다.
　　 관형어(정도보어)　　 주어 부사어 술어

2 점수를 높이는 고득점 표현

쓰기 제2부분에서 높은 점수를 받기 위해서는 다양한 구조의 문장을 완성하는 것과 더불어 접속사를 활용하는 방법이 있다.

虽然…但是… suīrán…dànshì…	비록 ~이기는 하지만 ~하다	虽然很累，但是都很愉快。 비록 힘들지만 모두 매우 유쾌하다.
不但…而且… búdàn…érqiě…	~할 뿐만 아니라 ~이기까지 하다	人生不但要健康，而且还要有意义。 인생은 건강해야 할 뿐 아니라, 의미도 있어야 한다.
一边…一边… yìbiān…yìbiān…	~하면서, ~하다 [동작의 동시 진행]	他们一边散步，一边聊天。 그들은 산책을 하며 이야기를 한다.
既(又)…又… jì(yòu)…yòu…	~하면서, ~하다 [상태의 동시 존재]	她是既漂亮又聪明的女孩子。 그녀는 예쁘고 총명한 여자아이이다.
因为…所以… yīnwèi…suǒyǐ…	~때문에, 그래서 ~하다	因为晚上不能睡觉，所以我不喝咖啡。 밤에 잠을 못 자기 때문에, 나는 커피를 마시지 않는다.
只要…就… zhǐyào…jiù…	~하기만 하면 ~하다	只要相信自己，就一定能做得到。 자신을 믿는다면, 반드시 해낼 수 있다.
只有…才… zhǐyǒu…cái…	~해야야만 ~하다	只有这样做才能解决问题。 이렇게 해야만 문제를 해결할 수 있다.
无论…都… wúlùn…dōu…	~와 상관없이 ~하다	无论成功还是失败，我都会努力去做。 성공하든 실패하든 상관없이, 나는 열심히 할 것이다.
不是…而是… búshì…érshì…	~가 아니라 ~이다	减肥的秘诀不是节食，而是运动。 다이어트의 비결은 절식이 아닌 운동이다.

단어 ★累 lèi 형 지치다, 피곤하다 | ★愉快 yúkuài 형 유쾌하다 | 人生 rénshēng 명 인생 | ★健康 jiànkāng 형 건강하다 | 意义 yìyì 명 의미 | ★散步 sànbù 동 산책하다 | 聊天 liáotiān 동 잡담하다 | 漂亮 piàoliang 형 예쁘다 | 聪明 cōngming 형 총명하다, 똑똑하다 | 孩子 háizi 명 아이 | 睡觉 shuìjiào 동 잠자다 | 咖啡 kāfēi 명 커피 | ★相信 xiāngxìn 동 믿다 | 自己 zìjǐ 명 자신 | ★解决 jiějué 동 해결하다 | ★问题 wèntí 명 문제 | ★成功 chénggōng 동 성공하다 | 失败 shībài 동 실패하다 | 努力 nǔlì 동 노력하다 | 减肥 jiǎnféi 동 다이어트하다 | 秘诀 mìjué 명 비결 | 节食 jiéshí 동 절식하다 | 运动 yùndòng 명|동 운동(하다)

[TIP] 无论 뒤에는 반드시 의문 구조가 와야 한다.

减肥

해설 및 정답 **그림 및 어휘 분석 ▼ 다이어트**를 위해 **운동**을 하고 있다.

Step 1. **연상 단어** 减肥(다이어트 하다), 运动(운동하다)

Step 2. **기본 문장** 运动对减肥很有效。
운동은 다이어트에 매우 효과적이다.

Step 3. **확장 문장** 运动减肥不但是最科学，而且是最健康的减肥方法。
운동으로 다이어트 하는 것은 가장 과학적일 뿐만 아니라 가장 건강한 다이어트 방법이다.

단어 ★减肥 jiǎnféi 동 다이어트 하다 | 运动 yùndòng 명동 운동(하다) | 有效 yǒuxiào 형 효과적이다 | 科学 kēxué 명 과학 형 과학적이다 | ★健康 jiànkāng 형 건강하다 | 方法 fāngfǎ 명 방법

[TIP] 확장 문장은 접속사를 활용하여 목적어의 관형어를 풍부하게 수식하는 문형으로 고득점을 받는 데 매우 유리하다.

예 他 是 又聪明又英俊的 男孩。 그는 총명하고 준수한 남자다.
　　주어 술어 　관형어(접속사) 　목적어

3 빈출 부사 및 활용

쓰기 제2부분에 부사가 자주 출제되는 것은 아니지만 부사는 어떠한 문장에도 응용할 수 있기 때문에 활용도가 매우 높다.

经常 jīngcháng	자주	姐姐经常穿一件红色的裙子。 언니는 빨간 치마를 자주 입는다.
到底 ✖ dàodǐ	도대체	他的话到底是什么意思? 그의 말은 도대체 무슨 뜻이지?
大概 ✖ dàgài	대략	世界上大概有几十亿人民。 세상에는 대략 몇십 억의 사람이 있다.
终于 zhōngyú	마침내	他们分别了十多年，终于又见面了。 그들은 십여 년을 헤어져 있다가 마침내 다시 만났다.
居然 jūrán	뜻밖에도	他们俩性格不同，却居然成了好朋友。 그 둘은 성격이 다르지만 뜻밖에도 좋은 친구가 되었다.

千万 qiānwàn	절대	大家千万不要浪费宝贵的时间。 모두들 절대 소중한 시간을 낭비해서는 안 된다.
不断 búduàn	끊임없이	希望你不断努力，不断进步。 당신이 끊임없이 노력하고 끊임없이 향상되기를 바랍니다.
仍然 réngrán	여전히	他生病了，但是仍然坚持上学。 그는 병이 났다. 하지만 여전히 등교를 고집했다.
尤其 yóuqí	특히	我喜欢吃面条，尤其喜欢吃牛肉面。 나는 국수를 좋아하는데, 특히 소고기 국수를 좋아한다.
偶尔 ǒu'ěr	가끔	我星期天一般在家学习，但偶尔也会出去玩儿。 나는 일요일에는 보통 집에서 공부하지만 가끔 나가서 놀기도 한다.
渐渐 jiànjiàn	점점	河水变清了，河里的鱼也渐渐多起来了。 강물이 맑아져서, 강물 속 물고기들도 점점 많아진다.
稍微 shāowēi	약간	这次考试稍微有点儿难。 이번 시험은 약간 조금 어렵다.

🔖 **단어** 裙子 qúnzi 📙 치마 | 意思 yìsi 📙 의미 | 世界 shìjiè 📙 세상 | 亿 yì 🔢 억 | 人民 rénmín 📙 인민 | 分别 fēnbié 📗 헤어지다 | 见面 jiànmiàn 📗 만나다 | ★性格 xìnggé 📙 성격 | 不同 bùtóng 📘 다르다 | 却 què 📙 오히려 | ★浪费 làngfèi 📗 낭비하다 | ★宝贵 bǎoguì 📘 귀중하다 | ★时间 shíjiān 📙 시간 | ★希望 xīwàng 📗 희망하다 | 努力 nǔlì 📗 노력하다 | ★进步 jìnbù 📗 진보하다 | 生病 shēngbìng 📗 병이 나다 | ★坚持 jiānchí 📗 고집하다 | 喜欢 xǐhuan 📗 좋아하다 | 面条 miàntiáo 📙 국수 | 牛肉 niúròu 📙 소고기 | 星期天 xīngqītiān 📙 일요일 | 一般 yìbān 📘 일반적이다, 보통이다 | 玩儿 wánr 📗 놀다 | 河水 héshuǐ 📙 강물 | 变 biàn 📗 변하다 | 清 qīng 📘 맑다 | 鱼 yú 📙 물고기 | ★考试 kǎoshì 📙 시험

공략 트레이닝 3

大概

🔖 **해설 및 정답** **그림 및 어휘 분석▼** 대략 백 명이 넘는 사람들이 모여 있다.

Step 1. **연상 단어** 大概(대략), 一百多人(백여 명)

Step 2. **기본 문장** 这儿大概有一百多人。
이곳에는 백여 명의 사람이 있다.

Step 3. **확장 문장** 这儿大概有一百多人看着精彩的比赛。
이곳에는 백여 명의 사람이 멋진 경기를 보고 있다.

🔖 **단어** ★大概 dàgài 📙 대략 | ★精彩 jīngcǎi 📘 근사하다, 멋지다 | 比赛 bǐsài 📙 경기

[TIP] '수사+多(+양사)+명사' 문형으로 어림수를 표현할 수 있다. 이때 수사는 구체적인 수를 사용하지 않는다.

↳ 例 一百多本书 백여 권의 책 / 一千多张纸 천여 장의 종이

1

安静

图书馆要安静。
도서관은 조용해야 한다.

图书馆里十分安静，都在认真学习。
도서관은 매우 조용하고, 모두 열심히 공부하고 있다.

图书馆里安静得连翻书的声音都听得见。
도서관은 책 넘기는 소리가 들릴 정도로 조용하다.

★安静 ānjìng 형 조용
하다 | 图书馆
túshūguǎn 명 도서관
| 十分 shífēn 부 매우
| ★认真 rènzhēn 형
성실하다 | 翻 fān 동
넘기다

 연습

2

吃惊

他听到消息后，十分吃惊。
그는 소식을 듣고 매우 놀랐다.

我这次考了第一名，这让爸爸很吃惊。
나는 이번에 1등을 해서, 아빠를 매우 놀라게 했다.

我妻子走路的速度和跑一样快，感到很吃惊。
내 아내는 걷는 속도가 달리는 속도가 똑같아서, 매우 놀랍다.

★吃惊 chījīng 동 놀
라다 | 消息 xiāoxi 명
소식 | 妻子 qīzi 명
아내 | ★速度 sùdù
명 속도

 연습

3

到底

你们到底在找什么?
너희들은 도대체 무엇을 찾고 있니?

孩子们到底想做什么? 快点起来!
얘들아, 도대체 무엇을 하고 싶은 거니? 빨리 일어나!

我的玩具车到底跑到哪儿去了?
내 장난감 자동차가 도대체 어디로 간 거죠?

★到底 dàodǐ 부 도대
체 | 孩子 háizi 명 아
이 | 玩具 wánjù 명 장
난감

  연습

4

航班

欢迎各位乘坐本次航班。
이번 항공편에 탑승하신 여러분을 환영합니다.

今天有哪些航班从北京飞往上海?
오늘 어떤 항공편이 베이징에서 상하이로 비행하나요?

飞往北京的航班被临时取消了。
베이징으로 가는 항공편이 갑자기 취소되었다.

★航班 hángbān
명 항공편 | ★乘坐
chéngzuò 동 탑승하다
| 飞往 fēiwǎng 동
~로 비행하다 | 取消
qǔxiāo 동 취소하다

 연습

5

画

他把花画得很美丽。
그는 꽃을 매우 아름답게 그렸다.

这位画家不断地练习画画儿。
이 화가는 끊임없이 그림 그리기를 연습한다.

这位艺术家画画儿很厉害，简直栩栩如生。
이 예술가의 그림은 매우 대단하다. 그야말로 생동감이 넘친다.

画 huà 동 그리다 |
★不断 búduàn 부 끊
임없이 | ★练习 liànxí
동 연습하다 | 简直
jiǎnzhí 부 그야말로
| 栩栩如生 xǔxǔ rú
shēng 성 생동감이
넘치다

 연습

6

回忆

那段回忆我不会忘记。
그동안의 추억을 나는 잊지 못할 것이다.

回忆是美好的，也是痛苦的。
추억은 아름다운 것이고, 또 고통스러운 것이다.

童年的生活给我留下了美好的回忆。
어린 시절의 생활은 나에게 아름다운 추억을 남겼다.

★回忆 huíyì 몡 추억 | ★忘记 wàngjì 통 잊다 | 美好 měihǎo 혱 아름답다 | 痛苦 tòngkǔ 혱 고통스럽다 | 童年 tóngnián 몡 어린 시절 | 留下 liúxià 통 남기다

연습 ✎ _____

7

竞争

他们竞争得非常厉害。
그들은 굉장히 심하게 경쟁한다.

他们为了得到第一名而互相竞争。
그들은 1등을 하기 위해서 서로 경쟁한다.

如果没有竞争，就没有人类社会的进步。
만약 경쟁이 없다면, 인류 사회의 진보는 없다.

★竞争 jìngzhēng 몡 경쟁 | ★互相 hùxiāng 뮈 서로 | 人类 rénlèi 몡 인류 | 社会 shèhuì 몡 사회 | ★进步 jìnbù 통 진보하다

연습 ✎ _____

8

苦

这些药很苦，我吃不下。
이 약들은 너무 써서, 나는 먹을 수가 없다.

因为药是苦的，所以要快点儿吃。
약은 쓰기 때문에 빨리 먹어야 한다.

这个药虽然很苦，但是也得吃。
이 약은 비록 쓰지만 먹어야 한다.

★苦 kǔ 혱 쓰다 | 药 yào 몡 약 | 虽然…但是… suīrán…dànshì… 쩹 비록 ~일지라도 그러나 ~

연습 ✎ _____

9

美好

美好的景色会让人感动。
아름다운 경치는 사람을 감동시킨다.

美好的景色给我留下了美好的回忆。
아름다운 경치가 나에게 아름다운 추억을 남겼다.

所有美好的东西需要一双发现它的眼睛。
모든 아름다운 것에는 그것을 발견할 눈이 필요하다.

美好 měihǎo 혱 아름답다 | ★景色 jǐngsè 몡 경치 | 感动 gǎndòng 통 감동하다 | 所有 suǒyǒu 혱 모든 | ★发现 fāxiàn 통 발견하다

연습 ✎ _____

10

算

怎么算也算不对。
아무리 계산해도 계산이 틀리다.

快用这个计算器算一下。
빨리 이 계산기로 계산 좀 해봐.

这道数学题怎么算都算不对。
이 수학 문제는 어떻게 계산해도 계산이 틀리다.

算 suàn 통 계산하다, ~라고 치다 | 计算器 jìsuànqì 몡 계산기 | 道 dào 얭 문제를 세는 단위 | 数学 shùxué 몡 수학

연습 ✎ _____

실전에
강한

제한 시간
25분

문제 적응 훈련

학습일 ____/____

맞은 개수 _____

★ 看图，用词造句。

실전 트레이닝 1

1.

上网

2.

谈

3.

兴奋

4.

自然

정답 및 해설_ 해설집 174쪽

실전 트레이닝 2

1.

页

2.

大概

3.

趟

4.

到底

정답 및 해설_ 해설집 176쪽

第一部分 ★ 第1-10题：完成句子。

1. 一个　　　画家　　　是　　　著名的　　　他

2. 冰箱　　　干净　　　把　　　擦　　　你

3. 有　　　好处　　　喝水　　　经常　　　对身体

4. 到底　　　什么　　　答案　　　是　　　这道题的

5. 对　　　熟悉　　　王老师　　　这些材料　　　很

6. 很　　　跟朋友　　　他　　　聊天　　　喜欢

7. 这次　　　会议是　　　刘经理　　　负责　　　的

8. 被　　　不小心　　　咬了　　　狗　　　小张

9. 去北京　　　要　　　他　　　坐火车　　　明天

10. 电脑　　　不错　　　卖得　　　在商场里　　　很　　　这种

第二部分 ★ 第11-15题：看图，用词造句。

11.

适合

12.

信

13.

满意

14.

开

15.

刷牙

정답 및 해설_ 해설집 178쪽

★ 부록 ★
답안지 작성법

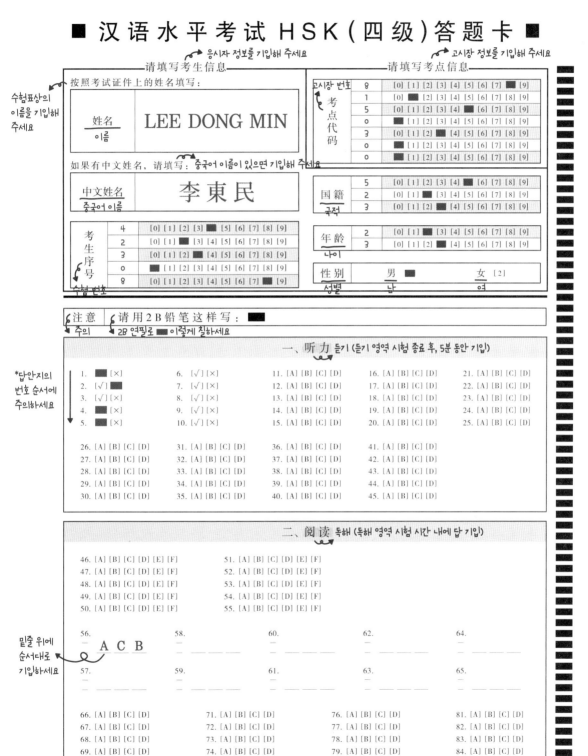

■ 汉语水平考试 HSK（四级）答题卡 ■

응시자 정보를 기입해 주세요
고시장 정보를 기입해 주세요

──请填写考生信息──
──请填写考点信息──

수험표상의 이름을 기입해 주세요

按照考试证件上的姓名填写：

姓名 / 이름	LEE DONG MIN

如果有中文姓名，请填写： 중국어 이름이 있으면 기입해 주세요

中文姓名 / 중국어 이름	李東民

考生序号 수험번호		
4	[0] [1] [2] [3] ■ [5] [6] [7] [8] [9]
2	[0] [1] ■ [3] [4] [5] [6] [7] [8] [9]
3	[0] [1] [2] ■ [4] [5] [6] [7] [8] [9]
0	■ [1] [2] [3] [4] [5] [6] [7] [8] [9]
8	[0] [1] [2] [3] [4] [5] [6] [7] ■ [9]

고시장 번호 考点代码		
8	[0] [1] [2] [3] [4] [5] [6] [7] ■ [9]
1	[0] ■ [2] [3] [4] [5] [6] [7] [8] [9]
5	[0] [1] [2] [3] [4] ■ [6] [7] [8] [9]
0	■ [1] [2] [3] [4] [5] [6] [7] [8] [9]
3	[0] [1] [2] ■ [4] [5] [6] [7] [8] [9]
0	■ [1] [2] [3] [4] [5] [6] [7] [8] [9]
0	■ [1] [2] [3] [4] [5] [6] [7] [8] [9]

国籍 / 국적		
5	[0] [1] [2] [3] [4] ■ [6] [7] [8] [9]
2	[0] [1] ■ [3] [4] [5] [6] [7] [8] [9]
3	[0] [1] [2] ■ [4] [5] [6] [7] [8] [9]

年龄 / 나이		
2	[0] [1] ■ [3] [4] [5] [6] [7] [8] [9]
3	[0] [1] [2] ■ [4] [5] [6] [7] [8] [9]

性别 / 성별	男 / 남 ■	女 / 여 [2]

注意 / 주의	请用2B铅笔这样写： ■ 2B 연필로 ■ 이렇게 칠하세요

一、听力 듣기 (듣기 영역 시험 종료 후, 5분 동안 기입)

*답안지의 번호 순서에 주의하세요

1. ■ [×]
2. [√] ■
3. [√] [×]
4. ■ [×]
5. ■ [×]

6. [√] [×]
7. [√] [×]
8. [√] [×]
9. [√] [×]
10. [√] [×]

11. [A] [B] [C] [D]
12. [A] [B] [C] [D]
13. [A] [B] [C] [D]
14. [A] [B] [C] [D]
15. [A] [B] [C] [D]

16. [A] [B] [C] [D]
17. [A] [B] [C] [D]
18. [A] [B] [C] [D]
19. [A] [B] [C] [D]
20. [A] [B] [C] [D]

21. [A] [B] [C] [D]
22. [A] [B] [C] [D]
23. [A] [B] [C] [D]
24. [A] [B] [C] [D]
25. [A] [B] [C] [D]

26. [A] [B] [C] [D]
27. [A] [B] [C] [D]
28. [A] [B] [C] [D]
29. [A] [B] [C] [D]
30. [A] [B] [C] [D]

31. [A] [B] [C] [D]
32. [A] [B] [C] [D]
33. [A] [B] [C] [D]
34. [A] [B] [C] [D]
35. [A] [B] [C] [D]

36. [A] [B] [C] [D]
37. [A] [B] [C] [D]
38. [A] [B] [C] [D]
39. [A] [B] [C] [D]
40. [A] [B] [C] [D]

41. [A] [B] [C] [D]
42. [A] [B] [C] [D]
43. [A] [B] [C] [D]
44. [A] [B] [C] [D]
45. [A] [B] [C] [D]

二、阅读 독해 (독해 영역 시험 시간 내에 답 기입)

46. [A] [B] [C] [D] [E] [F]
47. [A] [B] [C] [D] [E] [F]
48. [A] [B] [C] [D] [E] [F]
49. [A] [B] [C] [D] [E] [F]
50. [A] [B] [C] [D] [E] [F]

51. [A] [B] [C] [D] [E] [F]
52. [A] [B] [C] [D] [E] [F]
53. [A] [B] [C] [D] [E] [F]
54. [A] [B] [C] [D] [E] [F]
55. [A] [B] [C] [D] [E] [F]

밑줄 위에 순서대로 기입하세요

56. — A C B
57. ——
58. ——
59. ——
60. ——
61. ——
62. ——
63. ——
64. ——
65. ——

66. [A] [B] [C] [D]
67. [A] [B] [C] [D]
68. [A] [B] [C] [D]
69. [A] [B] [C] [D]
70. [A] [B] [C] [D]

71. [A] [B] [C] [D]
72. [A] [B] [C] [D]
73. [A] [B] [C] [D]
74. [A] [B] [C] [D]
75. [A] [B] [C] [D]

76. [A] [B] [C] [D]
77. [A] [B] [C] [D]
78. [A] [B] [C] [D]
79. [A] [B] [C] [D]
80. [A] [B] [C] [D]

81. [A] [B] [C] [D]
82. [A] [B] [C] [D]
83. [A] [B] [C] [D]
84. [A] [B] [C] [D]
85. [A] [B] [C] [D]

86-100题接背面
86~100번 문제는 뒷면에 이어집니다

汉语水平考试 HSK(四级)答题卡 ■

86.
　饭后散步对身体有好处。

87.

88.

89.

90.

91.

92.

93.

94.

95.

96.
　他准备去外地出差。

97.

98.

99.

100.

不要写到框线以外!
칸 밖에 쓰지 마세요!

汉语水平考试 HSK（四级）答题卡 ■

──请填写考生信息──

按照考试证件上的姓名填写：

姓名

如果有中文姓名，请填写：

中文姓名

考生序号

[0] [1] [2] [3] [4] [5] [6] [7] [8] [9]
[0] [1] [2] [3] [4] [5] [6] [7] [8] [9]
[0] [1] [2] [3] [4] [5] [6] [7] [8] [9]
[0] [1] [2] [3] [4] [5] [6] [7] [8] [9]
[0] [1] [2] [3] [4] [5] [6] [7] [8] [9]

──请填写考点信息──

考点代码

[0] [1] [2] [3] [4] [5] [6] [7] [8] [9]
[0] [1] [2] [3] [4] [5] [6] [7] [8] [9]
[0] [1] [2] [3] [4] [5] [6] [7] [8] [9]
[0] [1] [2] [3] [4] [5] [6] [7] [8] [9]
[0] [1] [2] [3] [4] [5] [6] [7] [8] [9]
[0] [1] [2] [3] [4] [5] [6] [7] [8] [9]
[0] [1] [2] [3] [4] [5] [6] [7] [8] [9]

国籍

[0] [1] [2] [3] [4] [5] [6] [7] [8] [9]
[0] [1] [2] [3] [4] [5] [6] [7] [8] [9]
[0] [1] [2] [3] [4] [5] [6] [7] [8] [9]

年龄

[0] [1] [2] [3] [4] [5] [6] [7] [8] [9]
[0] [1] [2] [3] [4] [5] [6] [7] [8] [9]

性别　　　男 [1]　　　　女 [2]

注意　请用2B铅笔这样写：■

一、听力

1. [√] [×]
2. [√] [×]
3. [√] [×]
4. [√] [×]
5. [√] [×]

6. [√] [×]
7. [√] [×]
8. [√] [×]
9. [√] [×]
10. [√] [×]

11. [A] [B] [C] [D]
12. [A] [B] [C] [D]
13. [A] [B] [C] [D]
14. [A] [B] [C] [D]
15. [A] [B] [C] [D]

16. [A] [B] [C] [D]
17. [A] [B] [C] [D]
18. [A] [B] [C] [D]
19. [A] [B] [C] [D]
20. [A] [B] [C] [D]

21. [A] [B] [C] [D]
22. [A] [B] [C] [D]
23. [A] [B] [C] [D]
24. [A] [B] [C] [D]
25. [A] [B] [C] [D]

26. [A] [B] [C] [D]
27. [A] [B] [C] [D]
28. [A] [B] [C] [D]
29. [A] [B] [C] [D]
30. [A] [B] [C] [D]

31. [A] [B] [C] [D]
32. [A] [B] [C] [D]
33. [A] [B] [C] [D]
34. [A] [B] [C] [D]
35. [A] [B] [C] [D]

36. [A] [B] [C] [D]
37. [A] [B] [C] [D]
38. [A] [B] [C] [D]
39. [A] [B] [C] [D]
40. [A] [B] [C] [D]

41. [A] [B] [C] [D]
42. [A] [B] [C] [D]
43. [A] [B] [C] [D]
44. [A] [B] [C] [D]
45. [A] [B] [C] [D]

二、阅读

46. [A] [B] [C] [D] [E] [F]
47. [A] [B] [C] [D] [E] [F]
48. [A] [B] [C] [D] [E] [F]
49. [A] [B] [C] [D] [E] [F]
50. [A] [B] [C] [D] [E] [F]

51. [A] [B] [C] [D] [E] [F]
52. [A] [B] [C] [D] [E] [F]
53. [A] [B] [C] [D] [E] [F]
54. [A] [B] [C] [D] [E] [F]
55. [A] [B] [C] [D] [E] [F]

56.

57.

58.

59.

60.

61.

62.

63.

64.

65.

66. [A] [B] [C] [D]
67. [A] [B] [C] [D]
68. [A] [B] [C] [D]
69. [A] [B] [C] [D]
70. [A] [B] [C] [D]

71. [A] [B] [C] [D]
72. [A] [B] [C] [D]
73. [A] [B] [C] [D]
74. [A] [B] [C] [D]
75. [A] [B] [C] [D]

76. [A] [B] [C] [D]
77. [A] [B] [C] [D]
78. [A] [B] [C] [D]
79. [A] [B] [C] [D]
80. [A] [B] [C] [D]

81. [A] [B] [C] [D]
82. [A] [B] [C] [D]
83. [A] [B] [C] [D]
84. [A] [B] [C] [D]
85. [A] [B] [C] [D]

86-100题接背面

三、书写

86. _____

87. _____

88. _____

89. _____

90. _____

91. _____

92. _____

93. _____

94. _____

95. _____

96. _____

97. _____

98. _____

99. _____

100. _____

不要写到框线以外！

맛있는 외국어 독학 첫걸음 시리즈

이제는
여행 X 음식 X 중국어다!

JRC 중국어연구소 저 | 14,000원

여행과 음식으로 즐겨요!

재미와 학습을 한번에! 4주 독학 완성!

여행 콘셉트 본책 + 쓰기 노트 + 여행 미니북 + 무료 동영상 강의 + 테마 지도

JRC 일본어연구소 저 | 14,000원   홍빛나 저 | 15,500원   국선아 저 | 15,000원   피무 저 | 16,500원   김정, 일리야 저 | 16,500원

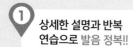
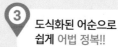
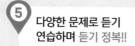
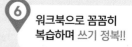